本丛书由中国社会科学院俄罗斯东欧中亚研究所与社会科学文献出版社共同组织出版

当代俄罗斯东欧中亚
研究丛书

中国社会科学院创新工程学术出版资助项目

当代俄罗斯东欧中亚研究丛书

当代俄罗斯精英与社会转型

CONTEMPORARY RUSSIAN ELITES
AND SOCIAL TRANSITION

李雅君　张昊琦◎主编

社会科学文献出版社
SOCIAL SCIENCES ACADEMIC PRESS (CHINA)

主编简介

李雅君 1964年生于北京。1987年毕业于北京大学国际政治系政治学专业，1995年获得俄罗斯圣彼得堡大学法律系博士学位。现为中国社会科学院俄罗斯东欧中亚研究所研究员。主要研究方向为俄罗斯政治与社会、俄罗斯的民族问题等。主要作品有《俄罗斯之痛——车臣问题探源》（专著）、《俄罗斯议会》（合著）、《俄罗斯十年：政治、经济、外交》（合著）等。

张昊琦 1969年生，湖南永州人，中国社会科学院俄罗斯东欧中亚研究所副研究员。主要研究方向为俄罗斯政治、俄国政治思想史和中俄关系史。著有《俄罗斯帝国思想初探》，参与合著有《普京八年：俄罗斯复兴之路（政治卷）》《梅德韦杰夫和普京：最高权力的组合》等。

前　言

本书探讨的是当代俄罗斯精英与社会转型的关系问题。"社会转型"的概念源于西方发展社会学理论，它主要是指社会因内力或外力的作用而发生的重要而深刻的变化，因此也被称为"社会变迁"，即一个国家在社会结构、政治制度、生产方式、生活方式、社会习俗与人的价值观念上的变化过程，因而社会转型的过程即是社会现代化的过程。

发生于20世纪80年代末90年代初的苏联剧变乃至解体，以及伴随而来的原苏联东欧地区的社会大转型，极大地改变了世界政治的发展格局，同时它也被看作20世纪70年代初期始于南欧、拉美等国家的所谓"第三波民主化浪潮"的一部分，引起世人的瞩目。人们发现，在这些实行社会转型的国家，其社会民主化的进程大多是由社会上层，即精英们来主导的。正如塞缪尔·亨廷顿所说，导致"第三波民主化浪潮"的最重要的因素是政治精英的信念与行为。因而，社会转型国家中精英的角色问题也成为当今政治学研究领域最为关注的课题之一。从苏联解体后俄罗斯20余年社会转型的实践中，我们可以清楚地看到，俄罗斯精英，尤其是政治精英，在国家发展道路的选择与制度设计上的博弈和互动，对俄罗斯的政治发展产生了十分重要的影响。

与东欧等国家的转型进程相比，俄罗斯的社会转型具有更为复杂的特性。苏联后期戈尔巴乔夫倡导的"民主化"和"公开性"的社会改革，在苏联最高国家权力机关中第一次引入了公开竞争和差额选举的干部任用制度，打破了苏联社会长期形成的"金字塔式"的精英上升渠道，同时也开启了俄罗斯政治转型的序幕。在苏联解体与建立新俄罗斯的过程中，俄罗斯社会迅速完成了由一党制的苏维埃体制向多党制的"宪政制度"的转变、由所有制单一的高度集中的计划经济向多元经济成分的市场经济的转变，同时也完成了由苏联境内的一级行政区划单位（联盟共和国）向一个独立国家的转变，而这些转变都是在上层政治精英的积极推动下，通过自上而下的激进变革方式，在短时间内实现的。俄罗斯社会转型的这一特点也形成了这样一种政治现实，即苏联时期的大部分"政治精英"在俄罗斯社会转型的过程中并没有完全消失，而是按照新的精英生成方式转变为"新一代"俄罗斯精英，包括政治精英和经济精英。

"新一代"俄罗斯精英的组成结构、价值趋向与行为方式直接影响着转型时期俄罗斯国家和社会的发展方向。虽然以叶利钦为首的政治精英在俄罗斯建立了三权分立的民主制度框架，但超级总统制的确立却为执政者施展个人权威提供了政治条件，从而促使俄罗斯的政治发展又重新回归到威权主义。尤其在普京的前两个总统任期内，他通过一系列行政和法律手段，有计划、有步骤地打击各种有碍国家稳定和发展的势力，逐渐形成了以其个人集权为核心的新型权力结构，其实质就是一种以民主形式出现的"强人政治"。在普京第二个总统任期结束前，依靠他的精心设计，形成了俄罗斯历史上从未出现过的特殊权力配置——"梅普组合"，最终促成普京再次回归国家最高权力。

对俄罗斯精英发展进程与典型特征的考察与分析，不仅可以从一个侧面帮助我们深入了解当今俄罗斯政治发展的特殊性，也可以在体制变革与国家治理方面，为包括中国在内的其他转型国家提供可资借鉴的经验和教训。

正是由于精英在苏联解体与俄罗斯社会转型中所显示出的独特作用，近年来各国研究俄罗斯政治体制的学者对俄罗斯社会转型中的精英问题都给予极大关注。而西方学者对俄罗斯（苏联）精英的研究早在第二次世界大战结束后美苏两大阵营出现冷战之时就已经开始了，其研究内容主要包括政治精英在苏联政治系统中的生成、演变、流通、作用及其地位等。苏联解体后，对苏联时期和俄罗斯转型时期精英问题的研究依然是美国等西方学者的重要研究内容之一，他们从考察俄罗斯精英阶层的历史演进，到分析俄罗斯精英的生成方式、流动渠道以及功能模式，推出了大量研究成果。

在苏联解体与俄罗斯社会转型的过程中，俄罗斯学术界也开始重视对精英问题的研究。从 20 世纪 90 年代中期开始，俄罗斯学者借鉴并吸收了西方传统的与当代的精英理论及研究方法，陆续出版了数十部精英研究专著和大量学术论文，同时还创办了专门研究精英问题的相关刊物，出现了一大批精英研究领域的著名学者。[①]

相比较而言，目前在我国俄罗斯问题研究领域将当代俄罗斯精英作为专门研究的著述并不多见。有鉴于此，本书在充分借鉴国内外学者已有研究成果的基础上，试图以俄罗斯精英——政治行为中的"人"为研究对象，运用当代精英理论及转型政治学的相关理论，详细考察当代俄罗斯精英在社会转型中的社会地位、政治影响和相互博弈的状况，并在此基础上概括出当代俄罗斯精英的一般特征。

本书在结构和写作上采取了"先总后分"的方式。首先详细介绍了精英理论的一般概念以及近年来在俄罗斯学术界形成的"精英学"的主要内容，同时对当代俄罗斯精英的总体面貌进行概括和梳理，然后按照其功能和特点将当代俄罗斯精英划分为政治精英、地方精英和经济精英，并以历史脉络为出发点，运用历史分析和实证分析相结合的研究方法，对俄罗斯各类精英的形成过程、组成方式、类型特点等进行归纳和总结。针对俄罗斯社会转型过程中出现的诸如"俄罗斯的官僚体制"以及"结构性政治腐败"等问题，我们在相关章节的论述中也进行了专门的分析和研究，为人们深入理解俄罗斯政治发展的特殊性提供了新的视角。

作为俄罗斯精英研究中的一个重要内容，本书用专门的一章分析并探讨了俄罗斯历史上形成的"社会动员型发展模式""服务型精英"与"帝国意识"等精英政治传统的主要内容与特点，以及这些政治传统对当代俄罗斯精英的形成和发展所具有的特定意义和深刻影响。

在本书的最后一章，作为当代俄罗斯"精英政治"的典型实例，我们将 2008~2012 年间俄罗斯政治中出现的从"梅普组合"到"普梅组合"的模式转换作为观察点，对"梅普组合"与"普梅组合"的形成过程和具体内容进行梳理与回顾，形象地展现出当今俄罗斯"精英政治"的内涵与政治精英内

[①] 西方学者和俄罗斯学者对俄罗斯精英问题的研究成果请参见本书第一章第二节中的相关内容。

部关系的特点。

《当代俄罗斯精英与社会转型》是集体研究的成果，参加本书研究和写作的都是中国社会科学院俄罗斯东欧中亚研究所多年从事俄罗斯政治与社会文化研究的学者。全书的基本框架设计由李雅君和张昊琦负责完成。各章的具体写作情况如下：

导　论	俄罗斯精英与社会转型	张昊琦　李雅君
第一章	精英理论的一般概念与俄罗斯的"精英学"	李雅君　张昊琦
第二章	俄罗斯的精英传统	张昊琦
第三章	当代俄罗斯精英的演化	李雅君
第四章	当代俄罗斯的政治精英	庞大鹏
第五章	当代俄罗斯的地方精英	崔皓旭
第六章	当代俄罗斯的经济精英	郝　赫
第七章	当代俄罗斯的"精英政治"	李雅君

各章初稿完成后，由李雅君对全书做了部分修改和增补，包括最后的统稿和参考文献的整理工作。

尽管我们在研究和写作本书的过程中花费了很大精力，但由于研究水平所限，很多方面还研究得不够深入。其中，由于缺少相关的研究资料，我们没有在本书中对当代俄罗斯精英中最重要的组成部分之一——俄罗斯文化精英进行专门的研究，实属遗憾。而所有这些遗憾和不足也只能留待本书作者在以后的研究中去完成和弥补。至于研究和写作中存在的疏漏和不当之处，还敬请各位同行和读者批评指正。

李雅君　张昊琦
2014 年 9 月 30 日

目录

导　论　俄罗斯精英与社会转型 …………………………………………… 1
　一　政治精英与民主转型 ……………………………………………… 3
　二　转型时期俄罗斯精英的特点 ……………………………………… 7
　三　精英与俄罗斯的政治发展 ………………………………………… 15

第一章　精英理论的一般概念与俄罗斯的"精英学" …………………… 19
　一　精英理论的一般概念 ……………………………………………… 19
　二　俄罗斯的"精英学" ……………………………………………… 28

第二章　俄罗斯的精英传统 ………………………………………………… 43
　一　国家发展道路与精英的形成模式 ………………………………… 43
　二　俄罗斯政治精英的历史更替 ……………………………………… 47
　三　俄罗斯精英传统的特点 …………………………………………… 58

第三章　当代俄罗斯精英的演化 …………………………………………… 62
　一　苏联后期"党-国精英"的内部分化 …………………………… 63
　二　社会转型与精英的多元化 ………………………………………… 75

第四章　当代俄罗斯的政治精英 …………………………………………… 88
　一　俄罗斯政治精英的形成 …………………………………………… 88

1

二　俄罗斯政治精英的类型 …………………………………… 93

　　三　俄罗斯政治精英与国家官僚体系 ……………………… 106

第五章　当代俄罗斯的地方精英 ……………………………… 112

　　一　俄罗斯地方精英的形成与地位变迁 …………………… 112

　　二　俄罗斯地方精英的构成 ………………………………… 121

　　三　俄罗斯治理地方精英的策略和手段 …………………… 126

　　四　俄罗斯地方精英在社会转型中的作用 ………………… 128

　　五　俄罗斯地方精英的未来发展 …………………………… 131

第六章　当代俄罗斯的经济精英 ……………………………… 134

　　一　俄罗斯经济精英的形成 ………………………………… 134

　　二　叶利钦时期的"寡头政治" …………………………… 142

　　三　普京时期俄罗斯寡头政体的终结 ……………………… 157

　　四　俄罗斯经济精英的现状与发展前景 …………………… 165

第七章　当代俄罗斯的"精英政治"
　　　　——从"梅普组合"到"普梅组合" ………………… 175

　　一　"梅普组合"：一种过渡性的国家权力配置 ………… 175

　　二　"普梅组合"：开启"长普京时代" ………………… 188

参考文献 ………………………………………………………… 198

后　记 …………………………………………………………… 214

导论　俄罗斯精英与社会转型

俄罗斯是一个专制传统浓厚的国家，在其历史进程以及政治发展中，政治精英是国家治理的主体。综览俄罗斯国家的发展历史，几乎所有的革命和现代化都是"自上而下"地推动的，且不说彼得大帝和亚历山大二世的改革，即使是1917年的二月革命，也不是所谓的"人民起义"导致了沙皇的逊位，君主制的命运实际上是由一个狭小的政治和军事精英圈所决定的。[1] 这似乎也印证了美国政治学者 H. 拉斯维尔所说的一句话："在所有的大型社会里，任何特定时刻的决定都是由一小撮人做出的。"[2]

相对于西欧国家的"创新型"发展模式来说，俄罗斯一直是一个"动员型"的社会。在这种社会模式中，国家利益与个体利益是冲突的，国家需要通过强硬的政治系统来进行控制，政治精英占据着国家的主导地位，从而形成了一种"服务型"机制。俄罗斯历史上的精英，从"波雅尔大贵族"到"服役贵族"，从"帝国官僚"到"苏联权贵"，都具有动员型模式下的"服务"性质。[3] 这种服务性质决定了行政精英队伍的建设以及持续不断的"清洗"一直是俄罗斯最重要的任务。[4]

---

[1] Гаман‑Голутвина О. В. Политические элиты России. Вехи исторической эволюции. М.: РОССПЭН, 2006. С. 5.
[2] Lasswell H., D. Lerner and C. E. Rothwell, "The Elite Concept", in Bachrach, 1971. p. 15.
[3] См.: Гаман‑Голутвина О. В. Политические элиты России. Вехи исторической эволюции. М.: РОССПЭН, 2006.
[4] 〔俄〕Д. 谢泽：《从勃列日涅夫的"干部锻炼"到戈尔巴乔夫的"迭次更换"》，《俄罗斯研究》2011年第5期。

1

20世纪90年代初苏联的解体以及随之而来的社会大转型引起世人瞩目。在探讨苏联解体的原因时，各种观点竞相迭出。主流的观点是苏联的极权主义政治制度和高度集权的计划经济模式已经走进了死胡同，苏联的解体是不可避免的。就连俄罗斯前任总统、现任总理梅德韦杰夫也持类似的观点，他认为："苏联解体确实是对人们的巨大考验，对许多人来说是悲剧，但是我并不这样认为，我们没有什么可供选择的替代性发展方案。"[1] 对于这一观点，某些政治学研究者并不赞同，他们认为，"苏联政权变迁的原动力来自个人，而不是对社会压力所做出的直接回应"，戈尔巴乔夫的政治改革也并非万不得已，它不是因为"经济危机或战争所迫而采取的行动"[2]。戈尔巴乔夫本人也曾表示，如果他不进行政治改革，他到现在依然会是苏共中央总书记，因为当时的体制是足够稳定的。[3] 顺着这样的思路，一些学者通过大量的经验研究试图证明：苏联解体的真正原因来自苏共内部，当时占据党政机关重要领导岗位的大部分"党－国精英"倾向于放弃共产主义意识形态，改走资本主义道路，因为他们希望将自己的特权和资产合法化并传给其子孙。他们与新兴企业家阶层和知识分子组成了"亲资本主义同盟"，推动了苏联政治制度的改变。正是这种来自上层精英的"革命"摧毁了苏联。[4] 尽管这种观点值得商榷，但有一个事实却是：1991年苏联解体前夕，虽然50%的"党－国精英"离开了自己的职位，而且随着时间的推移，精英们不断地实现着代际更替，然而苏联解体20年来，俄罗斯的"政治阶级"并没有完全实现更新，"新瓶装旧酒"的情况仍然存在。[5] 据俄罗斯科学院社会学所精英研究室提供的调查资料，叶利钦时期75%以上的政治精英、61%的商业精英都曾是苏联时期上级任命的工作人员。[6] 叶利钦

---

[1] Встреча с ведущими российскими и зарубежными политологами, 10 сентября 2010 года. http://news.kremlin.ru/transcripts/8882.

[2] 〔美〕迈克尔·麦克福尔：《俄罗斯未竟的革命：从戈尔巴乔夫到普京的政治变迁》，唐贤兴等译，上海人民出版社，2010，第56页。

[3] 吴恩远：《苏联解体原因综述》，《史学史研究》2010年第3期。

[4] 〔美〕大卫·科兹、弗雷德·威尔：《来自上层的革命：苏联体制的终结》，曹荣湘等译，中国人民大学出版社，2002。

[5] Ольга Крыштановская, Анатомия российской элиты. М.：Захаров, 2005. С. 375.

[6] 潘德礼、许志新主编《俄罗斯十年：政治、经济、外交》，世界知识出版社，2003，第139页。

时期绝大多数的地方精英也主要来自苏联时期的官僚机构，其中曾在勃列日涅夫时期任职的占到57.4%，在戈尔巴乔夫时期任职的占到39.7%，只有很少一部分人来自于社会的其他领域。① 在当今俄罗斯的政治精英中，由苏维埃时期政治精英转变而来的俄罗斯"新一代"政治精英仍占据了很大比例，与通过其他渠道进入政治领域的精英相比，他们往往拥有更为丰富的政治经验和政治影响力，以及在仕途上更为广泛的人脉关系。另一个实例是，戈尔巴乔夫改革之初，改革的阻力不仅来自于上层领导干部，而且还来自于下层的企业劳动者，因为他们中的大部分人"不肯放弃劳动报酬的平均主义"②。这从一个侧面也说明，苏联后期的很多改革行动，更多的是来自于上层政治精英的推动。

精英在苏联解体与俄罗斯社会转型中所显示的作用，推动了俄罗斯学界对于精英问题的研究。虽然自20世纪90年代以来俄罗斯的政治、经济及社会状况发生了巨大的变化，俄罗斯精英的生成、流通以及功能模式也同时发生了相应的变化，但是精英，尤其是政治精英在俄罗斯的政治进程中居于主导地位的状况并没有发生根本性的改变。因而，考察和分析俄罗斯的社会政治发展进程，首先离不开对于俄罗斯精英的研究。

对于俄罗斯精英的研究，需要回答这样一些主要问题：在俄罗斯社会的民主转型过程中，精英在制度设计上是如何进行博弈的？他们在俄罗斯国家发展道路的选择上是如何互动的？执政精英们在完善与巩固民主的过程中将扮演何种角色？在当前威权制度下的俄罗斯，精英本身的生成、招募、流通的模式是怎样的？从叶利钦时期到普京时期，俄罗斯精英的结构组成及其价值趋向都发生了怎样的变化？精英内部的关系如何？以及怎样看待俄罗斯精英与大众的关系？等等。这也正是本书力图所要探讨和研究的主要问题。

一 政治精英与民主转型

1974年发生在葡萄牙的"康乃馨革命"开启了葡萄牙的民主转型，同时

---

① Ольга Крыштановская, Анатомия российской элиты. М.：Захаров，2005．С．375．
② 黄立茀：《苏联社会阶层与苏联剧变研究》，社会科学文献出版社，2006，第365页。

也掀起了席卷全球的"第三波民主化浪潮",这股浪潮由南欧及至拉美,再到东亚,然后转至苏联及东欧地区,至今余波未尽。由于既有的各种政治文化理论,包括现代化理论和结构理论都不能对这一现象进行充分解释,转型政治学由此应运而生。

在转型政治学中,精英选择理论为解释民主转型提供了一套有效的动态模式。按照这种理论,鉴于一个国家从一种政治体系向另一种政治体系转变的过程中充满了高度的不确定性和偶然性,民主转型就可以被视为不同政治行为体的博弈过程,精英们的道路选择和战略取向对社会民主转型的作用尤其重要。美国政治学家丹克沃特·罗斯托将民主的确立过程划分为预备、决定和习惯三个阶段。预备阶段往往表现为一种长期的、弥漫性的政治抗争;而在决定阶段,各种政治力量之间相互博弈,少数精英就明确的政治条件和可能的风险进行讨价还价;到了习惯阶段,人们则在新的规则下进行理性的政治运作,在公共生活中体验民主的优越性。[①] 在这三个阶段中,最为重要的是决定阶段,精英在这个阶段中起着关键性的作用,精英之间通过战略互动选择新的政体模式。但罗斯托也同时强调,民主转型的首要前提是国家的统一,它"必须先于其他所有民主化问题"[②]。

俄罗斯的民主转型充满了"戏剧性和反复无常的变化"[③],而这一转型进程因苏联的解体而变得更加复杂。戈尔巴乔夫所启动的政治改革只是俄罗斯民主转型的前奏,他倡导"民主化"和"公开性"的目的并非是要改变苏联社会主义制度的性质和架构,而是要实现社会主义制度的自我更新,他并非希望苏联解体,而且也没有预见到苏联的解体。改革初期,苏共的政治精英并没有出现像一些政治学家所说的"分裂"。他们认为,由专制向民主转型的前提是精英内部分裂出"温和派"和"强硬派","构成强硬派核心的是那些发自肺腑要拒斥民主的种种'不治之症'和'混乱失序'的人",而温和派则"越

---

① Dankwart A. Rustow, "Transitions to democracy: Toward a dynamic model", Comparative Politics, 1970, №2.
② Dankwart A. Rustow, "Transitions to democracy: Toward a dynamic model", Comparative Politics, 1970, №2.
③ 〔美〕迈克尔·麦克福尔:《俄罗斯未竟的革命:从戈尔巴乔夫到普京的政治变迁》,唐贤兴等译,上海人民出版社,2010,第4页。

来越认识到他们所协助建立并在其中占据高位的政治体系，在可预见的未来需要采用某种程度或形式上的选举而使其正当化"①。

苏共高层精英的分裂出现在戈尔巴乔夫改革后期。虽然戈尔巴乔夫拥有的权力居于强硬派之上，而且社会上激进派的出现对强硬派构成了巨大的压力，但是由于戈尔巴乔夫改革的失误，因自由化导致的各种社会问题接踵而至。首先民族问题的重新凸显不仅打乱了民主转型的步伐，同时也使联盟中央疲于应付，并逐渐对国内的局势失去了控制。戈尔巴乔夫不愿意动用武力恢复秩序，致使高层的强硬派策划了昙花一现的"8·19"事变。此后，联盟中央和地方的关系也发生了质的变化。中央精英和地方精英就是否保存苏联进行了多轮的讨价还价，由于联盟中央的权威因"8·19"事变的失败而丧失殆尽，联盟中央已经无力阻止联盟的解体。在这个过程中，地方领导人尤其是作为俄罗斯总统的叶利钦的政治选择起到了决定性的作用。也正因为如此，戈尔巴乔夫将苏联解体的主要责任推卸到叶利钦等人的头上。

从俄罗斯社会转型的整个进程来看，苏联解体可视为这个过程中的一个大插曲。但是，苏联的解体并没有为俄罗斯的社会转型铺平道路。当叶利钦准备重新启动俄罗斯经济转型的时候，主导俄罗斯发展进程的民主派精英在国家发展道路的选择上没有达成共识，重新出现了分裂，顿时使俄罗斯政局陷入僵局，最后精英之间的政治争斗在1993年10月以武力流血的方式宣告结束。取得胜利的叶利钦一方，在俄罗斯以国家根本大法的形式确立了以强势总统制为标志的民主制度架构，完成了罗斯托所说的民主化的第二个阶段，进入了习惯阶段。

俄罗斯的民主转型是典型的由政治精英们主导的"自上而下"的社会转型。一些政治学家将社会转型划分为"自下而上的变革""交易型变革""退出型变革""撕裂型变革"和"自上而下的革命"五种模式②，俄罗斯无疑选择了最后一种。对此，戈尔巴乔夫认为，当时除了"自上而下"之外，别无

---

① O. Donnell and Philippe C. Schmitter, Transitions from Authoritarian Rule: Tentative Conclusions about Uncertain Democracies. The Johns Hopkins University Press, 1986, p. 7.

② Gerardo L. Munck and Carol Skalnik Leff, "Modes of Transition and Democratization: South America and Eastern Europe in Comparative Perspective", Comparative Politics, Vol. 29, No. 3, 1997.

其他选择,"自下而上的变革"模式意味着内战。一方面这是因为苏联的极权主义比东欧一些国家的体制更严格、更僵化,可以说是"一个毫不留情的国家体制",而国内的反体制运动没有形成有影响的政治势力,不具备政治基础。普通民众尤其是知识分子阶层虽然对社会的不满与日俱增,但这种不满还无法成为推进改革的正常"杠杆",因为俄罗斯民族独具一种高度的忍耐力,老百姓已经习惯于逆来顺受。① 这种历史背景对于民主的塑造非常重要,甚至直接关系到民主化能否成功,但是俄罗斯政治精英们恰恰忽视了这一点,而是急于"移植"西方的自由民主模式。另一方面,俄罗斯的民主转型是精英之间通过武力对抗,而不是通过协商谈判而形成新的民主秩序的过程,因此它的最大缺陷就是建立了一种不成熟的民主。虽然叶利钦总统在其后的执政期间加强了与其他精英阶层的协商,并在某些问题上与后者达成了妥协,但是由于国内经济形势的恶化,叶利钦的权威与合法性愈来愈受到质疑,在他执政后期不得不把很大精力放在选择接班人的事情上,最终提前离开了总统职位。无疑,对精英的政治选择和行为方式的研究可以让我们更清楚地看到俄罗斯社会转型进程的轨迹,加深对俄罗斯社会转型中一些重要问题的认识,也更能具体地了解精英在俄罗斯社会转型中所扮演的角色与所起的作用。例如,众所周知,久加诺夫领导的俄罗斯共产党自成立以来一直把恢复苏联作为自己的政治目标,尽管这种可能性目前在俄罗斯已经绝无可能,但如果我们仔细了解一下久加诺夫在苏联解体中的表现,也许我们就可以看清,久加诺夫领导的俄罗斯共产党希望"恢复苏联"的真正政治目的是什么了。关于这一点,戈尔巴乔夫在他的访谈录中曾详细地描述了当时的情况。他说道:在俄罗斯最高苏维埃对决定联盟命运的别洛韦日协议进行投票表决时,在时任最高苏维埃主席哈斯布拉托夫的建议下,久加诺夫动员俄罗斯共产党的代表投票支持别洛韦日协议。投票结果,共产党代表中只有六人对此表示反对,其余的人都投了赞成票。②

---

① 池田大作、戈尔巴乔夫:《20世纪的精神教训》,孙立川译,社会科学文献出版社,2005,第152~153页。
② 〔俄〕米·谢·戈尔巴乔夫:《尚未结束的历史:戈尔巴乔夫访谈录》,孙凌齐译,中央编译出版社,2003,第66~67页。

二 转型时期俄罗斯精英的特点

在精英主义者看来,"人类历史乃是某些精英不断更替的历史:某些人上升了,另一些则衰落了",这就是精英的"生理学定律",① 它在社会发生巨大变迁的时候体现得尤其充分。

精英的流动包括垂直流动和水平流动。垂直流动意味着进入、升迁或贬黜、退出精英系统,水平流动则指在系统内发生水平迁移。由于俄罗斯社会转型所导致的精英模式的变迁是结构性的,一些俄罗斯学者把国家视为一个由"政治阶级"组成的大型政治"集团公司",将精英的流动形式简化为三种:进入(инкорпорация)、迁移(ротация)和退出(экскорпорация)。② 在研究这三种流动方式的时候,最重要的是考察其背后隐含的制度性因素及历史性因素。俄罗斯精英,尤其是政治精英的流动与其他社会阶层的流动有着显著的区别,一方面,政治系统的等级制导致精英之间存在着激烈的竞争,越往上走竞争就越激烈,金字塔式的模式在任何一个社会里都是如此;另一方面,俄罗斯虽然对精英的准入有着严格的限制,但是由于在职位空缺的填补上没有形成公开的竞争,对候选人的要求并不明确,精英流动的不确定性非常大。另外,受俄罗斯政治文化的影响,加上社会监督的缺乏和制度规范的缺失,目前俄罗斯精英的流动主要取决于精英集团内部的一些潜规则,甚至幕后交易。"梅普组合"的出现,以及梅普二人在公开场合大谈"几年前我们就已经定下了这种权力模式",更让人不得不相信这种潜规则在俄罗斯精英中的真实存在。

苏联后期,戈尔巴乔夫的政治改革彻底改变了苏联社会的政治系统,从任命制到选举制的过渡也改变了俄罗斯精英的生成方式。虽然苏联时期领导干部的产生往往也是通过选举产生,但那种可控的选举只是形式上的。确定新的选举制度中决定性的一步是1988年12月最高苏维埃通过的《有关苏联人民代表

---

① 〔意〕维弗雷多·帕累托:《精英的兴衰》,刘北成译,上海人民出版社,2003,第13~14页。
② Ольга Крыштановская, Анатомия российской элиты. М.: Захаров, 2005. С. 99.

选举的法令》。以选举代替任命,戈尔巴乔夫认为它的意义在于:"我们最高领导层的改革者已经悬空了,像赫鲁晓夫时期一样。我们更应该吸引人民参加,从底层获取支持。我们决定通过自由选举来这样做……通过从社会组织中推出代表,我们成功地在代表大会中注入了所谓的不安定分子。"1989年苏联人民代表选举后,最高苏维埃中昔日的"在册权贵"(номенклатура)已经不占主导地位,知识精英的比例大幅上升,以前的很多持不同政见的"异己"分子也进入到最高代表机关。① 然而,随之而来的选举活动很快就改变了政治精英的格局,国家开始对精英的形成过程失去了控制。可以说,选举不仅开启了新的精英上升的渠道,同时也是对原有精英进行清洗的一种方式。

苏联解体之后,选举制和任命制在俄罗斯同时并行,成为俄罗斯精英流通的主要渠道。在联邦层面,国家杜马和执行权力机构是精英进入流通渠道的两个重要舞台。作为俄罗斯议会(联邦会议)下院的国家杜马,其成员全部通过选举产生,一定意义上它扮演了"干部实验室"的角色②,成为俄罗斯精英的一个重要储备库。苏联解体后的初期,俄罗斯国家杜马的主要人员构成以知识分子和经济管理层的领导人以及各部委的官员为主。一开始那些与旧的苏联政权机构毫无关系的知识分子和经济管理层的领导人在议会中占据了主导地位,但不久这种情况就渐渐发生了变化。议会中地区领导人,强力部门、护法机构的人员,尤其是商人的数量越来越多,其作用也在不断增强。一方面这是精英专业化的结果,经济管理层的领导和部委官员开始从杜马转入政府部门③,希望寻求更大的升迁以施展自己的抱负;另一方面,社会的弱势群体如工人、农民被彻底排挤出去,知识分子也受到挤压,逐渐被强势群体,尤其是商人所取代。一个引人注目的现象是,20世纪90年代初期呈萎缩趋势的旧体制党团系统的人员,在议会中的比重很快上升,并且达到了40%左右④。这也是"俄共"1993年和1995年连续在两届杜马选举中获胜后

---

① Горбачев М. С., Реформы губит номенклатура. Независимая газета, 24 апреля 1994 г.
② Ольга Крыштановская, Анатомия российской элиты. М.: Захаров, 2005. С. 146.
③ 1993年俄罗斯新宪法通过后,按照三权分立的原则,政府官员不得同时兼任议会代表。
④ Ольга Крыштановская, Анатомия российской элиты. М.: Захаров, 2005. С. 151.

的一个明显结果。

在执行权力机构内部,除了总统本人,叶利钦时期的政治精英主要分为三类。第一类是政府官员,包括总理、各部部长及政府部门工作人员。根据联邦宪法和法律,政府总理及其主要成员都由总统按照规定程序直接任免。叶利钦执政后的第一届政府成员(总理 E. 盖达尔、副总理 A. 丘拜斯和 A. 绍欣等),大多是经济学家和知识分子出身,拥有学术学位,以前主要从事科学研究,年龄在 35~40 岁之间。这些人中,除绍欣曾在苏联部长会议中工作过十年,盖达尔曾在《真理报》和《共产党人》杂志社工作过几年外,绝大部分人都没有过从政经历。叶利钦任用政治新人担任政府官员的目的,一方面是为了完全打破苏联时期旧的官员任用制度,为一批年轻的政治精英提供升迁的机会;另一方面也想通过利用政府中的这些经济专家,推进俄罗斯的经济体制改革。政府组成结构变化快、流动性大是叶利钦执政时期政治精英变化的一个主要特点。如盖达尔领导的第一届政府总共执政了一年时间。盖达尔被解职后,政府中的 34 名成员中只有两名保留了原职位。政府成员的频繁更替大大减弱了政治精英对总统的个人依附和忠诚度,这也是造成叶利钦执政后期俄罗斯政局不稳的一个重要原因。对此,一些俄罗斯学者将叶利钦时期这种政府成员频繁更替的现象直接比喻为"干部绞肉机"。①

第二类是"总统身边的人",也就是总统的政治团队,包括总统办公厅主任、总统顾问、总统高级助手以及总统新闻秘书(30 人左右)等。1993 年新宪法通过后,由于刚刚经历了激烈的权力斗争,叶利钦政府中出现了干部真空,急需忠于自己的政府管理人员帮助他推动经济转型进程。这一时期,在排斥戈尔巴乔夫时期旧官员的同时,叶利钦任命的新官员主要来自三个渠道:一是在 1989 年苏联人民代表大会期间形成的跨地区议员团的成员;二是 1990 年俄罗斯人民代表大会期间支持过叶利钦的部分俄罗斯人民代表;三是来自斯维尔德洛夫州的叶利钦的同乡。他们聚集在总统周围,所以这些人常被称为"总统身边的人"。他们负责帮助总统制定一些公共政策,对其他政治集团施加影响。这些人年龄一般在 40~50 岁之间,与总统

---

① Ольга Крыштановская, Анатомия российской элиты. С. 186.

本人一样没有参加任何政党，没有担任过议会议员，但他们大部分都是民主改革的支持者。另外，作为叶利钦的助手或高级顾问，他的周围还聚集了一些学者，为叶利钦制定政策出谋划策，如1994年，民族问题专家Ю.巴图林曾担任过总统的国家民族安全问题顾问，受到叶利钦的器重。叶利钦时期，总统办公厅是政府各部之外最重要的政府部门。1996年10月，叶利钦发布了一项《有关总统办公厅地位的命令》，进一步扩大了总统办公厅的规模，由原来的13个部门增加到26个部门。该命令明确规定：总统办公厅是保证总统活动的国家机关。在丘拜斯担任总统办公厅主任期间，总统办公厅的作用明显提高，直接参与了很多国家政策的制定，其地位远远超过了其他政府部门。叶利钦在1999年3月向议会发表的国情咨文中表示，总统办公厅的任务非常艰巨，它必须和政府部门积极配合，监督各部门执行总统决定的情况。有些学者将叶利钦时期的总统办公厅与苏联时期的中央政治局相比，认为它们有很多相似的地方，实际上它们并不完全一样，总统办公厅只是总统的一个办事机构，并不具有绝对权力。总统办公厅和办公厅主任能在多大程度上发挥作用，完全取决于总统的个人意愿。在自己执政后期，由于身体原因和政治上的孤立，叶利钦更加依赖和信任自己身边的亲信和"家族内的人"[①]，他们也成为这一时期俄罗斯政治中最有影响力和权势的政治精英。

第三类是商业精英[②]。这是叶利钦执政后期俄罗斯政治生活中出现的一种特殊现象。1996年总统选举期间，叶利钦的社会支持率大大低于他的主要竞争对手、"俄共"领导人久加诺夫。为保证国家的政治制度不发生大的逆转，别列佐夫斯基、波塔宁、穆拉夫连科等俄罗斯部分金融工业寡头达成协议，联手支持叶利钦竞选。为此，他们投入了大量资金，利用他们所控制的广播、电视、报刊等大众宣传工具，最终帮助叶利钦竞选连任成功。总统选举后，为兑

[①] 叶利钦执政后期，曾任命自己的小女儿塔季扬娜·季亚琴科担任其总统形象顾问一职，因而她当时也直接参与了很多政府决策。
[②] 本书中与"商业精英"一词一起使用的还有"经济精英"，都是指在俄罗斯社会转型过程中出现的金融工业家、大企业家、私人银行家等。有些学者也直接统称他们为"寡头"或"金融寡头""工业寡头""大资本"。

现承诺，1996年6月，叶利钦先后任命银行家波塔宁为俄罗斯政府第一副总理、企业家别列佐夫斯基为俄罗斯国家安全会议副秘书，为金融工业寡头提供了直接进入国家政权机关的机会。由于权力精英与商业精英的紧密联结，两者之间的相互流通得到了加强，这一时期，代表集团利益的商业寡头对俄罗斯政治的影响越来越大。

叶利钦时期俄罗斯政治精英中的另一个重要组成部分是地方精英。由于俄罗斯联邦结构的复杂性，地方精英除了具有政治精英的一般特点外，还表现出试图摆脱中央控制、独立自主地解决本地区社会经济问题的政治愿望。在1995年底之前，地方行政长官的产生并不都是通过选举产生的，总统的直接任免仍是主要方式。叶利钦在1991～1992年任免了大批地方官员，这批官员主要是支持叶利钦的、旧体制中精英的第二梯队和第三梯队及以前的"苏维埃工作人员"。他们一变而成为民主转型的推动力量，在新政权中重新掌握了权力，实现了"角色"更替。这一时期的地方精英，不仅在地方拥有深厚的行政资源，而且按照当时的联邦法律，地方领导人还可以自动进入议会上院（联邦委员会），具有双重身份，因而在地方的影响力非常大，即使在随后的地方选举中也没能妨碍他们中的大多数人因竞选成功而继续执政。这些地方政治精英中，以鞑靼斯坦共和国总统明季梅尔·沙里波维奇·沙伊米耶夫最为典型。沙伊米耶夫1991年被任命为鞑靼斯坦共和国第一任总统，此后他又于1996年、2001年和2005年三度连选连任，直到2010年，在各方压力下，73岁的他才"自愿"辞职离任，可谓是俄罗斯地方精英中的"常青树"。

国家的稳定在某种程度上首先取决于精英的稳定。普京执政以后逐渐改变了叶利钦时期精英构成与流通中的不稳定状况，实现了精英层的基本稳定。首先，普京重新恢复了国家对精英流通渠道的控制：2003年通过了《关于俄罗斯联邦国家机构系统》的法律，恢复了18～19世纪俄国的"官员等级表"，对官员的遴选、待遇、退休后的保障等诸多事项进行了明确规定；2004年普京实行了以精简公务人员数量为主要内容的行政改革，对政府机构进行了重组，同时大幅提高了国家公务人员的薪金，大大加强了国家公务员系统的稳定性。其次，普京在他的前两个任期内，对杜马准入规则和地方领导人产生办法进行了一系列改革，提高了政党进入议会的门槛，取消了地方长官的直选制①。普京的改革措施不仅确保了支持普京的政权党——"统一俄罗斯党"在议会中的绝对优势地位，也使联邦中央加强了对地方精英的控制。同时，与叶利钦时期相比，制定俄罗斯政策的主体也发生了巨大变化。叶利钦时期制定政策的主体主要是联邦精英、地方精英和商业精英，而普京时期俄罗斯中央执行权力机关的精英已经成为绝对的权力主宰，他们不仅战胜了左、右反对派，同时也取得了对地方精英和商业精英的绝对优势。可以说，在普京时期，俄罗斯已经形成了单一的政治结构，其核心是联邦总统。最后，普京时期精英的垂直流动减弱，水平流动增强。这表现为：昔日的地方领导人大多成为联邦委员会的新成员；昔日的部长日后成为议员；昔日的总统办公厅官员被任命为国家大企业的领导人，等等。这种水平流动的结果，使政治精英们的未来前景更加确定，他们对现行制度与总统个人也更为忠诚。因此总体上来说，与叶利钦时期相比，普京时期政治精英的内部结构表现得更加稳固。

与叶利钦时期相比，普京时期精英的人员构成也发生了显著变化。叶利钦时期的"改革者"几经淘汰，到叶利钦执政末期已经所剩不多；叶利钦所重用的"家族"亲信，随着叶利钦离开政坛也逐渐失势。普京在其第一任期间开始巩固自己的地位，排挤叶利钦的"家族"亲信。到第二任期时，普京已将"前朝旧人"从总统办公厅到政府的职位上全部清除出去，同时大力组建自己的势力。普京执政时期起用的政府官员主要来自强力部门和"彼得堡帮"。据俄罗斯科学院相关研究机构提供的研究数字，以2003年为例，强力部门成员在俄罗斯最高权力机关所占的比例高达58.3%。有2000多个最具影响力的政府和行业机构的领导人来自前克格勃和特工。② 此外，2000年普京上任后任命的由24人组成的联邦安全委员会中，多数成员也是前克格勃成员；

---

① 迫于反对派的压力，2013年普京重新恢复了对地方行政长官的直选。但由于目前"统俄党"在地方上的影响力巨大，再加上其他一些限制性规定，政府反对派提名的候选人很难在各地的行政长官选举中取胜。

② Алла Ярошинская, Кто нами правит: высшая политическая элита России от Ельцина до Путина. http://www.rosbalt.ru/2007/11/26/434516.html.

2004年普京第一次任命的七个驻联邦区总统代表中，有四个来自前克格勃和军方；在普京第一任期的政府成员中，有四名部长是强力部门成员。大批强力部门和军队中的人进入政府，构成了普京政治团队的一个"强力集团"，成为普京执政的基础。这种状况除了因为普京本人具有克格勃的职业背景、对强力部门的人有所偏好外，还与普京上任后制定的稳定国家局势的政策有关。另外，在政府部门中大量任用来自"彼得堡帮"的人，也是普京上任后实行的一项主要干部政策，其主要代表人物有：德·梅德韦杰夫、谢·伊万诺夫、伊·谢钦、阿·库德林等。

另一个引人注目的现象是，普京执政初期虽然大力打击干预政治的金融寡头，剥夺了他们参与政治的权利，但同时又允许一些"听话"的商业精英进入政府机构，其势头甚至超过了强力部门的人，罗曼·阿布拉莫维奇就是一个突出的代表人物。据统计，在普京执政的前两年，进入政治精英圈的商业人士比1993年增长了五倍；而强力部门人员只增长了一倍多。[1] 这种情况不仅在联邦层面如此，在地区层面更是如此。由此可以看出，商业精英仍是普京时期国家政治精英的一个重要组成部分。

2008年在普京第二个总统任期结束前，为了在不违反宪法的条件下保证他重新回到总统职位，普京及其幕僚精心做出了"梅普组合"这一在俄罗斯政治生活中尚无先例的政治设计。从制度层面来看，担任总统一职的梅德韦杰夫理应是一位"超级总统"，而退居总理一职的普京也一再强调总统权力在国家政治生活中的重要性。但从俄罗斯特定的政治环境以及权力基础来看，普京在俄罗斯政治生活中的特殊地位，使他在总理职位上拥有了历任总理都无可比拟的实际权力。例如，普京拥有包括独立行使任命政府成员、召集政府会议等在内的实际权力；可以改组政府、设立政府主席团机制、对政府实施全面监督管理，以提高政府工作效率；掌握部分任免地方行政长官和管理地方事务的实际权力，等等。为了防止梅德韦杰夫在"组合"中"脱轨"，普京还设计了多重制度性措施以维持自己的权力，例如普京除了扩大政府总理的权限外，还以一个非党员的身份出任"统一俄罗斯党"的领袖，在保持对政权党控制的同

---

[1] Зудин А., Властные элиты современной России. Ростов-на. Дону, 2004. С. 73.

时，也维持了对总统的"威慑"作用。①

由于"梅普组合"自身存在的不确定性，围绕着总统梅德韦杰夫和总理普京也出现了两个权力中心。以前同为普京团队成员的上层政治精英分别站队，并大致分化为两个阵营，像苏尔科夫、德沃尔科维奇和季马科娃这些普京曾经器重的下属，都"投奔"了梅德韦杰夫。但是两个团队的力量对比非常悬殊，包括强力部门在内的一些关键部门，其成员仍是普京的心腹。利用两位领导人在理念上的分歧，两个团队之间彼此推波助澜，进一步强化了俄罗斯政治精英之间派系斗争的激烈程度。

2012年普京第三次当选俄罗斯总统后，开始致力于政治精英的重新整合，形成了新的一元中心制度。在这个制度中，普京是唯一的决策中心，其他重量级玩家只能"指望起到或多或少的个人影响"。② 为了回应民众对政权质量和效率的诉求，普京在展开新一轮反腐败运动的同时，实施了一项"精英国有化"政策。2013年4月，俄国家杜马通过了有关"禁止政府公职人员和国会议员拥有海外账户和资产"的法案，这被认为是普京整顿精英队伍的又一项重大举措。

由此可见，普京时期与叶利钦时期精英构成的显著区别，不仅在于精英来源基础的差异，更在于精英内部关系模式的变化。如果说叶利钦时期的精英构成是在"无序的民主"上形成的"节制与平衡"系统，那么普京建立的"垂直权力"体系则将所有的精英无条件地置于总统一人控制之下；叶利钦时期所有的权力"影响中心"，如总统办公厅、政府、国家杜马、联邦委员会、地区集团以及商人，在普京执政期间，几乎都被彻底清除了出去。③

---

① 根据俄罗斯宪法，议会拥有弹劾总统的权力。尽管弹劾总统的程序异常繁琐，且从1993年俄罗斯宪法通过至今还没有一位总统遭到议会弹劾，但借助"统一俄罗斯党"在议会中的绝对多数席位，必要时普京可以利用这一权力作为制约和控制梅德韦杰夫的手段，以保障"梅普组合"的正常运转。

② Дмитрий Орлов, Год Путина: Новый моноцентризм. http://www.regcomment.ru/articles/god-putina-novyy-monotsentrizm/.

③ Гаман-Голутвина О. В., Политические элиты России. Вехи исторической эволюции. М.: РОССПЭН, 2006. С. 355.

三 精英与俄罗斯的政治发展

俄罗斯的政治转型充满了波折,虽然建立了三权分立的民主框架,没有发生民主崩溃(breakdown of democracy)的现象,但超级总统制的确立为民主的侵蚀(erosion of democracy)提供了条件,从而促使俄罗斯的政治回归到威权主义。[1] 普京执政后,威权主义得到了进一步加强,为了回应西方国家对俄罗斯"民主倒退""民主回潮"的批评,俄当局进行了强烈的反击,强调俄罗斯要走自己的民主化道路,并提出了所谓的"主权民主"。但是,"主权民主"与其说是一种民主模式,毋宁说是一种标签,或者说是一种对外宣示的策略。这是俄罗斯精英们对于俄罗斯民主转型的一个"创造"。但这种创造对俄罗斯实质性的政治转型毫无意义。事实上,在威权体制下俄罗斯的政治精英们已经失去了推动政治发展的动力,俄罗斯在政治稳定的目标下正在逐渐走向停滞,而精英结构也在逐渐走向僵化。

虽然俄罗斯的精英队伍在普京治下逐渐实现了"稳定",但是精英的分野和帮派化却使得普京时期精英内部的关系较叶利钦时期变得更为复杂,对总统的严格从属并没有消除精英派别之间深刻的分歧和矛盾。俄罗斯现任总理梅德韦杰夫曾尖锐地指出:"精英之间的矛盾已经成为俄罗斯国家安全的威胁,如果我们不能使精英保持团结,俄罗斯作为一个统一国家可能会消失。当精英失去了统一思想并陷入你死我活的大厮杀时,整个帝国就会从地缘政治地图上被抹去。"因此,凝聚俄罗斯精英的"平台只有一个,即在现有边界范围内保持有效的国家性"。[2] 团结在普京周围的俄罗斯政治精英们虽然表面上维持了和谐的局面,但是内部的明争暗斗在2008年的总统选举之前再次充分显示出来。2007年12月,普京在离规定提出总统候选人的最后期限只有十余天时,才推出梅德韦杰夫作为自己的接班人,这并非是他匆忙之间做出的决定,而是因为

---

[1] 民主侵蚀与民主崩溃是民主转型中回归威权主义的两种情况,其区分可参见 Andreas Schedler, "What is Democratic Consolidation?", *Journal of Democracy* 9.2 (1998), pp.91-107。

[2] Интервью с Д. Медведевым. Сохранить эффективное государство в существующих границах. // Эксперт, № 13 (460), 4 апреля 2005.

精英内部的复杂性需要他选择公布决定的最佳时间。

决定精英内部稳定的因素很多，"最高权力"是至关重要的一个方面，这是传统的俄国专制政治所留下的遗产。帝俄时代的沙皇、苏联时代的共产党总书记、新俄罗斯时期作为威权领袖的总统，都是在一定程度上决定精英构成与流通的"最高权力"。普京在任期内实现了精英的稳定，他离任总统后做出了"梅普组合"这种奇特的政治设计，这在俄罗斯历史上没有先例。显然，除了普京本人恋栈权力外，"梅普组合"的另一个明确目标是继续保持权力结构的稳定。普京执政期间打造的所谓"普京团队"并非"铁板一块"，他们仍然需要一个作为平衡器的领袖，不是"民族领袖"，而是"精英领袖"。但是"梅普组合"从成立之日起就引发了各种猜测，梅普之间的分歧和矛盾一直被外界跟踪、关注并放大，特别是在2012年总统大选日益临近之际，梅普之间的"明争"越来越多，分属他们的精英派别的"暗斗"也越来越激烈。总统候选人的推出问题一直是俄罗斯国内外关注的焦点，梅德韦杰夫几次表示要尽快决定，但是普京作为一个"政治运作高手"，更想保持"不确定性"，其理由是："现在距离大选还有将近一年的时间，如果我们现在发出某些不正确的信号，那么无论是总统办公厅还是政府，一半以上的人员都会放下手头的工作，转而等待某些变化。"[①] 普京的担忧也是实情，俄罗斯的政治精英们唯"最高权力"马首是瞻，他们当然希望候选人早日尘埃落定，以决定自己的投靠方向。由此可见，"梅普组合"这项为"稳定"而做出的政治设计，事实上被"不确定性"的犹疑这一事实所取代。从这个意义上来看，虽不能说它是失败的，但至少不能说是成功的。

更为重要的是，目前俄罗斯政治系统中的"停滞"现象已经成为一个不争的事实，即政治生活中缺乏竞争，政权党一党独大，其他反对派逐渐被边缘化；政府对经济的强力干预几乎窒息了市场经济的活力；腐败成为社会和政治的痼疾，侵蚀着社会的机体。梅德韦杰夫早已认识到这种"政治停滞"会给国家造成的损害，在他任总统期间，也曾提出过一系列政治改革方案，通过了一些反腐败措施，并且推出了"政治现代化"这个新概念，然而收效甚微。

[①] Коротко, но неясно. Владимир Путин ответил на вопрос о третьем сроке. Газета "Коммерсантъ", № 65 (4606), 14.04.2011.

梅德韦杰夫提议并最终获得议会通过的有关降低政党进入议会准入门槛的法案，并没能真正提高政党之间竞争的公正性，而打击腐败也更多地停留在口号和一般性的措施上。当然，梅德韦杰夫担任总统期间不能施展手脚，其权力受到掣肘固然是一个很重要的因素，但已经逐渐被固化了的精英结构则是造成当今俄罗斯"政治停滞"的更为深刻的原因。正如俄罗斯著名学者 B. 伊诺泽姆采夫对俄罗斯政治现状所评价的那样，俄罗斯"不会崩溃，也不会发生激烈变革，还会是老样子"，因为目前俄罗斯体制的"稳固"，来源于普京通过"垂直权力"建立起了一种"比过去等级更多"的新封建化的精英结构。在这种精英结构下，国家成为"公司国家"，政治问题被当成生意问题来解决，而生意问题则被当作政治问题来看待，腐败是这种结构的"黏合剂"。这种精英结构最重要的特点，一是精英队伍中充斥了大量的平庸之辈，精英的流通出现了前所未有的高度逆淘汰现象；二是与苏联后期的情况相反，庞大的社会群体不是反对而是竭力想进入这个体制。这种结构所导致的后果是，目前的精英因把持着"位置"而大捞好处，激烈反对任何体制上的革新；普通的年轻人将进入公务员系统当成首选的职业方向[①]；而优秀的人才则大量流失。[②]

无论是叶利钦时期，还是普京时期，政治精英与商业精英既是社会转型最主要的受益者，也是俄罗斯社会中起决定性作用的力量，这两类精英之间的关系曾一度影响着俄罗斯政局的变化。俄罗斯精英研究者佩列古多夫认为："大商人和国家行政官员相互倚靠，某些地方甚至融为一体，构成了所谓的'统治阶级'，以全社会的名义管理国家事务……而社会却被排挤出了管理功能之外……即使宪法意义上归属国家管理体系的某些公民社会组织，也不可能真正参与实际的政治管理。"[③] 目前，俄罗斯政治精英与商业精英关系的实质，就

[①] 据俄罗斯"社会舆论"调查中心的一项最新调查结果显示，近年来公务员在俄罗斯最热门职业排行榜中高居首位，其中42%的受访者认为国家公务员是"最具吸引力的职业"，超过一半的18~30岁受访者认为"当公务员比经商好得多"。2011年7月14日，俄罗斯时任总统梅德韦杰夫在克里姆林宫会见企业家时，针对俄罗斯青年人中的公务员热，不无忧虑地指出："青年人热衷于成为公务员，是因为这是一种快速致富的手段。"转引自新华网 http://www.sooxue.com. 2011-7-20。

[②] Vladislav L. Inozemtsev, "Neo-Feudalism Explained", *The American interest*, the March - April 2011.

[③] Перегудков С. П., Конвергенция по-российски: золотая середина или остановка на полупути? Полис. 2008. №1.

是大商业（不论是国有的还是私有的）受控于政治权力，且商业精英已经被纳入国家的垂直权力体系之中。

精英对于民主的巩固和发展有着至关重要的作用。西方转型学家认为，必须存在或创立五个相互联系的条件才能巩固民主，即存在自由和有活力的公民社会可以发展的条件；相对自主并受人尊重的政治社会；保障公民自由和社团生活的法治；可以为新的民主政府所利用的国家官僚系统；制度化的经济社会。① 很显然，目前这五个条件俄罗斯均不具备。对于俄罗斯来说，由于历史传统以及社会的结构性原因，精英是民主转型的首要和支撑性力量。叶利钦在民主转型过程中忽视了政治的重建，尤其是忽视了对官僚系统的民主改造，从而为整个社会留下了后遗症。普京从稳定出发而对精英队伍的改造只是延续了传统俄罗斯的政治惯性，新的精英结构的固化使得他很难也不愿打破这个结构。同样是出于政治稳定的考虑，梅德韦杰夫任总统期间提出了"民主发展的俄罗斯模式"②，但他也只是希望通过"自上而下"的稳步改革对体制进行一些小修小补，由于变革动力的缺乏，最终使他也难有作为。

在纪念"8·19"事变20周年前夕，戈尔巴乔夫在媒体上曾公开批评"统一俄罗斯党"垄断政权甚于苏联时期的苏共，正在"将国家拖向过去"，"所有党派只不过是统治者手中的玩偶"③。他强烈呼吁俄罗斯领导层应该进行更新，但戈尔巴乔夫的呼吁并没有得到多少来自俄罗斯社会的回应。

值得注意的是，通过对俄罗斯政治精英发展进程和典型特征的分析，可以得出这样一个结论：如今俄罗斯的政治发展，似乎又重新回到了戈尔巴乔夫改革初期所面临的局面，即上层精英阶层已经成为改革的强大阻力，而消除这种阻力却又存在着打破俄罗斯政治"稳定性"的巨大风险。

---

① 〔美〕胡安·J. 林茨、阿尔弗莱德·斯泰潘：《民主转型与巩固的问题：南欧、南美和后共产主义欧洲》，孙龙等译，浙江人民出版社，2008，第7页。
② Институт современного развития: Демократия: развитие российской модели. http://www.riocenter.ru/.
③ Михаил Горбачев, Единая Россия тянет страну в прошлое. http://www.argumenti.ru/politics/2011/08/120430.

第一章 精英理论的一般概念与俄罗斯的"精英学"

一 精英理论的一般概念

"精英"(élite)一词出现在17世纪,最初只是用来形容质量精美的商品,后来才用以表示地位优越的社会集团,如精锐部队和上层贵族等。19世纪后期,这一词语被欧洲学者运用于与社会及政治有关的著作中而得以广泛传播。[①] 作为一个社会政治概念,精英理论可以追溯到古希腊哲学家柏拉图的"哲人政治"思想、中世纪意大利思想家马基雅维利关于"统治者的权力和统治技巧"的研究,以及法国空想社会主义者圣西门提出的"谁统治社会"与"如何维持统治"的问题。

精英理论(elite theory)是19世纪末西方社会学研究中兴起的一种重要理论和研究方法。精英理论的发展大致经历了两个时期。人们通常把19世纪末至20世纪50年代的精英理论称为早期精英理论。意大利社会学家加塔诺·莫斯卡(Gaetano Mosca)、维弗雷多·帕累托(Vilfredo Pareto)和瑞士籍德国社会学家罗伯特·米歇尔斯(Robert Michels)等学者的研究,奠定了早期精英理论的基础。20世纪50年代后,随着行为主义政治学的兴起,当代精英理论在美国逐渐发展起来。H. D. 拉斯韦尔(H. D. Lallwell)、C. W. 米尔斯(C. W. Mills)和 J. A. 熊彼特(J. A. Schumpeter)等社会学家突破

---

① 〔英〕巴特摩尔:《平等还是精英》,尤卫军译,辽宁教育出版社,1998,第1页。

了早期精英理论的政治范畴，将其扩展到整个社会领域。他们通过大量实证研究，展示了社会权力关系的特点，并突出强调了精英与民主政治的关系。随着20世纪70年代转型政治学的兴起，精英在民主转型中的行为与地位、作用与影响逐渐成为学者们一项重要的研究课题，精英理论也由此得到了更进一步的发展。

1. 早期精英理论的主要思想

早期精英理论的源起是与19世纪末20世纪初欧洲民主政治的理论与实践密不可分的。19世纪下半叶，随着普选权和代议制的广泛实施，西方国家的民主政治进入了一个新的发展时期。面对这一民主潮流的冲击和各国在民主政治实施过程中出现的一些现实问题，一些比较保守的思想家表现出了对于民主和民主政治的悲观情绪，他们怀疑民主的可能性，并对大众民主进行了系统的批评和反思。

针对经典民主理论中所包含的"人民的统治"或"大多数人的统治"的思想，早期精英理论思想家倾向于强调人的先天素质，论证社会精英，特别是统治精英对社会的决定作用。1896年莫斯卡在其发表的《统治阶级》一书中，最先系统地提出了"精英"与群众之间的区别。他认为，所有社会中"都存在着两个阶级——统治阶级和被统治阶级。第一个阶级——其人数总是非常有限——执行所有的政治职能，独揽大权，并尽情享受权力所带来的种种荣耀，而第二个阶级——人数众多的阶级——却受到第一个阶级以一种或多或少是合法的、专断的和强暴的方式的统治与支配……"[①] 在莫斯卡看来，这个统治阶级并不是经济上占统治地位的资本家阶级，而是社会的精英，即社会各个领域中最杰出的优秀分子，他们能力超群，在各方面都胜过常人，以致在他们所生活的社会中备受推崇并很有影响。帕累托在其代表作《思想与社会》中也对"精英"一词给出了自己的定义。他认为，社会中的全体居民可以分为两个阶层：低级阶层（即非精英阶层）和高级阶层（即精英阶层），后者又可以分为"统治精英"和"非统治精英"。[②] 根据个人天赋、才能和道德品质的好坏，

---

① 〔意〕加塔诺·莫斯卡：《统治阶级》，贾鹤鹏译，译丛出版社，2012，第56页。
② 〔英〕巴特摩尔：《平等还是精英》，尤卫军译，辽宁教育出版社，1998，第2页。

第一章 精英理论的一般概念与俄罗斯的"精英学"

帕累托把社会成员细分为十个等级,如律师被他认为是社会的第一等级,属社会成员中的成功者之列。帕累托指出,不管从事什么行业的人,他只要在该行业中位居最高等级,便可以被称为社会的精英,而"统治精英"或"统治阶级"本身正是由这样一些与众不同的社会集团所构成的。[1] 无论是莫斯卡,还是帕累托,在使用"精英"一词时所考虑的都是这样一群人,他们或者能够直接运用政治权力,或者处于能够对政治权力施加强大影响的地位。正因如此,他们对西方民主政治的发展深感忧虑。莫斯卡在他的著作中列数了以代议制、普选制与分权制为特征的现代民主政治在实践中的一系列弊端,认为民主社会的多数人并不能如卢梭等人所说的那样选择政府,实际上只是有组织的少数人在自我选择,他们玩弄权术,想方设法迎合民众。[2]

作为莫斯卡的弟子,米歇尔斯深受莫斯卡和帕累托精英思想的影响,并将政治精英作用的表述推向了极致。结合19世纪末的欧洲国家,特别是德国社会主义政党组织的发展实践,米歇尔斯在其所著《寡头统治铁律——现代民主制度中的政党社会学》中,明确提出了"寡头统治铁律"的论断。这条铁律的核心内容是:"任何社会都是由组织(政党)来实施统治,而组织又是由少数领袖(寡头)来实施统治的。因为首先,任何政治组织中都必须有自己的政治代表和技术专家,否则这些组织就会瓦解,而这两部分人一旦(事实上也经常)合二为一,就会出现寡头。其次,由于先天禀赋和后天条件的差异,总有少数人以其超群才能脱颖而出,最终形成寡头。再次,组织中的绝大多数成员在政治上是冷漠和盲从的,他们往往缺乏自我管理的能力,离开了领袖人物的领导和控制,组织就无法达到预定目标。因而,人类的一切党派组织进而一切政治系统和社会系统,都必须也只能由少数寡头统治。寡头统治是任何试图实现集体行动的组织的必然结果,也是任何有着良好愿望的人们无法改变的'铁律'。"[3] 由于米歇尔斯的"寡头统治铁律"论断低估了大众的实际能力,对民主的未来过于悲观,对寡头范围的定义也过于宽泛,因而在它提出之初就受到了包括马克思主义、多元主义在内的众多学派的批判,但"寡头

---

[1] 〔英〕巴特摩尔:《平等还是精英》,尤卫军译,辽宁教育出版社,1998,第4页。
[2] 金贻顺:《当代精英民主理论对经典民主理论的挑战》,《政治学研究》1999年第2期,第3页。
[3] 〔德〕罗伯特·米歇尔斯:《寡头统治铁律》,任军锋等译,天津人民出版社,2002,第351页。

统治铁律"作为现代政治社会学领域的一个经典论断却成为后来许多学者分析官僚政治、组织行为、政党以及代议民主制的主导框架，从而也奠定了米歇尔斯在社会学和政治学领域内经典作家的地位。

显然，早期精英理论的代表人物有关精英思想的表述与古典民主政治思想中"民治"的基本观点大相径庭。他们不仅认为包括民主社会在内的任何复杂的社会中由精英掌权是一种普遍的现象，而且还认为社会中的大多数人（大众），即非精英阶层，除接受精英阶层的统治外别无选择。长期以来，西方学者针对早期精英理论的批评和质疑也是层出不穷。美国政治学家乔万尼·萨托利在他的《民主新论》中，尖锐地批评莫斯卡所谓"政治阶层"的概念是"含混不清的"，而米歇尔斯的"寡头统治铁律"在很大程度上也只适用于某一特定历史时期的特定组织，并不能完全适用于社会其他情况。[①] "现实中是否存在一个高度一致的精英团体"也是人们对早期精英民主理论家提出质疑的一个主要方面，尤其是在实现了普选权的欧美国家中，"寡头统治铁律"并没有很好地区分民主组织和民主本身的不同，而将政党在运行过程中出现的问题与漏洞完全等同于民主政治本身。"在民主国家，被统治者总是可以采取行动替换领导人员或迫使他们做出有利于多数人利益的决策。"[②]

然而，也应该看到，除了个别精英理论家有推崇精英政治的价值倾向外（如米歇尔斯），早期精英理论的代表人物并没有完全否认自由与民主的价值与意义。例如，尽管莫斯卡和帕累托强调"统治精英"或"统治阶级"本身是由与众不同的社会集团所构成，但同时他们也意识到，"统治精英"或"统治阶级"每过一段时期都要经历地位的变迁，通常由来自社会中较低阶层的成员进行补充，这就是所谓的"精英流动理论"[③]。他们认为，精英——无论

---

① 〔美〕乔万尼·萨托利：《民主新论》，冯克利等译，上海人民出版社，2009，第61、167页。
② 〔英〕巴特摩尔：《平等还是精英》，尤卫军译，辽宁教育出版社，1998，第89页。
③ 古典精英理论家划分出了三种精英流动的方式。首先是统治精英内部不同类型间的流动。其次是精英同人口的其余部分之间的流动，这种流动又有两种形式：①来自社会下层的人有可能成功地进入现存精英人物圈子；②来自社会下层的人可能组成新的精英集团，该集团将为夺取权力同现存的精英展开斗争。但不论是哪一种模式，在早期精英主义者看来，精英流动或循环的目的都是维护和保证统治集团或精英利益的最大化。参见〔英〕巴特摩尔：《平等还是精英》，尤卫军译，辽宁教育出版社，1998，第37页。

是经济、文化领域，还是政治领域的精英，其后备力量原则上都需要来自不同社会阶层的、有相应才能的个人来补充。这种"精英流动"是保持社会平衡的基本因素，如果没有精英之间正常的流动，就会造成社会政治的不稳定，酿成革命形势，最终导致精英的集体流动代替个人流动。不仅如此，相比帕累托过分强调"精英"与"非精英"的划分，莫斯卡则较全面地考察了精英集团本身的构成，特别是其在现代民主社会条件下的情形，承认人口占多数的大众可以通过其代表对政府政策保持批评，从而莫斯卡有保留地对当代民主的显著特征表示了赞同。莫斯卡甚至在他的著作中进一步指出："在当代社会中，精英人物并没有被抬到脱离社会其余成员的高高在上的位置，而是通过亚精英与社会保持密切的联系。这个亚精英是一个非常大的集团，它包括公职人员、管理人员、白领工人、科学家、工程师、学者和其他知识分子。"①

可见，即使注重强调精英作用的早期精英理论家们也明确地意识到，统治精英（或政治精英）不应该是一个封闭的圈子，它只有向社会中的非精英开放，才能确保精英位置与精英人才之间的匹配。从这种意义上来说，"早期精英理论的贡献在于发现，如同物质财富一样，政治权力完全不可能，也没有必要为社会成员平等地占有。凡是有组织、有人群的地方就会有权力精英，而任何权力精英也都会有沦为专制者的倾向，这种倾向是否会变成现实，就要看与这种精英搭配的制度是什么。……决定社会好坏的不在于是否存在权力精英，也不在于精英的良心和德行是好是坏，关键在于是否存在能有效节制精英权力的制度。"②

2. 当代精英理论的主要思想

兴盛于20世纪初期的早期精英理论，到了20世纪30~40年代逐渐式微。究其原因，其中一种观点认为，早期精英理论的某些内容为纳粹统治提供了理论根据，精英理论也开始被人们所摒弃；另一种观点认为，随着20世纪40年代以后民主政治的发展，民主已经成为"现代社会和政治制度的最高目标"，

---

① 〔英〕巴特摩尔：《平等还是精英》，尤卫军译，辽宁教育出版社，1998，第6~7页。
② 参见刘军宁为《平等还是精英》一书所写的序言。〔英〕巴特摩尔：《平等还是精英》，尤卫军译，辽宁教育出版社，1998。

没有一个政体声称自己是反民主的，于是有关精英的研究也就有了反民主的嫌疑。①

到了20世纪50年代，随着行为主义政治学在西方学术界的兴起，在美国出现了一批以精英为研究对象的新一代精英理论学家，他们运用政治学、社会学和经济学的研究方法和原理，通过对西方国家各类精英——政治、经济、技术、军事精英——的出身、个人经历、受教育程度、社会背景、彼此关系、代表性，以及领导行为等方面进行定性或定量的分析，试图说明社会权力的各种关系及民主政治的有效性。尤其在20世纪70年代，在南欧、拉美出现了始于葡萄牙的所谓"第三波民主化浪潮"，全球范围内从权威或专制政体转向民主政体的国家前所未有地迅速增加，而"精英之间对权力的竞争"也成为这些国家在民主和民主化过程中一个非常普遍的问题。与此同时，伴随着现代社会的日益分化，民主国家内部制度的复杂性日趋增加，权力的集中也日趋严重。20世纪80年代以后，一种从精英主义的角度分析民主政治的理论——"精英主义民主理论"（或称"民主的精英主义理论"）在学术界兴盛起来，并立即引起了人们的广泛兴趣。

与早期精英理论家相比，当代精英主义者大多宣称自己在研究中保持"价值中立"，并注重多学科的实证研究。但从他们的理论体系和所研究的内容不难看出，当代精英民主理论并非是一种对西方民主政治现实"纯技术性"的实证推演，而是一种含有"自身价值判断"的全新理论。在内容上，当代精英民主理论既有对古典精英理论的继承和发展，也有对经典民主理论的批判和质疑，是一种符合西方民主现实的新的民主理论。与早期精英理论家的"精英至上"思想有所不同，当代精英民主主义者既重视政治精英在社会关系中的地位和作用，也注意到其他社会精英甚至公民在社会关系中的存在和意义，强调人在后天实践形成的专门技能；认为精英既可以产生于社会上层，也可能产生于社会下层；既可以产生于政治领域，也可以产生于其他社会领域；公民可以通过各种形式的政治参与来表达利益诉求，对统治者施加影响，迫使他们做出有利于大多数人的决策；精英一旦失去领导能力和大众的信任，就有

---

① 郎友兴：《精英与民主：西方精英主义民主理论述评》，《浙江学刊》2003年第6期。

被取代的可能性。在民主与精英的关系问题上,尽管精英民主理论家们的观点各异,但他们大多有如下一些共识:①民主并非意味着人民统治,而是精英或政治家统治;②民主政治意味着多元精英竞争的过程,而政党竞争是其中最典型的一种;③在民主社会中,公民可以通过定期地投票选举决策者,以及通过各自的利益群体,对政治决策过程施加影响;④精英群体是一个开放的系统,社会中的每个人都有进入精英行列的平等机会。①

在当代精英民主主义者中,约瑟夫·熊彼特②无疑是最有影响力的代表人物之一。他的精英民主思想是以批判经典民主理论的价值基础——"公益"(民主的目的)与"人民意志"(民主的来源)——为起点的。熊彼特通过大量的实证分析,论证了经典民主理论中用来界定民主的"公益"和"人民意志"的假设只不过是无法实现的抽象概念,并提出了自己的"另一种的民主理论"。他认为:"民主方法是为达到政治决定的一种制度上的安排,在这种安排中,某些人通过竞取人民的选票而得到做出决定的权力。"③ 熊彼特的民主新定义具有严格程式化的特点,他以"人民赞同的政府"(government approved by the people)代替了古典民主理论中的"民治政府"(government by the people)的概念。在熊彼特看来,民主不过是一套制度性的程序,或一种选择政治领导人的政治方法,民主原则首先意味着政府的权力应交给那些获得了更多选票的人,而这也应该是判断一种制度是否是民主制度的最简便有效的方法。作为崇尚自由竞争的经济学家,熊彼特还把民主的运行过程直接比喻为市场经济的运行过程,认为选民就像市场经济中的消费者,选票就是他们手中的"货币",可以用来"购买"自己满意的商品——政治家或他们的政治主张。为保证民主过程的正常运行,熊彼特还提出了有关民主制度的五个必要的先决条件:①参与竞选的政治家们要具备很高的才能;②存在不同政治主张的领袖(或政党)之间的竞争;③具备一套官僚

---

① 郎友兴:《精英与民主:西方精英主义民主理论述评》,《浙江学刊》2003 年第 6 期。
② 约瑟夫·阿洛伊斯·熊彼特(Joseph Alois Schumpeter),或译为熊彼德(1883~1950),美籍奥地利经济学家、当代西方经济学代表人物之一。
③ 〔美〕约瑟夫·熊彼特:《资本主义、社会主义与民主》,吴良健译,商务印书馆,1999,第 395~396 页。

制度①；④存在"民主的自我控制机制"；⑤社会具有充分表达个人政治主张的舆论自由。②

熊彼特提出的这一民主理论被很多学者称为"竞争式的民主论"。他将少数政治精英作为政治过程的核心和支配力量，把精英主义观念直接引入到民主理论中，对当代精英民主理论的发展产生了很大影响。与熊彼特一样，英国政治哲学家卡尔·波普尔（Karl Popper）也反对传统民主理论中把民主看作"人民的统治"或"多数人的统治"的思想，他通过系统而缜密的论述，提出了"民主的悖论"的论断。在波普尔看来，是否真的能够根据大多数人的意志进行统治，这本身是值得怀疑的。统治总是少数的统治者统治人民，从来也不曾有过人民自己统治自己；即使多数人的统治是可能的，多数人的权力也并非必然就是合理的。如果说君主的权力并不能自然产生真理和善，那么大多数人的权力同样也不能自然产生真理和善。因此由多数人行使的权力，也不一定比仁慈、开明的专制者所行使的权力更好更正确，而这就是传统的民主理论必然导致的悖论。③ 美国政治学家乔万尼·萨托利（Giovanni Sartori）在他的《民主新论》中吸取了熊彼特"竞争式民主"的思想，并在此基础上进一步引申出了"竞争－反馈式民主论"的概念。他认为："个人在争取选民选票的竞争中获得决定权后，当选官员在进行决策时还要考虑到选举者的反映，而选举者也可以凭借这种反馈的方式促使当权者重视选民的权力。"④ 塞缪尔·亨廷顿在《第三波——20世纪后期民主化浪潮》中则直接采用了熊彼特关于民主的定义，认为判断一种政治体制是否民主的标准，就是要看"这种体制的最高决

---

① 熊彼特关于建立官僚制度的思想受到了马克斯·韦伯（Max Weber，19世纪末20世纪初最有影响力的德国社会学家和政治学家）民主观的影响。按照韦伯的理论，"官僚制"（也称"科层制"）是现代社会分级、分部门、分职责的一种组织管理制度。韦伯认为："在现代官僚制的社会中，直接民主在实践中具有不可操作性，政治组织必然要由对政治管理感兴趣的人来管理，而管理需要具备相当的才能，所以政治是精英的一项事业。"转引自郎友兴：《精英与民主：西方精英主义民主理论述评》，《浙江学刊》2003年第6期。

② 〔美〕约瑟夫·熊彼特：《资本主义、社会主义与民主》，吴良健译，商务印书馆，1999，第398页。

③ 〔英〕卡尔·波普尔：《猜想与反驳》，傅季重等译，上海译文出版社，2005，第156～158页。

④ 〔美〕乔万尼·萨托利：《民主新论》，冯克利等译，上海人民出版社，2009，第170页。

策者是否是通过公平、诚实和定期的选举而产生的"。① 另一位精英民主主义者哈罗德·拉斯韦尔则着重探讨了如何在民主政体中对掌权的精英进行有效控制的问题。他指出，要对精英进行有效控制，就需要建立起精英对大众的"责任制度"，使之能够负起责任来。

虽然当代精英民主主义者大都强调精英的作用，但他们中的一些学者也不否认大众对民主政治的意义。他们认识到，民主政治是统治者与被统治者之间互动和相互负责任的一种制度，精英需要大众的支持，大众的利益与取向可以作为一种参数，只有在这种参数范围内，精英才能够保证其作用的有效发挥。如美国政治学家西摩·马丁·李普塞特（Seymour Martin Lipset）在他的《政治人：政治的社会基础》一书中，对19世纪和20世纪美国工会组织和工人阶级政党为争取扩大政治民主所起的作用给予了积极的肯定和评价。② 20世纪50年代美国最有影响的冲突理论的奠基人美尔斯·赖特·米尔斯在他的名著《权力精英》中，试图通过揭示谁在真正统治美国来告诫国家的权力精英们应该重视民众的利益和需求。他指出，美国正在被来自三个日益相互关联领域的领导人所主宰，他们是大企业的高级主管、政府行政机构的主要官员，以及军队中的高级将领。在米尔斯看来，这个人数不多且非常集中的群体为美国社会做出了绝大多数的重要决策，包括战争与和平、货币和税收、人权和职责等，决定了美国社会的结构并左右了中下层人们的生活。③ 受米尔斯的影响，自1976年起，政治学家托马斯·戴伊在每届总统上任后，都会出版一部《谁在统治美国？》的实证研究专著，其核心内容也是在向人们揭示这样一个事实，即统治美国的仍是那些占据高位的权力精英，民众可以监督他们的权力和行为。

随着20世纪70年代初期以来南欧、拉美及其他地区相继出现的民主化浪潮，人们发现，实行民主转型的国家，其社会民主化的进程大多都是由社会上

---

① 〔美〕塞缪尔·亨廷顿：《第三波——20世纪后期民主化浪潮》，刘军宁译，上海三联书店，1998，第5页。
② 〔美〕西摩·马丁·李普塞特：《政治人》，郭为桂等译，江苏人民出版社，2013，第230～235页。
③ 〔美〕美尔斯·赖特·米尔斯：《权力精英》，许荣等译，南京大学出版社，2004，第246页。

层,即精英们来主导的。正如塞缪尔·亨廷顿所指出的,导致"第三波民主化浪潮"的最重要的因素是政治精英的信念与行为。[①] 李普塞特也认为:转型国家的"民主成功还是失败,主要是依靠政治领导人群体的选择、行为和决策"。[②] 因而,民主转型国家中精英的角色问题也成为当今精英民主理论家们最为关注的课题之一。

从古典精英理论,到当代精英民主理论,精英研究历经百余年的发展,众多学者借助各种方法,从社会精英,特别是政治精英和杰出人物入手,对其进行了深入研究,揭示出政治系统的实质和运行规律,开辟了一条政治学研究的新途径,在西方政治学研究领域占有重要的地位。尽管长期以来精英理论受到了各种质疑和批判,但无可否认,由熊彼特、波普尔们基于西方民主政治现实而建立的精英民主理论体系,对日后在西方迅速兴起的如新保守主义、交易成本理论、公共选择理论、新制度主义等经济和政治学说,都有着非常重要的影响,对人类社会科学的发展具有很大的推动作用。

二 俄罗斯的"精英学"

西方对俄罗斯(苏联)精英的研究由来已久,主要包括在西方的"苏联学"中。第二次世界大战后,美苏两大阵营的冷战随即开始,美国政府为了加强对苏联这个敌对国家的了解,以政府拨款和签订研究合同的方式加大了对苏联问题研究的支持力度,作为"区域研究"的"苏联学"开始蓬勃兴起,许多美国的高校和科研机构都成立了苏联问题研究中心,对苏联进行多学科交叉的全方位研究。经过多年的发展,美国等西方国家的"苏联学"蔚为壮观。其中,在"苏联学"中占据重要位置的是对苏联精英问题的系统研究,研究内容包括苏联政治精英在苏联政治系统中的生成、演变、流通、作用及其地位,并且引入了"在册权贵"这个概念,用以指称那些在

[①] 〔美〕塞缪尔·亨廷顿:《第三波——20世纪后期民主化浪潮》,刘军宁译,上海三联书店,1998,第43页。
[②] 〔美〕西摩·马丁·李普塞特:《政治人》,郭为桂等译,江苏人民出版社,2013,第155页。

第一章 精英理论的一般概念与俄罗斯的"精英学"

苏联政治系统中占据着权力、享有明文规定或没有规定的各种特权的党政官员。苏联解体之后,"苏联学"开始被"俄罗斯学"所取代,但是苏联时期的精英和俄罗斯转型时期的精英仍然是美国等西方学者一个重要的研究对象。①

俄罗斯对精英的研究,尤其是对本国精英的系统研究起始于苏联解体前。出于对转型时期俄罗斯社会政治发展研究的需要,精英研究无论在社会学还是在政治学领域都得到了迅速发展,并逐渐成为一门"显学"。② 俄罗斯学者在这一领域起步时,认为自己是西方学者的"笨拙的学生"③。20世纪90年代初期,虽然研究者的人数逐渐增多,但研究成果的质量不高,不仅视野较为狭窄,而且大多缺乏理论基础与研究方法。一方面,相对于西方学界精英理论发展的体系化、深入化,俄罗斯学术界还没有建立起自己的精英理论框架,基本上仍在借用西方的精英理论和方法;另一方面,苏联时期的精英研究几乎就是一个空白。④ 虽然"精英"一词在20世纪50年代后期就被首次

---

① 西方对俄罗斯与苏联精英的研究著述浩如烟海,例如 Rigby T. H. *Communist Party Membership in the USSR 1917 – 1967*. Princeton,1968;Tofler Z. *Stalinism and Bureaucracy*. London,1971;Relly D. Interest groups in the USSR//*The Journal of Politics*. 1972. V. 34. №3;Tucker R. *Political Culture and Leadershir in the USSR. From Lenin to Gorbachev*. N. Y.,1987;Бжезинский З.,Хантингтон С. Политическая власть:США/СССР. В 2 ч. М.,1984;Clark W. A. *Crime and Punishment in Soviet Officialdom:Combating Corruption in the Political Elite, 1965 – 1990*. Armonk (N. Y.);L.:Sharpe,1993;Lane D,Ross C. The CPSU ruling elite 1981 – 1991:Commonalities and Divisions // *Commun. a. Postcommunist Studies*. Los Angeles,1995. Vol. 28,N 3;Лейн Д. Роль политической элиты в трансформации России:взгляд из Кембриджа//*Бизнес и политика*. М.,1996,№3;Lane D. The Transformation of Russia:the Role of the Political Elite//*Europe – Asia Studies*. Glasgow,1996. Vol. 48,№4;Special Issue on Circulation vs. Reproducion of Elites During the Postcommunist Transformation of Eastern Europe/ Ed. by Szelenyi I,Wnuk – Lipinski E.,Treiman D. //*Theory a Soc*.,Amsterdam ect.,1995. Vol. 24,№5.
② Под ред. О. Ю. Малиновой,Политическая наука в России:1990 – 2007 гг. М.:Росспэн,2008. C. 3.
③ Ольга Крыштановская,Анатомия российской элиты. М.:Захаров,2004. C. 10.
④ 整个苏联时期,从国外翻译过来的精英著作非常之少,如 Миллс Р. Властвующая элита. – М.,1959;Дай Т. Зиглер Х. Демократия для элиты. Введение в американскую политику. – М.:Политическая литература,1984;Паренти М. Демократия для немногих. – М.:Прогресс,1990,而且,苏联学者关于精英方面的著述大多是对精英主义的批判,如 Ашин Г. К.,Современные теории элит:критический анализ. – М.,1985;Нарта М.,Теория элит и политика. К критике элитаризма. – М.,1978.

引入苏联,但这只能用于对"资本主义国家"的精英研究。用精英理论的方法分析苏联国内的社会关系几乎是一个禁区,因为苏联领导人认为,精英理论与马克思的阶级理论是相矛盾的,违反了苏联社会倡导的"人人平等"的价值观,是不符合苏联社会发展现实的。按照苏联时期官方的意识形态,苏联不存在占统治地位的"压迫阶级",只有工人和集体农庄成员两个阶级,还有作为中间阶层的知识分子,因而也就没有所谓的"精英"。人们对于当时苏联精英尤其是政治精英的了解基本上是通过西方的"苏联学"和境外俄罗斯侨民的著作。事实上,苏联国家政权中执行国家管理任务并享受制度性特权的那些高级干部早已构成苏联社会中的一个"精英圈",这已经完全不是什么秘密了。

从20世纪90年代中期开始,俄罗斯的精英研究逐渐发展起来。俄罗斯学术界充分借鉴并吸收了西方传统与当代的精英理论,并收集积累了大量关于俄罗斯精英构成、流通与循环的经验数据,20世纪90年代末开始出现了对俄罗斯精英各个方面的系统研究,出版了数十部精英研究专著,发表了大量学术论文。2001年А. В. 杜卡等人编集了一份1990~2000年间俄罗斯精英研究文献目录,收入了460篇文献。同时还创办了关于精英研究的专门的刊物,如《精英学研究》(理论学术性期刊)、《俄罗斯精英》(普及性刊物)、《精英的产生》[①]等。在文献数量不断增加的同时,研究者的数量也在扩大。精英研究领域涌现出一大批学者,如阿申(Г. К. Ашин)、阿法纳斯耶夫(М. Н. Афанасьев)、格尔曼(В. Я. Гельман)、克雷什塔诺夫斯卡娅(О. В. Крыштановская)、加曼-戈卢特维娜(О. В. Гаман-Голутвина)、波涅捷尔科夫(А. В. Понеделков)、伊格纳托夫(В. Г. Игнатов)、卡拉布申科(П. Л. Карабущенко)、杜卡(А. В. Дука),等等。2004年出版的《政治转型过程中的当代俄罗斯权力精英》一书,参与写作的作者就有40多位。另外,许多并非以此为专业方向的学者,如扎斯拉夫斯卡娅(Т. И. Заславская)、巴纳林(А. С. Панарин)、伊诺泽姆采夫(В. Л. Иноземцев)、舍夫佐娃(Л. Ф. Шевцова)等,也在精英问题上提出了很多真知灼见。此外,更为重要的是,在过去的十余年中,莫斯科、圣彼

[①] "Элитологические исследования""Российская Элита""Элитное образование".

得堡、顿河畔罗斯托夫、彼尔姆、萨拉托夫等城市的相关研究和教学机构，以及俄罗斯政治科学学会（РАПН）都成立了精英研究中心。这些研究中心经常举行学术会议，将俄罗斯的精英研究者联结成一个专业网络，为精英学科的发展起到了巨大的推动作用。在俄罗斯政治科学学会的历届大会上，有关"政治精英"和"政治领袖"的研究已经成为一个独立的主题。

1. 作为一门独立学科的俄罗斯"精英学"

俄罗斯的精英研究是在对本国精英的实证研究中全面展开的，随着研究的深入，规范研究也逐渐得到了加强。俄罗斯学者认为，俄罗斯已经形成了自己的精英研究学派，不仅在俄罗斯精英研究上，而且在精英学的区域研究、历史研究，以及一些理论问题的研究上也都占据重要的位置。[①] 俄罗斯精英研究的奠基者 Г.К. 阿申认为，"精英学"（элитология）这个独特的术语是俄罗斯的首创，它作为俄罗斯精英研究学派的标志，是在 20 世纪 80 年代引入俄罗斯社会科学领域的，并在 20 世纪 90 年代后期开始被广泛采用。[②]

俄罗斯学界首倡的这种"精英学"，以一种整体的、系统性的方式研究人类历史上的精英现象。在俄罗斯精英学者看来，西方的精英研究往往局限在社会学和政治学中，诸如"精英社会学""政治精英""精英理论"等术语只能代表精英学的个别部分，不能表示精英这一整体现象，而"精英学"则是一个囊括了所有关于精英科学的广义概念，它力求成为一门独立的学科。这与 20 世纪以来学科分工愈加细化且交叉学科迅速发展的趋势是相适应的。"精英学"作为一门跨学科研究，从政治学、社会学、历史学、社会心理学以及文化学等学科中汲取了大量营养。

按照 Г.К. 阿申的观点，"精英学"的结构应包括精英哲学、精英社会学、精英政治学、精英历史学、精英心理学、精英文化学，以及研究世界各国、各地区和各种文明中精英共性与特性的比较精英学，等等。精英哲学是"精英学"层次最高的概括，其中可分为精英本体论、精英认识论、精英哲学人

[①] Ашин Г.К., Элитология как российская инновация. Каспийский регион: политика, экономика, культура. 2011, №1 (26).

[②] Там же. А также см.: Ашин Г.К., Курс истории элитологии. М.: МГИМО (У), 2003.

类学、精英个体学。精英本体论揭示人类存在中的不均质性、差异性、等级性。这些问题自古及今都曾被大量的哲学家深入探讨过。精英认识论指的是历史上以"神选""神圣"等神秘主义理论来解释人类精英现象；精英哲学人类学和精英个体学则是自孔子、柏拉图以来的传统，它整体地关注人的问题，特别重视个体通过自我修养和完善而达致哲人境界，即个体的精英化。精英社会学毫无疑问在"精英学"中占据着中心位置，它研究现实中的精英，分析社会的结构以及群体和个体的流动，探究精英的生成机制。"精英学"的一些分支还具体研究政治、经济、文化、宗教、军事等各方面的精英，因为人类活动的各个领域都有自己的精英。在研究各自精英的特点外，"精英学"的各个分支又都可以提炼出一些共同的规律，从而形成"精英学"的一般理论和方法。①

对于俄罗斯学术界提出的"精英学"概念，西方学者基本上不予认可。他们既不主张采用"精英学"这个概念，也不主张将"精英学"视为一门独立的学科。但是，近年来俄罗斯精英研究者对精英理论，特别是对俄罗斯本土精英问题的重视程度与研究热度，已经开始引起西方学术界的高度关注。

2. 俄罗斯"精英学"的理论与方法

俄罗斯学者在精英研究中广泛采用各种研究理论和方法，对本土精英的特点进行了深入的分析，如社会分层理论、制度理论、历史研究、比较理论、实证研究、经验分析等。

В. Г. 列佳耶夫在精英理论的研究中深入地探讨了关于权力的概念②，同时对当代俄罗斯的政治制度进行了分析。他借助于统治、权力形式的排列、权力的效率这三个概念，揭示了作为政治统治主体的行政－政治阶层的内在矛盾，认为这个阶层可以控制整个政治进程，公器私用。

运用制度方法对权力精英进行政治社会分析是精英研究中一种行之有效的

---

① Ашин Г. К., Элитология как российская инновация //Каспийский регион: политика, экономика, культура. 2011, №1 (26).

② Ледяев В. Г. Власть. М.: РОССПЭН, 2000.

方法。А. В. 杜卡认为[①],制度因素与整个制度设计以及为建立和巩固新制度而出现的结构关系存在着较大的关联。权力精英的制度化结构背景决定了精英需要建立自己的合法性、获取社会支持、保证自己再生产的社会基础,而获取各种资源是制度化过程中的必需因素。由于资源稀缺,因此一些专门的运作是需要的,一方面不让普通大众获得资源,另一方面将这些资源据为己有。以获取资源的差异为基础的社会分层为此划定了界限。因此,对权力的垄断与其说出自专制的惯性,不如说出于精英制度化的需要:精英们需要将社会和政治空间结构化地纳入自己的控制之下。杜卡还分析了精英制度化过程中腐败的功能,如新的权力集团需要与社会保持一定的距离,建立一些区分其财富地位的象征性机制;为遏制竞争性集团出现的精英合作;在调节小团体的传统规范弱化时减小精英内部关系的不确定性,等等。А. Ю. 祖金在研究中将对俄罗斯精英的制度性分析与后苏联时期的政治体制参数结合起来。他将1990~2000年俄罗斯的政治体制转型视为从政治中心体制向垄断中心体制的过渡,这个转型中的一些突出特点是:少数自由派成为主导性的集团;在普京第一任总统期间保持继承性的情况下精英内部克服了分裂趋势,消除了集团分立;意识形态标杆的更换(转向现代化话语)导致干部队伍的变动。[②] 其后,祖金又采用希格利的精英分类法分析了俄罗斯联邦政治精英和商业精英的演变。[③]

М. Н. 阿法纳西耶夫运用历史追溯和比较的方法研究大众和精英集团之间

[①] Дука А. В. , Институционализация политико-административной элиты в Санкт‐Петербурге. Полития. 2003. №2; Он же. Проблемы институционализации российской политико-административной элиты: экономический и глобальный аспекты. Власть и элиты в современной России: Сб. Научных статей/ Под ред. А. В. Дуки. СПб: Социологическое общество им. М. М. Ковалевского, 2003; Он же. Элита третьего пути: вызовы и ответы российской элиты. Властные элиты современной России в процессах политической трансформации. Под ред. В. Г. Игнатова, О. В. Гаман‐Голутвиной, А. В. Понеделкова, А. М. Старостина (отв. ред.). Ростов н/Д.: СКАГС, 2004; Он же. Коррупция в институционализации российской элиты. Финансы и бизнес. 2006. №1. (в соавт.).

[②] Зудин А. Ю. Российские элиты при В. Путине// Властные элиты современной России в процессах политической трансформации.

[③] Зудин А. Ю. , Советское наследство и особенности первичной дифференциации. Россия: вчера, сегодня, завтра. С точки зрения экспертов. М. : ЦПТ, 2008.

的保护人－被保护人关系。① 他对俄罗斯精英（既包括联邦精英，也包括地方精英）结构的研究表明，形成统治精英组织的结构单位，实际上就是其地位完全取决于领袖权威和声望的被保护人。在习惯角色和地位快速变化的条件下，个人依附关系仍是稳定的社会行为模式；正是这种依附和庇护关系导致了许多政治冲突、政治翻盘以及个体的蜕变。② M. H. 阿法纳西耶夫通过对保护人－被保护人关系进行系统的研究，揭示出这种关系生成的特点、结构和功能，并将这种关系推及于整个俄罗斯。但这种历史外推法颇受一些学者的质疑。

为了更系统地理解俄罗斯精英的流通机制、渠道以及特点，M. H. 阿法纳西耶夫主张将历史研究引入精英研究中，这是俄罗斯精英研究中的一个重大进展。O. B. 加曼－戈卢特维娜在这方面进行了深入的探索。她采用历史－政治学方法从纵贯的角度研究俄罗斯精英，揭示当代俄罗斯精英的产生过程。她认为，离开俄罗斯广阔的历史背景，用一些概念来分析后苏联时期俄罗斯精英的产生是流于肤浅的；只有对俄罗斯权力精英的历史演变过程进行研究，才能提炼出一种揭示俄罗斯精英生成的有效研究方法。她的研究结果显示，俄罗斯的社会发展模式对精英的生成模式具有决定性的意义；通过精英的历史演变可以确定社会发展模式和精英生成模式之间的相互关系机理；通过对各种精英生成形式的比较分析可以对精英形成过程进行分类；基于大量历史材料的分析可以考察政治精英招募的基本原则的变化。③ O. B. 加曼－戈卢特维娜提出的精英生成概念模型有力地解释了当代俄罗斯的政治进程。例如，她揭示了当代俄罗斯精英生成的一些重要特点，如俄罗斯精英形成模式的变化与精英个体生成的高度继承性之间的紧密联系；当代精英对社会无所不在的影响力与国家战略主体缺失的矛盾，等等。另外，她还指出了俄罗斯政治精英在与商业精英关系中占据优势地位的主要原因，以及确定精英招募渠道和主要机制之间

---

① Афанасьев М. Н., Клиентелизм и российская государственность. М.: МОНФ, 1997.
② Афанасьев М. Н., Правящие элиты и государственность посттоталитарной России. М.; Воронеж: Изд. ИПК, 1996. С. 123.
③ Гаман－Голутвина О. В., Политические элиты России: вехи исторической эволюции. М.: РОССПЭН, 2006.

的相互关联性。①

在俄罗斯精英研究中,目前俄罗斯学者对历史-政治学的方法运用得愈来愈普遍,但其中也存在着一些问题,如一些研究者的政治学理论与方法素养欠缺,在研究中只是采用了"精英"这一术语而已,显然这是远远不够的。

罗斯托夫精英研究中心的 А. В. 波涅捷尔科夫和 А. М. 斯塔罗斯金②通过研究精英主义范式的主要原则,明确了精英的社会及人类学因素、精英流通的文明特点和原则、精英生成的机制,以及学科规范和方法的适用性等问题。通过对这一研究领域的总结,他们认为俄罗斯的政治科学中已经形成了精英研究范式。③ 同时,波涅捷尔科夫和斯塔罗斯金通过对当代俄罗斯精英生成方式的研究,揭示了俄罗斯精英形成过程的一些特点,例如,精英与社会的距离不断拉大并且最大限度地将资源集中在自己手中;精英同盟来源的多样化(官僚的、种族的、强力部门的、经济的、智力信息产业的,等等);在行政-政治精英作为主导中心保持不变的情况下精英圈中的等级不断发生着变化;政治管理中现实利益重于长远利益;社会与政治关系影子化,社会关系中形成了正式的和非正式的二元结构,等等。④

彼尔姆精英研究中心的 В. П. 莫霍夫致力于分析精英研究问题领域的变化。他认同波涅捷尔科夫和斯塔罗斯金关于俄罗斯学界已形成精英研究范式的观点,并支持 Г. К. 阿申对精英主义概念的辨析。在研究大量文献的基础上,他概括出了当代学界话语中精英主义概念的六种内涵。⑤

---

① Gaman – Golutvina O. Yeltsin and Putin Elites Compared // Soziologische Zeitgeschihte. Berlin: Edition Sigma, 2007.
② Понеделков А. В., Политико-административные элиты России в середине 90-х гг. XX века и 10 лет спустя (Теоретический и прикладной аспекты анализа). Ростов н/Д: СКАГС, 2005; Старостин А. М., Эффективность деятельности административно-политических элит: критерии оценки и анализ состояния в современной России. Ростов н/Д: СКАГС, 2003.
③ Понеделков А. В., Старостин А. М. Элиты и будущее России: взгляд из регионов. Ростов н/Д, 2007. С. 4.
④ Там же. С. 12 – 13.
⑤ Мохов В. П., Современный российский элитизм: трансформация проблемного поля. Властные элиты современной России в процессах политической трансформации.

3. 俄罗斯"精英学"中的地方精英研究

除了联邦层面的精英外,俄罗斯地方的政治和经济精英越来越成为俄罗斯精英研究者关注的对象。俄罗斯精英学界20多年来的研究可以为我们展示一幅反映地方权力政治进程的全面图景。

在地方精英研究中,关于中央和地方的关系是一个重要的议题。Р. Ф. 图罗夫斯基从俄罗斯和世界的比较视野中,研究了俄罗斯中央-地方关系框架下地区精英的演变。① 他认为,俄罗斯中央-地方关系并不稳定,中央和地方之间的平衡容易发生倾斜。其中一个关键的制度性因素是1993年宪法对此规定得比较模糊,与20世纪其他联邦国家的宪法相比,俄罗斯宪法只是确定了中央-地方关系的总的框架。因此,联邦精英经常改变中央和地方的关系。图罗夫斯基在一系列著述中详尽分析了中央-地方关系演变的阶段及其内容和特点;地方政府的产生和变化趋势、人员变动机制、地方精英中的危机现象及其发展态势。②

В. Я. 格尔曼对后苏联时期俄中央-地方关系变化过程中的制度设计以及地区体制转型的进程特点进行了分析。③ 他认为,在地区政治体制转型过程中精英起了主要的作用,大众作为行为体的参与程度基本上是由精英来决定的。在他对20世纪90年代俄罗斯六个地区的转型研究中,在政治体制转型中只在一个地区是大众起了决定性的作用④,正式的制度事实上被非正式的实践所取代。他在分析中将行为体及其采用的战略结合起来,提出了摆脱转型过程中不确定性的典型模式。他对2000年之后联邦和地方精英的关系变化进行了研究,认为在中央-地方关系中权威主义倾向的加强存在着一些潜在的危险。⑤

---

① Туровский Р. Ф., Центр и регионы. Проблемы политических отношений. М.: ГУ ВШЭ, 2006.
② Туровский Р. Ф., Политическая регионалистика. Учебное пособие. ГУ ВШЭ, 2006;Он же. Эволюция и проблемы обновления российской региональной элиты. Властные элиты современной России в процессах политической трансформации.
③ Россия регионов:Трансформация политических режимов. Под общ. Ред. В. Гельмана, С. Рыженкова, М. Бри. М.:Весь мир, 2000.
④ Гельман В. Я. Трансформация и режимы. Неопределенность и ее последствия. Россия регионов:Трансформация политических режимов. С. 19 – 32.
⑤ Гельман В. Я., Возрашение Левиафана?(Политика рецентрализации в современной России). Полис. 2006. №2.

А. Г. 切尔内绍夫通过研究中央-地方关系中的"框架参数",揭示地方作为统一政治主体的特点[1],以及地方精英作为政治进程主体分支的特点及其表现。[2] 他把俄罗斯的地方精英划分为"支持集团""保证集团"和"参与集团"。М. Н. 阿法纳西耶夫对地方精英与中央互动过程中的本质特征、策略手段、意识形态等进行了研究,尤其对地方精英与联邦精英之间的权力交易手法给予了特别关注。他提出的"主权换忠诚"的著名公式,反映了俄罗斯中央和地方精英之间权力交易的基础。此外,阿法纳西耶夫还非常重视联邦和地方层面国家公务人员效率的经验研究,以及联邦和地方的行政企业化现象。[3]

顿河畔罗斯托夫的 А. В. 波涅捷尔科夫与 А. М. 斯塔罗斯金等人也十分注重对地方精英进行经验研究。他们除了关注地方精英的政治倾向与结构动态外,对少数民族和种族精英给予了特别关注,这对于种族和宗教复杂的北高加索地区来说具有特别的意义。他们指出,如今联邦和地方精英在结构、行为风格以及价值尺度上已经发生了显著的变化。当代俄罗斯精英在政治-意识形态倾向上的异质性明显降低,对自己的利益认同越来越明确;其社会适应性包括对公共政治的适应性越来越强。但是地方官僚们并未能成功建立起稳定的行政-政治精英流通机制,不论是在政党体系、行政机关,还是在强力部门中都是如此。而商业机构中精英的流通则具有较大程度的稳定性。

圣彼得堡社会大学的 А. В. 杜卡等人对地方精英(以圣彼得堡的权力精英为例)的价值趋向进行了研究。[4] 通过对权力结构中的一些变量,如代际因素、家庭条件、职业条件、从政经验等进行分析,揭示了其在政治和经济倾向中的关联。他们发现,与普通的居民相比,精英们在经济中更倾向市场机制,

---

[1] Чернышов А. Г., Регион как субъект политики. Саратов: Изд. СарГУ, 1999.
[2] Чернышов А. Г., Провинциальная Россия. М., 2005.
[3] Афанасьев М. Н., Правящие элиты и государственность посттоталитарной России. М.; Воронеж: Изд. ИПК, 1996; Он же. Региональное измерение российской политики. Полис. 1998. №2.
[4] Региональные элиты Северо-запада России: политические и экономические ориентации. Под ред. А. В. Дуки. СПб.: Алетейя, 2001; Российская региональная элита в трансформирующемся обществе. Transition – Erosion – Reaktion: zehn Jahre Transformation in Osteuropa /Dittmar Schorkowitz (Hrsg.) Frankfurt am Main; Berlin; etc.; Lang, 2002.

但是在政治上精英们对反对派的容忍度相当低；地方精英并没有形成统一的价值观，政治文化的异质性还相当强。

俄罗斯精英学界还在全俄范围内对地方精英成员以及精英内部的关系特点进行了具有广泛代表性的分析。例如，О. В. 加曼-戈卢特维娜主持的"俄罗斯最有影响的人：俄罗斯地方的政治和经济精英"① 课题涵盖了89个联邦主体中的66个，该课题制定出地区层面的政治和经济影响模型，并以此模型为基础分析了大量的经验材料。这项研究揭示了地方精英生成的许多特点，有别于以前流行的一些看法。例如，以前认为，地方权力精英中"强力人员"（милитократия）占据主导地位，而此项研究则表明，2000年之后，地方政治精英组成变化的一个最明显的趋势是生意人大量进入权力圈，政治精英与经济精英汇流，形成了"通吃者"类型，他们不仅在政治上地位显赫，而且在经济中也发挥着影响。对联邦精英和地方精英的相互关系也并不是用以前简单的两分法来划分，而是认为从20世纪90年代末期开始，形成了新的所谓"垂直统合结构"，即一种新的"政治-金融帮派"将联邦和地方精英都吸纳了进去。此外，与以前的流行看法相左的还有，以前将地区的分立主义归罪于地方领导人，而这项研究却表明，20世纪90年代分立主义的根源与其说来自于地方，不如说来自于中央（当然这也不排除某些地方领导人有强烈的分立愿望）。但在这一过程中，中央的权力"流向"地方只是暂时性的，因为在联邦中央权力精英内部的竞争中，联邦执行权力需要获得地方精英的支持。

20世纪90年代地方精英权势的增长激发了学界对地区政治中的主要玩家——政治精英和生意人——之间关系的兴趣。Н. Ю. 拉宾娜和 А. Е. 奇利科娃对地方权力与利益集团之间的关系进行了较为深入的研究②。在分析精英们

---

① Самые влиятельные люди России. Политические и экономические элиты российских регионов. Отв. ред. О. В. Гаман-Голутвина. М. : ИСАНТ, 2004；Гаман-Голутвина О. В. Региональные элиты России : персональный состав и тенденции эволюции. Полис. 2004. №2-3.

② Лапина Н. Ю. , Региональные элиты РФ : Модели поведения и политические ориентации. М. : ИНИОН РАН, 1999；Лапина Н. Ю. , Чирикова А. Е. , Стратегии региональных элит : экономика, модели власти, политические выбор. М. : ИНИОН РАН, 2000；Они же. Регионы-лидеры : экономика и политическая динамика. М. : ИС РАН, 2002.

所利用的资源和使用的手段基础上，Н. Ю. 拉宾娜提出了地方权力精英与商业精英互动的四种主要模式："庇护"模式、"伙伴"模式、"权力私有化"模式和"所有人反对所有人"模式。① 而 А. Е. 奇利科娃则提出，俄罗斯地方权力构建的最通行模式是企业－官僚多头政治模式，并将州一级的行政管理团队划分为三种主要类型：统一型、分散型和联盟型。她指出，地区管理中的非正式化规则一直占据着主导地位，但进入 21 世纪以来，逐渐形成了"二元运行"模式，即正式化的运行与非正式化的运行共存并相互补充。②

20 世纪 90 年代俄罗斯地方领导人权力合法化的意识形态因素以及地方权力精英形成的历史因素是俄罗斯地方精英研究中的又一个重要内容。В. П. 莫霍夫以翔实的历史材料为依据，对第二次世界大战后俄罗斯地区"权贵"的发展过程进行了统计分析。Д. Г. 谢利策尔也积累了大量关于苏联时期和后苏联时期地区"权贵"的经验材料。③

俄罗斯精英学界在研究地方精英时采用了多种方法：非正式的深度访谈、专家调查、大众问卷、个案研究、文献分析，等等。需要指出的是，对具体地区的研究越来越多，除了上述一些研究外，例如 В. Г. 扎尔桑诺娃等人对布里亚特、科米、萨哈（雅库特）等共和国的精英进行了研究④；В. Я. 格尔曼、А. В. 达欣、И. Г. 塔鲁辛娜、Э. Б. 库普利雅尼切娃、В. 舒布金等人分别对下

---

① Лапина Н. Ю., Региональные элиты России. М.：ИНИОН РАН, 1997; Она же. Бизнес и политика в современной России. М.：ИНИОН РАН, 1998; Она же. Черты к портрету российской региональной элиты. Властные элиты современной России в процессах политической трансформации.

② Чирикова А. Е., Лидеры российского предпринимательства：менталитет, смыслы, ценности. М.：ИС РАН, 1997; Она же. Новые тенденции в развитии региональной власти. Элитизм в России：за и против. Под ред. В. П. Мохова. Пермь, 2002; Она же. Политические лидеры регирнов и их управленческие команды. Властные элиты современной России в процессах политической трансформации.

③ Сельцер Д. Г., Взлеты и падения номенклатуры. Тамбов, 2006.

④ Жалсанова В. Г., Политическая элита в социальной структуре общества переходного периода：(На материалах республики Бурятия). Автореф. дис. канд. полит. наук. － Улан － Удэ, 2000; Колесник Н. В. Региональная элита в период трансформации российского общества：(На материалах республики Коми). Автореф. дис. канд. полит. наук. － С － Петербург, 1998; Семенов Н. Н. Социальная динамика политической элиты субъекта РФ：На материалах республики Саха (Якутия). Автореф. дис. канд. соц. наук. － С － Петербург, 2001.

诺夫哥罗德、萨拉托夫、萨马拉等州以及西伯利亚地区的地方精英进行了具体研究[1]；А. В. 波涅捷尔科夫和 А. М. 斯塔罗斯金对俄罗斯南部的地方精英进行了研究[2]。

4. 俄罗斯"精英学"中的精英内部关系研究

精英内部的关系是俄罗斯精英研究的一个重要内容，它涉及许多论题，如精英和利益集团的关系，政治精英和商业精英的关系，精英之间互动的方式，等等。

在俄罗斯的各种精英之中，政治精英与商业精英永远占据着中心地位。在苏联解体以来的俄罗斯政治经济转型中，这两类精英既是最主要的受益者，也是在俄罗斯社会中起决定性作用的力量，同时这两类精英之间的关系也一度影响到俄罗斯政局的变化。俄罗斯的一些精英研究者，如 И. М. 布宁、А. Ю. 祖金、Н. Ю. 拉宾娜、С. П. 佩列古多夫、И. С. 谢缅年科等，都对这些问题进行了比较深入的研究。学者们基本上认为，随着由"国家私有化"模式向"重新国有化"模式的转变，国家和商人之间的关系发生了根本的变化，当局不再将商业精英视为对话的优先伙伴，而且还在一定程度上限制他们表达自己的要求。[3] 学者们几乎一致认为，这种精英关系新模式的确立代价高昂，而且负面影响巨大。一些学者对俄罗斯商业集团进行了分类，指出它们在发展理念上的区别。例如，С. П. 佩列古多夫将其分为新自由主义和新国家主义两类，前者主要是原料部门的公司，后者主要是原来的军工部门、机械制造部门以及

---

[1] Гельман В. Я., Сообщество элит и пределы демократизации: Нижегородская область. Полис. – 1999. – №1. – С. 79 – 97; Дахин А. В. Трансформации региональных элит (на примере Нижегородской области). Полис. 2003. № 4. С. 108 – 119; Тарусина И. Г., Динамика политических установок региональных элит России: (На примере Саратовской области). Полис. 2002. №1. С. 133 – 140; Куприянычева Э. Б., Особенности политической элиты Самарской области. Полис. 1999. №3. С. 115 – 118; Шубкин В., Властвующие элиты Сибири. СоцИс. М., 1995. №1.

[2] Понеделков А. В., Старостин А. М. Региональные элиты юга России и проблемы формирования гражданского общества. Современное общество на Юге России: основные тенденции развития. – Ростов-н/Д., 2001. С. 73 – 83.

[3] Перегудков С. П., Бизнес и власть в России: к новой модели отношений. Властные элиты современной России в процессах политической трансформации. С. 29.

一些加工工业部门的公司。①

学者们还认为，目前商业精英和政治精英的关系主要体现在产权的分配和再分配上②，从一种分配模式向另一种模式的转变不仅改变了"玩家"们的相互关系性质，而且还改变了它们的结构组成。佩列古多夫认为："大商人和国家行政官员相互倚靠，某些地方甚至融为一体，构成了所谓的'统治阶级'，以全社会的名义管理国家事务……而社会却被排挤出了管理功能之外……甚至被正式纳入国家管理体系的公民社会组织，也不能参与实际的政治管理。"③因此，学者们指出，政治精英与商业精英的关系其实就是国家和商业集团的关系，其实质是大商业（不论是国有的，还是私有的）受控于政治权力，而且被纳入垂直权力体系中。学者们对"国家资本主义"评价不一，因为它在某些情况下对国家经济的发展起着巨大的推进作用。但是这种体制的根本性缺陷是因制度性基础薄弱而不稳定。④

精英内部统合的基础是研究俄罗斯精英内部关系的一个重要方面。尽管精英统合的基础各不相同，但帮派化关系（клановые отношения）是一个最为突出的原则，因此学者们普遍对联邦层面和地区层面帮派的形成极感兴趣。⑤学者们认为，尽管在俄罗斯精英帮派的框架下家族以及亲属关系相对较弱，但采用"帮派"这个概念来评价俄罗斯的精英集团仍是最为适宜的。从叶利钦时期到普京时期，俄罗斯精英结构的一个重大变化就是在从"帮派分立"体系转变为垂直权力模式的过程中完成的，各种不同的帮派都被纳入垂直权力体

---

① Перегудков С. П., Бизнес и власть в России: к новой модели отношений. Властные элиты современной России в процессах политической трансформации. С. 29.

② Перегудков С. П., Трипартистские институты на Западе и в России: проблемы обновления. Полис. 2007. №3.

③ Перегудков С. П., Конвергенция по-российски: золотая середина или остановка на полупути?. Полис. 2008. №1.

④ Там же.

⑤ Афанасьев М. Н., Правящие элиты и государственность посттоталитарной России; Гаман - Голутвина О. В., Политико-финансовые кланы как селекторат. Властные элиты современной России в процессах политической трансформации; Зудин А. Ю., Российские элиты при В. Путине. Властные элиты современной России в процессах политической трансформации; Перегудков С. П., Новейшие тенденции в изучении отношений гражданского общества и государства. Полис. 1998. №1.

系之中。

  俄罗斯学者对俄罗斯精英内部关系调节方式的研究结果表明，深层的矛盾历来是俄罗斯精英内部关系的常态，这种矛盾有时甚至导致将意识形态上的"同志"清除出权力场。[①] 由此可以看出，当今俄罗斯精英内部的矛盾甚至比精英与大众之间的矛盾更为深刻。

[①] Гаман - Голутвина О. В., Российские элиты как зеркало революции // Субъектное поле российской политики. Тамбов: ТамГУ, 2007.

第二章 俄罗斯的精英传统

俄罗斯在其历史的各个时期中,其精英的生成、流通渠道、功能以及行为风格均有所不同,但是政治文化结构的惰性、国家发展与管理的模式以及与周边环境之间的互动决定了俄罗斯精英生成具有鲜明的本国特点。作为介于东西方之间的特殊文明,俄罗斯的"特殊性"即"独特的历史发展道路"一直为论者所津津乐道。而其独特的精英传统,不仅与西方国家存在巨大差异,而且与东方国家也有显著不同。俄罗斯的精英传统可以追溯到基辅罗斯时期,虽然在其后的莫斯科公国时期、帝俄时期、苏维埃时期,俄罗斯社会发生了巨大变迁,但是有一些核心的因素却一直保持着相对的稳定性,并且仍然对当代俄罗斯精英的生成与更替等进程产生着较大的影响。

一 国家发展道路与精英的形成模式

俄罗斯人是在一片"流动"的土地上生存发展起来的。在这片连接欧亚两大洲的土地上,历史上许多民族都曾经驻留,相互征战的结果是,一些民族犹如过客般地离开后,另一些民族又如期而至,以至于历史学家们在判断这片土地上的原始居民时没有统一的定案,只能表示,在"历史的初期,这个平原并非全部地区都居住至今还在替它创造历史的那个民族"[①]。但很显然,这块土地成了俄罗斯民族的最后归宿,尽管俄罗斯人在自己国家的起源问题上

[①] 〔俄〕瓦·奥·克柳切夫斯基:《俄国史教程》第1卷,张草纫等译,商务印书馆,1992,第25页。

至今还争论不休。①

在这块被俄罗斯欧亚主义者称为"发展之地"的土地上，形成了一个既有别于东方，又迥异于西方的俄罗斯文明。尽管自20世纪初瓦·奥·克柳切夫斯基的俄国史出版之后，俄罗斯的史学家已逐渐扬弃了从地理说历史的观点，苏联解体后的俄国史学界更是如此，②但是他们都承认，地理环境对俄罗斯国家发展道路的影响是不言而喻的，只不过它对社会和政治制度的影响"已被其他因素间接化和复杂化"了③。如果不从自然、地理、地缘等其他因素综合考虑，俄罗斯的历史显然会留下许多令人不解的地方。

应该承认，俄国的严酷气候条件在很大程度上决定了俄罗斯国家的经济发展模式，以及集权在国家发展中的重要性。农业收入是国家早期发展的基础。由于俄国气候与自然条件恶劣，农业收成较少，而且其成本远高于欧洲国家，因此俄罗斯的资本非常缺乏，大部分居民一直以来都非常贫穷。同时，俄罗斯土地过剩与资金缺乏的状况导致俄罗斯人采用粗放型的经营方式，促使人口不断流动，开拓新的领土，这直接阻碍了集约型经营的发展。俄罗斯国土辽阔，但自然条件的极其单一导致居民经济活动单一，延缓了劳动分工。而国土的大部分地区远离海洋，交通运输条件较差，也直接影响了俄罗斯与其他国家发展贸易往来。俄罗斯虽然拥有丰富的资源，但开发利用这些资源代价高昂。所有这一切，对俄罗斯国家经济的发展模式具有重大的影响，即西方国家的经济建立在私人资本的基础上，而俄罗斯的经济则建立在国家的基础上。俄国学者А. П. 帕尔舍夫在其《为什么俄罗斯不是美国》一书中写道："严酷的气候和广袤的领土使得我们的生产耗费比其他国家都高得多。这种不良条件使得经济正常的运行需要国家对资本的使用和调动进行调节。在开放国境和统一的世界

---

① 关于俄罗斯国家起源问题，主要有"诺曼起源说"和"斯拉夫起源说"。历史学家尼古拉·梁赞诺夫斯基等认为，"第一个俄罗斯国家即基辅公国的起源问题是一个极其复杂且具争议的问题"，"俄罗斯历史的其他部分都没有这么多、这么繁杂的难题"。〔美〕尼古拉·梁赞诺夫斯基、马克·斯坦伯格：《俄罗斯史》（第7版），杨烨等译，上海人民出版社，2007，第20~24页。

② 陈仁姮：《〈往年纪事〉在近代俄国通史编著的意义》，《台大历史学报》第43期，2009年6月。

③ 〔俄〕鲍·尼·米罗诺夫：《俄国社会史》（上册），张广翔等译，山东大学出版社，2006，第46页。

市场下，资本总是力图趋向那些生产耗费低的地方。因此国家为了避免因气候和距离原因而不具竞争能力的生产经营破败，只得采取保护主义，保护国内市场免受国际市场冲击。"① 因此，俄国历史上出现了一种特殊的现象，一些具有重大"突破"的高速发展时期往往是俄国"隔离"于世界市场的时期，如彼得一世时期、斯大林时期。彼得一世通过征收高额关税来禁止外部廉价产品的进入，而斯大林则通过国家外贸专营来封闭国境。也是从彼得一世开始，国家开始实行强制型的现代化。为了"赶超"西方，国家集人力与资源于一身，通过强行手段积累资金，加速工业化。这种努力在俄国历史上一直没有间断过，使人民付出了巨大的代价。这也可以说是严酷自然条件使然的一种间接结果。

除了严酷的自然条件外，对于安全的考虑是影响俄罗斯国家发展的更重要、更深层的因素。正如克柳切夫斯基所指出的那样："移民和国土的开拓是我国历史中的主要事情，所有其余的事情都和它们有着或近或远的关系。"② 为了生存的需要，俄罗斯人必须要时时应付外敌的入侵，而广袤的东欧平原缺乏天然的障碍以阻挡外来的入侵者，因此俄罗斯人不断地扩展领土，开拓边疆，以弥补其"不安全"的心理需求。结果是，扩张的领土越多，移动的边疆推进得越远，其"不安全"心理越强，继而导致进一步的扩张，由此而形成了一个循环式的悖理。国家成为一个大军营，"国家的首要需要是维持一支待战的军队"③。而疆土越是广阔，维持的费用就越高昂，国家对人民的压榨和剥夺也就越严厉。盖达尔总结道："为了维持俄罗斯，需要禁锢其居民并且无条件地将其置于政权的从属之下。"④ 结果是"国家强大了，人民瘦弱了"。

因此，俄罗斯国家发展历史中的主要问题，如绝对主义专制、农奴制等都可以从这里找到解释。而俄罗斯精英传统的形成也需要从这个历史背景中去寻找。

俄罗斯学者认为，俄罗斯精英的形成有别于西方国家的经典模式：俄罗斯

---

① Паршев А. П., Почему Россия не Америка. М.: Крымский мост – 9Д; Форум. С. 37.
② 〔俄〕瓦·奥·克柳切夫斯基：《俄国史教程》第 1 卷，张草纫等译，商务印书馆，1992，第 26 页。
③ Соловьев С., Чтения и рассказы по истории России. М.: Правда, 1989. С. 431.
④ Гайдар Е. Т., Государство и эволюция. Как отделить собственность от власти и повысить благосостояние россиян. СПБ: Норма. С. 27.

是"动员型模式",西方是"创新型模式"。① 在动员型的社会中,国家的发展是一种军事化的类型,国防居其绝对首位;其现代化的动力不是来自社会经济需要所产生的累积效应,而是来自于外部的刺激,因此其现代化实施起来往往是断裂的、革命性的,甚至是毁灭性的。与之相反,创新型社会中现代化的动力来自于内部经济发展的需求,其政治的组织特点是由经济制度的特点所决定的。这两种类型的社会同时也决定了政治精英形成的模式。创新型模式中,国家的利益与经济主体之间的利益是基本一致的,因此商业精英占据主导地位;而动员型模式中,国家利益与个体利益是冲突的,国家需要通过强硬的政治系统来进行控制,因此行政-政治精英占据主导地位,形成一种"服务型"机制。

事实上,俄罗斯历史中曾经并存过"动员型"和"创新型"两种社会模式,即与"动员型"的莫斯科公国同时存在的"创新型"的诺夫哥罗德和普斯科夫公国。与俄罗斯其他地区不同,这里是以工商阶层、自由市民为主的社会,它们的精英形成模式是"经济寡头式"的。但是这两个公国最后被残酷的军事组织形式的莫斯科公国所吞并,证明了"创新型"模式不适宜于这块土地。在这种地理环境下,政治高于经济,拥有对经济的决定权。

在"动员型"的模式中,高级"服务"阶层作为政治精英,成为统治阶级的一个主要组成部分。但是他们之上还有掌握最高权力的沙皇,最高权力是不容任何人分享的。俄罗斯国家主义学派的代表人物契切林曾勾画过这种"服务型"机制的特征:为王权服务不是一个阶层的功能,而是所有臣民的义务,在"服务型"的国家中,"所有臣民都被固定在某个居住地或职位上,所有人在服务社会中都有自己的作用。而在这之上,则是权力无边的政府"②。"服务型"体制中的政治精英,可以说是贯彻王权意志的工具,是君民之间的中介。其地位,正如亚历山大一世时的国务大臣斯佩兰斯基所说,俄罗斯有

---

① Гаман-Голутвина О. В.,Политические элиты России:Вехи исторической эволюции. М.:РОССПЭН,2006.
② Чичерин Б. Н.,Опыты по истории русского права. М.,1855. С. 383. Цит. поГаман-Голутвина О. В.,Политические элиты России:Вехи исторической эволюции. С. 54.

"国君的奴隶和地主的奴隶。前者是自由的,不过这是相对后者而言的"①。A. 居斯金则直接将农奴制下的农民称为"奴隶的奴隶"②。

二 俄罗斯政治精英的历史更替

俄罗斯以政治为中心的国家性质决定了它在几个世纪中都需要有一个庞大的"服务阶层"。纵观俄罗斯"服务阶层"的历史演变,从波雅尔大贵族到服役贵族,再到帝国官僚,再到共产主义权贵,我们可以发现俄罗斯精英的发展轨迹。

1. 波雅尔大贵族（боярство）

波雅尔大贵族是俄罗斯统治阶级的第一种形态。在基辅罗斯、分封时期和莫斯科公国时期,波雅尔履行着国家的管理职能。这里的波雅尔不仅仅是指波雅尔杜马成员的狭义范畴,而是指从基辅罗斯时期开始的上层服务阶层。

基辅罗斯远非一个近代意义上的国家,某种意义上它只是由若干城市和地区组成的联盟,原则上其每个成员的代表都有望成为大公,因此看起来更像是一个贵族共和国。它在政治上比较松散,在智者雅罗斯拉夫之后更是一盘散沙。当时国家的发展面临双重要求：一方面,国家需要抵御外来的入侵威胁,这要求建立严格的军政体制,确立大公的亲兵在社会上的优势地位,因为战时大公首先依赖自己的亲兵,其次才是从各城镇征召来的军团；另一方面,当时基辅罗斯的经济结构中对外贸易占据着主导地位,这要求建立以经济为中心的城市结构,赋予工商阶层以更大的政治权力。当时名为"谓彻"的这种市政会议形式发挥了很大的作用。大公的亲兵最终不仅在军政上取得了优势地位,而且也参与海外贸易,成为商贸的主要组织者。从《俄罗斯法典》中可以看出这种情况。③ 但是基辅罗斯由于内政和外患的双重打击很快瓦解了：内部是因为长期的内讧,各个王公都觊觎大公的位置从而导致分裂；外部则是因为无

---

① Сперанский М. М., Проекты и записки. М.；Л., 1961. С. 43.
② Кюстин А., Николаевская Россия. М., 1990. Цит. поГаман - Голутвина О. В. Политические элиты России：Вехи исторической эволюции. С. 54.
③ Солоневич И. Л., Народная монархия. М., 1991. С. 264.

力抵抗外来的入侵者，在与邻近的可萨人、佩切涅格人、波洛伏齐人交相进行战争后，蒙古人最后给予基辅罗斯以毁灭性的打击，基辅城在1240年被彻底摧毁。

在分封时期，原来庞大的基辅王室进一步分化并且扩散，各个王公成为当时社会的最高一级，为其服役的阶层则是波雅尔大贵族和"自由的仆从"（贵族），他们成为当时的统治阶层。波雅尔大贵族与王公之间的关系是契约关系，在履行自己的契约后波雅尔贵族可以另寻主人。在基辅罗斯时期服役阶层就已经开始占有土地，但是非常有限。到分封时期，服役阶层开始普遍成为地主，在自己庞大的地产上征税、维持秩序。他们把为王公服务视为占有土地的一个主要来源，同时又把占有土地视为独立于王公的手段，因为当时服役和领地联系并不紧密，大贵族可以在一个封地上为某个王公服役，而又在另一处拥有自己的土地。正是因为波雅尔大贵族以拥有土地作为收入来源，他们开始追逐土地，扩大自己的世袭领地（вотчина），随着时间的推移，他们逐渐成为坐享其成的土地大贵族。攫取土地也影响到他们后来的命运。

莫斯科公国如同分封时期的其他公国一样，其统治阶层可划分为大公（后来成为沙皇）和高级服役阶层——波雅尔大贵族，以及高级神职人员。随着莫斯科公国的崛起，尤其是随着伊凡三世以来莫斯科对其他公国兼并的加剧，许多公国的王公抛弃原来的大公和分封王公的职位，来到莫斯科供职，加入到莫斯科的波雅尔大贵族之中，从而使莫斯科大贵族的组成发生了深刻变化，也使其成分变得更加复杂。这在15世纪中叶之后最为明显。一方面，大贵族的各家族系谱非常复杂，分封制的残余还没有完全消失，以前的分封王公仍然拥有自己的世袭领地，具有很大的独立性；另一方面，莫斯科为了整合大贵族阶层，实行了严格的等级制度，即门第制（местничество）。门第制反映了当时大贵族阶级统治的一种倾向："莫斯科君主要求曾经一度统治部分国土的世袭名门的后代共同合作来治理在他的政权下统一起来的俄罗斯疆域。"门第制即是莫斯科大公国提供的一整套"供职制度"。[①] 门第制是一套严格的世

---

① 〔俄〕瓦·奥·克柳切夫斯基：《俄国史教程》第2卷，贾宗谊等译，商务印书馆，1997，第144页。

袭制度，它不是根据个人的素质来确定其在国家服务体系中的职位，而是依据家世渊源来确定大贵族之间的地位和职位高低，其计算方法精确得如数学一样。门第制的实行在克柳切夫斯基看来具有"防御"的性质，达官贵人借此避免君主的肆意妄为，同时防备下面人的阴谋诡计。① 这也阻挡了出身寒微的人进入统治阶层的途径，使精英的流通机制变得更加封闭。

如果说15世纪之前投靠莫斯科大公的大贵族在帮助莫斯科统治国内、处理对外事务方面起了积极作用，君臣之间的关系较为融洽的话，那么从15世纪开始，大贵族和君主之间的关系发生了变化。随着俄罗斯中央集权国家的建立，莫斯科大公的角色发生了改变，他已经不再是众多王公中的一员，而是成为专制君主，掌握了俄罗斯国家的最高权力。而大贵族们的角色和自我意识也发生了变化，他们已不再像自己的祖辈那样满足于独自与世隔绝地统治一方之地，而是希望通过中央政权从总体上统治整个俄罗斯。君主与大贵族之间的矛盾逐渐展开，从瓦西里二世开始，到伊凡四世达到了顶峰。1547年伊凡四世加冕成为沙皇，自称"专制君主"，强调自己是拥有充分权力、不受制于任何势力的君主。但是"混乱时期"之前的一个半世纪中，由大贵族组成的波雅尔杜马几乎将立法、执法和司法三种权力都集于一身，具有封闭的贵族性质。② 由于对波雅尔贵族的专权极为不满，1549年伊凡四世在莫斯科召开了有大贵族、服役贵族、高级僧侣和政府高级官员参加的"缙绅会议"（земский собор），目的是为了削弱波雅尔大贵族的经济和政治特权。而此后，伊凡四世更是通过实行血腥的"特辖制"（опричнина）打击大贵族，此举不仅使大贵族彻底成为自己的忠实奴仆，也为沙皇回避门第制、从普通军役贵族中选拔服役者提供了机会。③ 但是"特辖制"最终没有解决对波雅尔大贵族的取代问题，只是将国家分为贵族管辖区和沙皇特辖区。尽管伊凡四世曾经考虑用服役贵族取代大贵族，以特辖军的形式充当统治阶级，但是波雅尔大贵族作为一个

---

① 〔俄〕瓦·奥·克柳切夫斯基：《俄国史教程》第2卷，贾宗谊等译，商务印书馆，1997，第153页。
② Гаман－Голутвина О. В., Политические элиты России: Вехи исторической эволюции. С. 87.
③ 〔美〕尼古拉·梁赞诺夫斯基、马克·斯坦伯格：《俄罗斯史》（第7版），杨烨等译，上海人民出版社，2007，第140页。

阶层被取代的过程要到17世纪末才最终完成，并且采取的形式有所不同。在伊凡四世之后，特别是在17世纪初的"混乱时期"（1598～1613），波雅尔大贵族仍然把持着国家的最高权力。

波雅尔大贵族由于"组织严密、渗透贵族精神并习惯于掌权"[①]而受到莫斯科历代君主的重用，成为统治阶级。其政治作用是根据古老的执政习惯来维持的，1550年的法典肯定了波雅尔杜马的立法权威，而门第制则将大贵族推到了社会上层。这两点是大贵族作为统治阶级的支柱。不过，经历了"混乱时期"之后，大贵族的政治作用日益式微，取而代之的是服役贵族。

2. 服役贵族（дворянство）

如果说"特辖制"成为"贵族阶层在政治作用中的首次公开登场"[②]，那么到17世纪，中层服役阶层开始越来越多地参与国家治理。1682年门第制的废除，可以被视作波雅尔大贵族政治生命的结束和服役贵族作为统治阶层的开始。[③] 到彼得一世时期，服役贵族阶层已经完全被确立为统治阶级。服役贵族的形成一如波雅尔大贵族一样，其原则是"以服务换特权"。波雅尔大贵族由于拥有世袭土地，在经济上并不依附于上层权力，并且通过门第制固化了自己的地位，尽量减少自己对国家应尽的义务，逐渐失去了"服务"的有效性。而随着俄罗斯扩张的进一步加剧，以及俄罗斯极力希望摆脱物质贫乏的状况，需要新的统治阶层来完成国家的政治目标。

罗曼诺夫王朝建立之后，在第一位沙皇米哈伊尔及其继承者阿列克谢时期，服役官僚制开始建立，《1649年会典》规定了服役贵族对封地的所有权：凡服役人员因年老、残废不能继续服役时，封地应传给儿子、兄弟、侄子或孙子等接替其服役的人，准许将服役封地改为世袭领地。"这部法典表明了服役封地和世袭领地趋于合流"，"波雅尔和服役贵族趋于融合，形成统一的地主贵族阶级"[④]。

---

① 〔俄〕瓦·奥·克柳切夫斯基：《俄国史教程》第3卷，左少兴等译，商务印书馆，1996，第70页。
② Ключевский В. О., Русская история. Полный курс лекций в трех книгах. Кн. 2. М., Мысль. 1993. С. 513.
③ Гаман - Голутвина О. В., Политические элиты России: Вехи исторической эволюции. С. 112.
④ 孙成木、刘祖熙、李建：《俄国通史简编》（上册），人民出版社，1986，第153页。

彼得一世时期对统治阶级进行了彻底的重新塑造。作为一位视野开阔、屡次出入欧洲并急切地要追赶欧洲国家的君王,彼得以强硬的手段推行现代化,教战强兵,不断发动对外战争。彼得意识到传统的封闭式精英系统不能保证实现其现代化设想,他需要富有能力、精力充沛的改革组织者,需要能够克服传统惰性的管理精英,因此他将社会中下层的一些优秀人才拔擢到精英队伍中。彼得的改革并不为俄罗斯社会所理解和接受,传统的贵族精英从彼得的改革中看到了对其特权地位的威胁,因此竭力维护自己的利益和地位;而彼得及其追随者一开始就充当了反精英的角色,对那些抗拒的传统精英进行了毫不留情的清洗。1711年,彼得建立枢密院,以取代几乎全由世袭贵族和封建王公组成并反对彼得推行新政的波雅尔杜马。其成员由九名代表组成,虽然并非全部出身于名门望族,但支持彼得的政见。1722年彼得政府颁布了关于"官秩表"的法令,将任职于行政部门、军事部门和司法部门的全部文武官员分成14个等级,规定凡在文职部门供职并晋升到8级官衔、在军中服役并升至12级官衔的非贵族出身的官员,都可以成为世袭贵族。这为所有的服役者打开了晋升之路,个人通过服役可以获得贵族地位。

彼得在塑造这个新的统治阶层时可谓煞费苦心,并且雷厉风行。首先,彼得完全抛弃了血统论而奉行精英治国论。从他的近臣圈中就可以看出"英雄不问出处",他们来自于社会的各个阶层:有出身社会底层的,有出身服役贵族的,也有为数不多的波雅尔大贵族,彼得甚至还搜罗了一些能够为他所用的外国人。其次,彼得采用严厉的手段强制贵族服役。例如1721年谕令,禁止没有当过列兵的贵族晋升为军官。为此他还"盘点"了所有的贵族,并且为十岁以上的贵族子弟安排了去处:或是出国留学,或是入伍当兵。即使是身边"最显要人物"的未成年子弟,他也将其征召加入近卫团当兵。对于那些逃避服役的贵族子弟,他采取严厉的惩罚措施,如1714年的谕令规定,对那些逃避服役不来报到的贵族,剥夺其所有的不动产和动产,并将其交予告发者。最后,彼得想从根本上改变统治阶层的面貌,于1714年颁布了《长子继承令》,规定贵族必须"为国家利益"服务,为此全部不动产只能由一个儿子继承,如果被继承人不做选择,则由长子继承。这样一来,其余的儿子由于不能继承产业,只能"通过服役、学习、经商等去谋生"。此外还补充制定了一些其他条款以充实《长子继承令》，如在军队中服役满七年或做文职工作满十年，或者经营商业满 15 年者方可以置办地产，否则即便"到死"也不得购置田产。另外的一些条款甚至近乎荒唐，如禁止没有学会算术和几何学的贵族子弟结婚等。

彼得的严厉措施终于打造出一支精英统治队伍，但是在彼得看来，他们的素质并没有达到自己的要求。在这支队伍逐渐成形之际，贪污贿赂之风也在整个官员层蔓延开来，并且达到了前所未有的规模。他的近臣圈也腐败得无以复加，像 A. 缅什科夫这样他最亲信的人虽然功勋卓著，但是"腐败得不可救药"[①]。同时，效率的低下也成为这支队伍的痼疾。彼得在与瑞典进行北方大战的同时，也在跟自己的战友进行另一场"战争"。历史学家索罗维约夫曾说："这场战争的难度大于北方战争。"[②] 虽然彼得颁发了许多谕令，成立专门的监察机构来对付官员的贪腐和效率低下，但终其一生都没能取得成效。

彼得去世后，服役贵族的"服役"功能开始逐渐丧失。彼得以急行军的方式在落后的俄国实行改革，把俄国变成了一个大军营，一切内政改革都服从于战争的需要。在他统治的 35 年中，俄国只有两年处于和平时期，其他时间都处在战争状态。彼得不仅耗尽了民力，也耗尽了精英的潜力。彼得去世后，休养的时候该来了。索罗维约夫说，彼得之后的俄国"处于一种困境，俄国人首先要求歇息"[③]。因此彼得打造统治精英的许多措施都难以为继，如《长子继承令》在 1730 年就被取消；1762 年彼得三世当政时发布《赐给全俄罗斯贵族优惠和自由的宣言》（即《贵族自由宣言》），宣布废除强迫贵族服役的制度；1764 年叶卡捷琳娜二世的谕令也彻底改变了彼得对官员升迁的限制。从此，贵族阶级可以根据自己的意愿选择是否为国家服役。另外，服役贵族的品质也在发生变化。彼得时期国家有着明确的目标，如将俄国变为一个强大的帝国、夺取生存所必需的出海口、建立现代化的军队和海军、掌握欧洲的文化资源，但是在彼得一世去世后这些目标被慢慢淡化了，因此精英们将为国的目标

---

① 〔美〕尼古拉·梁赞诺夫斯基、马克·斯坦伯格：《俄罗斯史》（第 7 版），杨烨等译，上海人民出版社，2007，第 204 页。
② Соловьев С., Чтения и рассказы по истории России. М.: Правда, 1989. С. 564.
③ Соловьев об истории новой России. М.: Просвещение. 1993. С. 263.

逐渐转移到追逐私利上来，统治精英内部为权力的分配以及特惠的获取争斗不休。彼得时期由于国家财政匮乏，赏赐给服役贵族的主要是土地，彼得一世之后贵族们醉心于扩大自己的特权，经营自己的田产。因此，国家的管理需要由另外一个阶层即帝国的官僚们来负责了。

3. 帝国官僚（бюрократия）

彼得一世之后，经过数代沙皇的扩张，到18世纪中期，俄国已经成为世界上继大英帝国之后规模最大的帝国。随着领土的不断拓展，国家治理如农奴制问题、民族问题已经成为越来越突出的问题；同时由于俄国已经进入欧洲体系，其外交与安全事务愈来愈耗费上层的精力并且使相应的国家机构不堪重负。服役贵族已经耗尽了自己的潜力，成为占有土地的大贵族，越来越反对任何有损于其利益的改革。亚历山大一世继位后越来越倚重最高官僚阶层（M. 斯佩兰斯基、А. 阿拉克切耶夫、Д. 古里耶夫），希望借助他们的力量进行改革。斯佩兰斯基认为必须要推行欧洲化和自由主义的改革，首先应提高国家管理精英的素质。在他的建议下，沙皇1809年发布了关于国家公职官衔考核新条例的谕令，通过文官考试制度以及其他措施提高国家管理层的专业水平和行政效率。虽然斯佩兰斯基为沙皇起草的宪政改革方案被束之高阁，但他的一些行政改革措施使俄国的官僚机构有所加强。

但官僚阶层成为国家的统治阶层则是在尼古拉一世及其之后的数代沙皇统治时期。彼得三世和叶卡捷琳娜的谕令使得贵族越来越逃避为国家服务，追求享受自己的生活。根据内务部的材料，19世纪中期之前俄国已经形成了一个不担任任何公职的庞大的贵族阶层[1]，其已经无法担负起统治阶层的使命。1825年作为贵族青年的十二月党人发动了反对沙皇的起义，虽然以失败告终，但是这一事件使尼古拉一世深受刺激，对原来服役贵族的忠诚产生了怀疑。在这种情况下，尼古拉一世决定起用官僚层。虽然从16世纪开始俄罗斯就有一批职业人员从事类似官僚的事务，但只是在尼古拉一世统治时期官僚才逐渐成为参与国家事务决策的主体，因此克柳切夫斯基说："管理俄罗斯的不是大贵

---

[1] Зайончковский П. А., Правительственный аппарат самодержавия в XIX веке. М., 1978. С. 221.

族，而是官僚。"① 作为国家的新的服役阶层，官僚是"贵族的'另类'，是一种新的、规矩的服务形式"②。在帝国时期，它的发展经历了三个阶段：1825~1855年尼古拉一世统治时期，官僚作为"贵族的另类"成为新的统治阶级；1855~1881年是作为大改革主体的自由主义官僚占优势的时期；1881~1917年，官僚阶层逐渐走向衰落，而其效率低下成为俄罗斯帝国覆灭的重要原因之一。

从尼古拉一世时期开始，国家公职的威信急剧上升，帝国政府机构的人数也快速增长。19世纪上半叶，官员的数量增加了大约两倍，超过了六万人，而到1857年几乎又增加了一半。官僚人数的增长速度是人口增长速度的三倍。③ 19世纪下半叶，政府机构人员继续稳定增长，到1903年总数已达到38.4万人，如果加上其他的办公服务人员，则不少于50万人。④ 在管理机构人数剧增的同时，政府采取措施限制有望成为世袭贵族的官吏人数，并"净化"贵族。1845年的沙皇谕令规定，非贵族出身的官吏只有达到彼得一世《官秩表》中的五级（此前是八级）才能获得世袭贵族称号。虽然作为一个正统的保守主义者，尼古拉一世把贵族看作"皇位的第一个支柱"，不遗余力地维护贵族特权，⑤ 但是经历了十二月党人的起义后，他对俄国贵族已经不是那么信任了，因此建立了许多机构特别是警察特务机构，颁布了许多法令，将大权独揽于一身。在当时，俄国社会中最尖锐的问题是农奴制问题，成为土地大贵族的服役贵族竭力维护农奴制。从现在发现的材料看，尼古拉一世在位时曾经想解决这个问题，他建立的11个秘密委员会中有九个是研究农奴制问题解决方案的。尼古拉一世想依靠官僚阶层即当时的服务阶层抗衡坚决抗拒俄国现代化改革的土地大贵族。一些有远见的官僚，即使是第三厅厅长本肯道夫这样臭名昭著的人物，也曾建议尼古拉一世出于国家安全的考虑改变农奴制的现状。国家资产部部长П. 基谢廖夫则坚持认为，不仅从国家安全方面考虑，而

---

① Ключевский В. О., Сочинения в 9 тт. Т. 3. М.: Мысль. 1977. С. 9.
② Федотов Г., Судьба и грехи России. Избранные статьи по философии русской истории и культуры. Т. 1. СПб.: София. 1992. С. 137.
③ Зайончковский П. А., Правительственный аппарат самодержавия в XIX веке. М., 1978. С. 68–70.
④ Там же. С. 71.
⑤ 孙成木、刘祖熙、李建：《俄国通史简编》（下册），人民出版社，1986，第30页。

且从国家经济的长远发展考虑，也必须废除农奴制。[①] 为此他提出了一个方案，但是没有获得通过。因为当时国务委员会的成员虽然身为官僚，但同时又是土地大贵族，其拥有的农奴数均超过一千人（当时这样的大贵族有 1400 个）。他们在考虑这个问题时自然不是出于国家发展的需要，而是出于自身的利益。同时贵族官僚们更担心专制君主与非精英阶层的下层民众联手对付统治精英，就像历史中曾经出现过的那样。这样，俄罗斯国家模式中"最高权力－统治阶级－非精英阶层"的三角关系重新凸显出来。为了避免与身为大地主的官僚发生公开冲突，尼古拉一世不得不将农奴制问题搁置下来。这一问题的最终解决也不得不等到克里米亚战争失败之后。因此从当时"官僚是贵族的'另类'"这个情况看，统治精英的效率并不高，而且精英的流通也受到诸多限制。例如，在其他条件同等的情况下，世袭贵族出身的人比普通出身的人在国家公职升迁方面具有优先权。另外，大部分官员尤其中低层官员薪俸较低，有时甚至不能维持最低的生活水平，这种情况导致官僚层贪腐盛行；而高层官僚虽然薪俸优厚，仍无法避免其侵吞国家财产的行为。尽管 19 世纪中期政府在民意的期待中不得不推出一些整治措施，情况略有好转，但专制国家的这些痼疾难以得到最终的解决。

1855 年克里米亚战争的失败显示出俄国历史所固有的国家发展目标与其能力之间的巨大差距。在 19 世纪的俄国，衰朽的政治已经是国家社会经济以及技术发展落后的首要原因。克里米亚战争所带来的危机对俄罗斯统治者是震撼性的，以至于作为最高权力的沙皇不得不推行国家现代化，而为此目标必须首先对政治制度进行部分改革，对统治阶级施加压力。

俄国"自上而下"推行现代化的首要问题是君主选择合适的政治主体作为实施其政策的工具，这是俄国历代君主都面临的问题。尼古拉一世对帝国官僚的倚重所导致的失败促使其继承人寻找其他的出路，但是在当时的俄国这种可能性非常有限。在 1860～1870 年的"大改革"中，俄国资产阶级作为一支重要的政治力量理应登上国家的政治舞台，对社会进行资本主义性质的改革，但是由于一系列的原因，如相对于欧洲资本主义来说，俄国的资本主义发展还

---

① Гаман－Голутвина О. В., Политические элиты России: Вехи исторической эволюции. С. 168－169.

比较落后，资本积累相当欠缺，资产阶级对国家的依赖性比较强等，俄国的资产阶级还不能成为大改革的政治主体。为了实施国家现代化的目标，最高权力不得不继续依赖作为政治精英的官僚阶层，不过在这个阶层中已经有亚历山大二世所倚重的力量。如果说尼古拉一世期间统治精英中维护现状的保守贵族占据上风，而像 Π. 基谢廖夫这类为数不多的自由主义代表处于失势地位的话，那么在亚历山大二世时期这些自由主义官僚的人数逐渐增多，而且得到了沙皇的支持，正是这些"开明官僚"成为大改革时期的政治主体。同时许多非精英阶层的代表也参与制定改革方案，如内务部成立了独立专家组，吸收了一大批知识分子和社会人士。他们在大改革的决策中起到了非常大的作用，为提高政治管理的效率提供了一定的保证。为了争取贵族中的同盟者，亚历山大二世鼓动贵族在解放农奴问题上发挥主动精神，此举亦得到了一些地方贵族的响应。正是由于亚历山大二世与"开明官僚"以及非精英层专家的联合才抗衡了土地大贵族，保证了1861年改革《法令》和《宣言》的发布。事实上，《宣言》发布的准备过程以及《宣言》本身的起草都是在极为秘密的状况下进行的，目的是防止土地大贵族的抗拒。根据沙皇的得力助手 H. 米留京的建议，亚历山大二世做出了一个秘密决定，不让各省的贵族委员会代表参与制定改革方案。结果被邀请到首都讨论农奴制改革的贵族代表面对的是既成事实，这引起了贵族们对现行"可恶的官僚"的强烈不满，他们要求将改革事务移交到贵族的手中。

可以说，1860~1870年俄国大改革的成功推行不仅改变了高层官僚的人员构成，而且对政治精英的形成和组织结构的变化产生了部分影响，作为一支政治力量的经济群体被引入到了政治舞台。但是在官僚层中，极端的保守势力继续抗拒改革，而1866年之后沙皇则在保守势力与改革势力之间竭力维持一种脆弱的平衡。他的"左膀右臂"，一位是在位20年的军政大臣 H. 米留京，另一位是教育大臣 Д. 托尔斯泰，后者是坚定的保守主义者，坚决反对19世纪60年代的所有改革。两者在政府中势如水火，但他们都得到了沙皇的信任。沙皇维持这种平衡，是因为意识到继续推动改革会加剧反对势力的抗拒，会带来意想不到的危险。事实上，19世纪60年代的大改革既遭到了贵族们的反对，也因为其不彻底性引起了广大民众的反对，整个社会处于一种紧张状态。官僚层脆弱的平衡在沙皇第一次遇刺时就被打破，"开明官僚"逐渐从最高决策层被排挤出去；

而在 1881 年 3 月亚历山大二世被民意党人炸死后，继任的亚历山大三世彻底走向反动。1881 年 5 月，他发布了关于保卫专制制度的宣言，称这一制度为俄罗斯国家的永久基石。自此，保守势力卷土重来，亚历山大三世执政时期的关键人物：他的老师、东正教事务局局长 К. 波多别诺斯采夫，内务部部长 Д. 托尔斯泰，《莫斯科导报》编辑 М. 卡特科夫，《公民》出版人 В. 梅谢尔斯基组成了所谓的 "四重奏"。这个圈子基本上否定亚历山大二世改革的正面意义，对亚历山大三世的人事安排具有重大影响。历史学家们认为①，在人事安排上亚历山大三世身边已经没有任何人能给他提出有价值的建议。

到末代沙皇尼古拉二世执政时期，俄国国内外的形势发生了剧烈的变化，专制制度的基础开始动摇。一方面，尼古拉二世本人的形象因为其优柔寡断的性格、保守的倾向以及皇后的行为而受到严重损害，以致连最极端的保皇分子都感到绝望。另一方面，1905 年的 "流血的星期天" 使广大的民众彻底失去了对沙皇政府的信任。革命的波涛汹涌翻滚。1911 年新斯拉夫主义者帕斯哈洛夫写道："我们已经逐渐习惯鄙视政府，察觉到它的无能为力……在革命冲击现有制度的关键时刻，我会挺身捍卫吗？不会。我们可能置身一旁，只能寄望于天意的垂顾。"② 事实上，进入 20 世纪，俄国的底层已不想再按照旧的方式生活，而上层也不可能按照旧的方式进行统治了。对于沙皇政府来说，在统治阶级之外扩大精英队伍不仅可能，而且是必须。1905 年的《十月十七日宣言》在俄国拉开了立宪改革的帷幕，但是统治官僚阶层之外的精英队伍的扩充加剧了政治的复杂性，政治舞台上不仅要保留最高权力的沙皇和政府、各地的国家机构，还要纳入国家杜马成员以及议会外的政治组织高层。更为重要的是，必须设置好各种力量之间的关系，尤其是沙皇政府与杜马的关系。立宪改革没有挽救沙皇帝国，革命如期而至。Г. 费多托夫写道："两种力量在构建和支撑着俄罗斯帝国：消极的力量是人民大众永不枯竭的忍耐力和信任，积极的力量是贵族的英勇征战和国家意识。"③ 但是在尼古拉二世统治期间，这两个

---

① Соловьев Ю. Б., Самодержавие и дворянство в конце в. Л.：Наука. 1973. С. 75.
② Переписка и другие документы правых (1911 – 1913). Вопрос истории, 1999, №10.
③ Федотов Г., Судьба и грехи России. Избранные статьи по философии русской истории и культуры. Т. 1. С. 128.

基础都被侵蚀了。俄罗斯帝国走向了灭亡。

4. 苏联权贵（советская номенклатура）

苏联时期，动员型发展模式不仅继续保存，而且发展到了极致。在精英的流通和擢拔方面，依然是俄罗斯帝国典型的"以服务换特权"的特点，最后形成了一个独特的"权贵阶层"，这是俄罗斯历史上第四个统治阶层类型。最高权力为了实现国家超赶式发展，在20世纪30年代实行了规模空前的"工业化"政策，将一个落后的封建国家变成了强大的工业化国家，其成就不仅在俄国历史上是空前的，在世界历史上也绝无仅有。与此同时，上层统治者在这个过程中也对干部队伍进行了空前的清洗，以便将统治阶层置于自己的绝对控制之下，使其成为实现国家目标的工具。作为统治阶层的高级干部队伍逐渐成为"权贵阶层"。在20世纪80年代末期，"权贵阶层"内部发生了变化，出现了各种次精英帮派和集团，企图将积累的各种资源变成现实的政治权力或经济资本。戈尔巴乔夫改革也就成了"精英的革命"，统治阶层在改革的过程中逐渐成为独立的政治力量，"服务型模式"最终解体，精英的多元化逐渐形成。

关于苏联精英的论述在后面的章节中还会展开，这里不再多做介绍。

三 俄罗斯精英传统的特点

在回顾了俄罗斯政治精英的历史发展轨迹后，我们可以总结出"动员型"模式下俄罗斯精英传统的一些特点。

1. 为国家服务是俄国精英的主要目的

国家目标与其能力之间的矛盾一直是俄罗斯国家的主要矛盾。严酷的气候条件和自然环境以及与欧洲的远离，使得俄罗斯成为"落后的边陲"；而处于异族入侵的威胁之下，俄罗斯的安全环境始终是国家发展中被首要关注的问题。因此今日俄罗斯所倡导的"强国主义"其来有自。俄国的统治精英历来就是围绕这个目标而形成的：早期的波雅尔大贵族先是服务于基辅大公，后又服务于莫斯科大公以及后来的沙皇；其后的服役贵族服务于沙皇政府，其军功成为晋升的必要条件；而帝国官僚帮助君主治理国家、处理对外事务；苏联干部则是建设"社会主义强国"的组织者和实施者。他们的共同点是为国家

"服务",都是政治精英。一旦他们失去服务性并主要经营自己的利益时,最高统治者就会用另外的服务精英来取而代之。波雅尔大贵族由于拥有世袭土地,尽量减少对国家应尽的义务,因而被服役贵族取代;服役贵族追求将临时封地变为永久的世袭领地,结果重蹈波雅尔大贵族的覆辙;帝国官僚由于职业能力低下以及贪腐成风而逐渐衰落;苏联的"权贵阶层"由于追求既得利益的合法化,最终致使国家解体。

2. 精英阶层是最高阶层推行现代化的工具

在动员型模式中,最高权力的最重要的一项功能是,在内外政治压力下推动国家的现代化进程。至今为止,俄罗斯历史上所有的现代化改革都是"自上而下"推行的。统治者为此目的,需要一个高效的统治阶层作为实施这些目标的工具。其他的资源,包括底层的民众,对最高权力是不能也不愿指望的。最高权力在"自上而下"地实施改革过程中,其本身就是最大的动力。从彼得一世时期的西化改革,到亚历山大二世时期的大改革,再到斯大林时期的"工业化",上层权力都为此首先准备了一支可以贯彻自己意志的精英队伍,通过这支队伍尽可能攫取最大的资源,使一切社会政治力量听命于自己的驱使。尽管在很多情况下,最高权力所制定的政策与国家的现实需要并不符合,但精英的任务主要是执行,俄罗斯历史上这类例子比比皆是。例如,帝俄时期占领中亚后就引发大量争议。攻克塔什干后,俄国国务活动家 П. 瓦卢耶夫在日记中写道:"塔什干被攻下了,但谁也不知道这是为了什么。"[①]

3. 俄国的精英圈具有一定的封闭性

在俄罗斯,"最高权力-统治精英-底层民众"之间的三角关系基本上是一种固化的关系,尤其是在帝俄时期。尽管俄国历史中出现过僭位情况,但君主是世袭性的,统治精英不能觊觎君主的皇位。君主制的基础是贵族,它必须依靠贵族来进行统治,因此俄罗斯历史上的统治精英基本上是贵族,不论是大贵族还是服役贵族。尽管彼得一世时期唯才是举,吸纳了一些出身卑微的人进入精英层,但是其数量极为有限,彼得一世所倚重的仍然是整个贵族阶层,他对贵族的改造也是意在将其塑造为统治阶级的第二梯队,在 1720~1721 年中

---

① Валуев П., Дневник. Т. 1-2. М., 1961, С. 60-66.

只有14%的军官出身于非贵族阶层①。彼得一世时期的"清洗"主要针对中层官员，而上层精英的组成则没有大的改变，1730年，93%的上层人员仍来自莫斯科大公国时期的贵族世家。② 在官僚阶层成为帝俄时期的统治阶级时，精英的流通也不是开放的，许多资格条件限制了平民子弟进入官僚圈。尼古拉一世将贵族视为其皇权的基础，贵族的称号只能由继承和皇帝的赏赐才能获得；亚历山大三世期间更为保守，精英的流通渠道更为封闭。

4. "以服务换特权"是俄国精英循环的驱动力

为了保证统治阶层"服务"的有效性，"以服务换特权"是最高权力对服务精英的奖赏，也是服务层内在的驱动力所在。在基辅罗斯和莫斯科公国时期，最高权力为服役贵族们分封土地。彼得一世时期由于国家资金匮乏，对服役贵族的赏赐也是土地。到苏联时期，干部为国家"服务"而获得大量特权，最终成为"权贵阶层"。但是特权一方面刺激统治精英为国效力，另一方面也使他们醉心于自己的利益而失去了为国效力的动力。从前面的分析中我们可以看到，对既得利益的守成最后败坏了统治阶层，使得他们依次走向衰落。

5. 最高权力与统治精英之间存在着持续的紧张关系

为了更好地服务于国家，最高权力希望整个统治阶层能够是铁板一块，最大限度的均质化，对最高权力保持绝对的忠诚，同时又希望这些人拥有较高的职业素质。但是历史上统治阶层与最高权力之间的紧张关系始终是常态，这种关系为俄罗斯的历史写下了一幅幅血腥的篇章。一方面，在高度依附于王权的情况下，统治阶级的命运完全取决于最高权力，最高权力为了推行自己的目标，对不符合其要求以及不认同其政策的人员进行"清洗"，这在彼得一世时期和斯大林时期尤为突出。另一方面，专制王权之下，统治阶级内部中的分歧争斗也演绎了一幕幕倾轧和阴谋的大剧；最高权力与统治阶层发生的激烈碰撞，往往导致统治阶层对最高权力的"政变"。叶卡捷琳娜二世以及亚历山大一世的登台就是最高权力与统治阶层之间矛盾不可调和的结果。因此，最高权力在制定政策时往往顾及统治阶层的利益，这成为国家发展的一个重要障碍。

---

① Гаман-Голутвина О. В., Политические элиты России: Вехи исторической эволюции. С. 134.
② Там же.

当农奴制问题已经成为俄国发展的痼疾时，从叶卡捷琳娜二世到尼古拉一世，都意识到了这个问题的严重性，但是因为贵族的反对而使这一问题的解决延迟了一个多世纪。同时，从统治阶层的更替轨迹中，我们也可以看到其过渡的和缓性及渐进性。

6. 效率低下是统治精英的痼疾

效率低下是专制制度的通病。从整体上看，由于俄国精英的流动性非常弱，统治精英形成了一个狭小的圈子，精英的升迁虽然也依赖于"功绩"，但主要还是取决于最高权力，因此竞争性的缺乏使得精英们在公职事务中往往敷衍了事，而在私利上则孜孜以求。同时，俄国一直落后的状况也决定了统治阶层的职业素养低下，彼得一世时大兴教育正是意在改变这种局面。另外，俄国经济上的落后导致服役层俸禄不足，这也为统治阶层的贪腐潜力提供了发挥的机会。

第三章　当代俄罗斯精英的演化

苏联时期国家政权始终强调：苏联社会只存在"工人、农民和知识分子"三种社会结构，对"精英"一词讳莫如深，认为它违反了苏联社会所倡导的"人人平等"的价值观。苏联时期对于精英的研究也是被禁止的，因为苏联领导人认为，精英理论与马克思的阶级理论相矛盾，不符合苏联社会的发展现实。然而，在探讨苏联解体的原因时，很多学者都发现，正是苏联后期上层"党－国精英"[①] 在改革苏维埃体制时的内部分化乃至分裂，加速了苏联解体的进程。这种"来自上层的革命"[②]，在推动苏联社会变革的同时，也在苏联解体和后苏联俄罗斯社会转型的过程中催生出了新的精英阶层。

---

① 在苏联政治体制下，国家权力主要掌握在苏共党内的精英集团手中，这一精英集团包括苏联共产党的总书记，政治局、书记处、部长会议和中央委员会成员，以及党内各部门、政府各部门和委员会的领导，还包括一些非党派人士和社会人士，他们负责制定所有的国家政策，通常人们将苏联党内掌握国家所有权力的这部分人称为："党－国精英"。第二次世界大战之后，这一精英阶层大约有 10 万人，占苏联总人口的千分之一。〔美〕大卫·科兹、弗雷德·威尔：《来自上层的革命：苏联体制的终结》，曹荣湘等译，中国人民大学出版社，2002，第 35 页。

② "来自上层的革命"这一术语在很多文献中都被使用过，它指的是由某个社会中的统治精英集团发动的而不是单独由某个领导人发动的革命。在解释苏联解体的原因时，很多学者都倾向于认为，苏联后期来自苏共上层精英的"革命"是苏联解体的直接原因。按照转型政治学中的精英选择理论，制度变迁中上层精英的行为对社会转型的进程有着重要的作用。在这里，我们借用这一术语，以描述苏联后期社会变革的性质与过程。对这一术语的解释可参见：〔美〕大卫·科兹、弗雷德·威尔：《来自上层的革命：苏联体制的终结》，曹荣湘等译，中国人民大学出版社，2002，第 12 页。

一 苏联后期"党-国精英"的内部分化

苏联解体以来，俄罗斯及世界各国学者对苏联剧变乃至最终解体原因的研究一直没有间断过。例如，中国学者黄立茀在《苏联社会阶层与苏联剧变研究》一书中提出了苏联社会的"两极性社会结构"概念，她认为，除了苏联僵化的管理体制外，苏联社会长期存在的"两极性社会结构"——管理集团和劳动集团在集权体制下不断积累的社会矛盾，以及戈尔巴乔夫在改革集权体制过程中对社会结构的改变与对社会资源的再分配，是引发苏联剧变的主因，也是联盟最终走向解体的诱因。"在旧体制瓦解的同时，旧政治精英群体消亡，政治边缘阶层彻底从旧体制的腹中挣扎而出，新政权的精英阶层由此诞生。"①

1. "党-国精英"体制及其弊端

长期以来，苏联官方按照与生产资料所有制的关系把苏联社会划分为工人阶级、集体农民阶级和知识分子阶层，但这种"二阶一层"的划分方法并没有真正反映出苏联社会阶层的面貌。在生产资料完全公有制、宪法规定社会绝大多数成员都是生产资料所有者的前提下，对生产资料的支配、使用和管理的关系才应该是划分苏联社会阶层的最主要因素。如果按照后一种方法来划分，苏联社会明显可以分为两大集团（或阶层）：一是拥有职位-权力资源，能够支配、管理国家全部生产资料的管理集团；二是拥有知识、技能或体力资源，能够运用生产资料进行劳动的劳动集团。② 这两大集团在对生产资料的分配方式和分配数量，以及在社会地位和向上流动的机会等方面，都存在着很大的差异。例如，在收入分配方面，除了工资等货币收入外，管理集团的成员还享有与其领导职位相关的专门补贴、特供商品、专用别墅等其他物质来源，其子女也会享受到这种权力的荫护，在升学、工作等方面比劳动阶层的子女获得更多的机会。

苏联时期，这两大集团内部和两大集团之间的人员流动也是由国家权力机

---

① 黄立茀：《苏联社会阶层与苏联剧变研究》，社会科学文献出版社，2006，第33页。
② 黄立茀：《苏联社会阶层与苏联剧变研究》，社会科学文献出版社，2006，第18页。

关实行集中管理的,形成了上层政治精英社会流动渠道单一、干部职位终身制以及上层领导集团权力集中与相对封闭的特点。在整个苏联时期,列宁倡导的"一切权力归苏维埃"的苏维埃式民主从没有实现过,赫鲁晓夫时期"反对个人崇拜"的政治改革也没有收到实际的效果,直到苏联后期戈尔巴乔夫推行社会改革以前,以苏共为领导核心的集权体制始终没有发生过根本的改变。

在管理集团内部,苏联实行的是一套高度官僚化、具有严格等级限制的干部管理制度。苏联的上层政治精英都由苏共中央批准、任命并加以监督控制,因此他们同时也是党的精英,即所谓的"党-国精英"。这些政治精英有着高度制度化的组织,它的人员组成完全由党的最高机构——苏共中央政治局、书记处及其各级组织部门负责指定和任命。位于权力金字塔最高点的是大约由20~25人组成的苏共中央政治局,它负责领导国家所有的关键部门,制定国家的发展战略、确定国家的意识形态和经济方针,规定国际事务的基本原则,尤其是确定和任命国家最高职务的人员。其他进入国家权力圈的人也都要经过严格的层层筛选,所有最高国家职务人员的更换都是由政治局内部决定,民众丝毫没有知情权和参与权。

苏联社会有其特殊的挑选精英的渠道,根据不同时期的统计,全国大约有近40万人被列入"职位名录"(номенклатура),其中,由苏共中央书记处负责掌管的"职位名录"大约有14000~16000人,由苏共中央各部门负责掌管的"职位名录"最多时达到25万人,而最终有机会升入最高权力层的人数只有800~1800人,其余的人则归入苏共各级基层党组织——党的州委会、边疆区委会、市委会等机构的"职位名录"。[①] 被列入"职位名录"的人不仅在仕途上拥有了不断升迁的"通行证",而且还享有着与之相匹配的社会地位与特权。为实现管理集团内的新陈代谢,苏共党内也设有专门为"权贵阶层"输送后备力量的机构,其中最著名的是勃列日涅夫时期的"共青团组织",但是在整个苏联时期,任命制仍然是提拔干部的主要制度。

这种按照"职务名录"选拔干部的制度,使苏共高级领导干部更新的速度极其缓慢。例如,在苏共二十七大上当选的303名中央委员中,有142人任

---

① Ольга Крыштановская, Анатомия российской элиты. М.: Захаров, 2005. С. 17.

职超过了两届,最多的任职甚至达到了七届。① 另外,苏共组织部门对党和行政部门干部的总额也加以严格控制,被上级任命进入干部队伍的人员比例只有千分之一至千分之七。而事实上的领导干部职务终身制,造成了苏联干部队伍的严重老化,少数高级领导干部长期垄断着领导岗位,使年轻干部和众多有政治抱负和才能的社会下层精英得不到上升的空间,无法进入管理阶层。

苏联的这种干部选拔制度尤其不利于知识分子进入管理阶层。在苏共意识形态的严格控制下,任何与官方观点不同的人都会被当成异类,苏联知识分子崇尚思想自由和个性独立的天性,常常使这一群体中的很多人被排斥在苏联政治生活之外,"许多有才能、有思想同时又有个性的知识分子处于社会的底层"②,成为不被重视和不被重用的人。苏联上层政治精英单一的社会流动渠道和自上而下选拔干部的方式,也使很多知识分子因得不到基层领导的青睐而难以进入干部后备队伍。

这一庞大的管理集团构成了苏联社会一群高高在上、占有国家大量财富的"权贵阶层",或称具有相同政治利益的"政治阶级"。所有国家政策的制定几乎都出自这一"权贵阶层",他们排斥了群众监督和罢免领导干部的机制,劳动阶层无法享有任何直接的政治权利。领导干部的任命制和终身制在苏联管理集团上层形成了一个相对封闭的政治圈子,并在社会中培育出思想保守、有严重官僚主义和腐败行为的利益集团和特权阶层。

20世纪80年代,苏联社会中充斥着保守和消极的社会情绪,管理集团和劳动集团之间的矛盾也越来越突出,进行社会制度改革已经变得刻不容缓。

2. 由干部任命制向选举制的转变

1985年3月11日,54岁的戈尔巴乔夫被推选为苏共中央总书记。经历了勃列日涅夫时期长期的社会停滞,苏联社会正面临着严重的经济衰退。"在1979~1982年间,有40%的工业产品品种降低了产量,农业生产下降,人民实际收入的增长停止了。"③ 1985年4月,上任仅一个月,戈尔巴乔夫就提出

---

① 黄立茀:《苏联社会阶层与苏联剧变研究》,社会科学文献出版社,2006,第306页。
② Ольга Крыштановская, Анатомия российской элиты. М.: Захаров, 2005. C. 229.
③ Экономика и организация промышленного производства. No11, 1987. C. 7 – 8.

了"经济加速战略",希望在继续保持指令性计划经济体制的条件下,利用科技成果加速经济发展。但由于这种改革方式仍然是在指令性计划体制框架下进行的,没有触及社会关系中的利益分配问题,因而难以起到提高企业和职工积极性的作用,实行了两年多的"经济加速战略"并没有取得成效。1987年6月,戈尔巴乔夫提出了进行根本改革经济体制的决定。改革的目的是要改变苏联社会长期形成的经济利益分配方式,即将中央对经济的部分管理权下放给企业等生产部门。苏联管理集团的经济垄断权开始被打破。根据1987年7月通过的《国营企业法》,中央与地方各级经济管理部门的管理权被大幅削减,截至1988年11月1日,联盟中央和各共和国的部委及相关主管部门的工作人员被精减了近42.2%。[1] 下放权力的改革触动了管理集团部分人的既得利益,引起了他们的激烈反对和各种形式的抵制,"庞大的党－国家机关……像一道大坝,横亘在改革的道路上"[2]。苏联社会庞大官僚体制的惰性使戈尔巴乔夫意识到,改革的出路首先在于调整干部队伍。1988年6月在苏共第十九次代表会议上,戈尔巴乔夫提出了"民主社会主义"的改革方案。他希望通过改变干部任命制度、实行竞争性差额选举的方式,给予基层干部,尤其是拥护改革的干部进入政治上层的机会,排挤和孤立中央机关中的保守势力,以继续推进其社会经济改革。

实际上,在党的第十九次代表会议提出政治体制改革之前,从1985年的4月全会到1986年的苏共二十七大,戈尔巴乔夫相继在苏联社会提出了实行"公开性、民主化和舆论多元化"的原则,社会意识逐渐活跃起来,也激活了苏联国内的不同声音。1986年实行经济管理体制改革后,集体经济和个体经济发展迅速,社会的经济主体出现多元化趋势,这不仅打破了单一国有经济对人们的束缚,同时也促进了社会思想意识的多元化。知识阶层首先响应,出现了一批改革的宣传者,他们通过创办"地下出版物"、成立辩论俱乐部和"非正式组织",激烈批判苏联体制的弊端,在民众中进行了大量的"放弃社会主义"的舆论宣传。经过几年的宣传、争论之后,苏联自由知识分子的声音由

---

[1] 黄立茀:《苏联社会阶层与苏联剧变研究》,社会科学文献出版社,2006,第336页。
[2] Горбачав. М. С., Жизнь и реформы. Кника 1. М.,Издательство 《Новости》. 1995. С. 298.

非主流话语提升为主流话语。"在1989~1990年间,任何对社会主义的信仰都开始在知识界消失。"① 所有这些社会变化,客观上都为戈尔巴乔夫1988年全面推行的政治改革提供了必要的社会舆论基础和思想前提。

围绕着支持还是反对改革的问题,苏联社会形成了支持改革的主流改革派和激进改革派、反对改革的保守派,以及主张在原有体制内实行部分改良的传统派。为了消除改革的阻力,在当选总书记一年内,戈尔巴乔夫就更换了61.6%的政治局委员,并开始在党内积极寻找和任命自己的支持者。值得一提的是,1985年12月戈尔巴乔夫进行了一项重要的人事任命——任命原斯维尔德洛夫州州委书记叶利钦为莫斯科市委第一书记,自此叶利钦正式进入国家最高权力圈,并逐渐成为党内激进改革的主要代表。

苏共第十九次代表会议最具有颠覆性的改革行动,是提出了将国家权力重心从苏共转移到苏维埃,将国家的代表机构变为了真正的国家最高权力机关,并在最高国家权力机关中引入了公开竞争和差额选举的干部任用制度。根据会议决议,组建了新的最高国家权力机关——苏联人民代表大会。人民代表大会享有全部国家权力,其成员全部由差额选举产生的人民代表组成。苏联人民代表大会的常设最高权力机关是苏联最高苏维埃,它由权力平等的两院——联盟院和民族院,按照不同的选举程序组成。1988年12月1日,苏联最高苏维埃通过了《苏联人民代表大会选举法》,这部苏联历史上第一部有关公开选举国家权力机关代表的法律具有划时代的政治意义。说到选举的意义,戈尔巴乔夫认为:"我们最高领导层的改革者已经悬空了,像赫鲁晓夫时期一样。我们更应该吸引人民参加,从底层获取支持。我们决定通过自由选举来这样做……通过从社会组织中推出代表,我们成功地在代表大会中注入了所谓的不安定分子。"②

1989年3月,按照新颁布的苏联人民代表选举法,通过差额选举和无记名投票的方式,选举出了2250名人民代表(地区选区、民族选区和社会组织各选出750名代表),其中共产党员和预备党员占了87%,知识分子在全体代

---

① 〔美〕大卫·科兹、弗雷德·威尔:《来自上层的革命:苏联体制的终结》,曹荣湘等译,中国人民大学出版社,2002,第91页。

② Горбачев М. С., Реформы губит номенклатура //Независимая газета, 24 апреля 1994 г.

表中的比例大大增加，占到了27.4%，而工人和集体农庄庄员代表的人数较之以前有所下降。另外，在所有当选的代表中，有88.1%的代表是首次进入国家最高权力机关①。1989年5月，召开了经民主选举产生的苏联第一次人民代表大会，代表任期五年。代表大会上，从人民代表中又选举出了542人，组成最高苏维埃，其中联盟院和民族院各271人，作为苏联国家权力机关的常设机关。大会选举戈尔巴乔夫为最高苏维埃主席。最高苏维埃主席团全部由公职人员组成，受最高苏维埃主席领导；最高苏维埃主席为国家元首，并且成为行政权的核心，负责处理内政外交一切国家大事。这样，戈尔巴乔夫实际上就兼有苏联党和国家最高领导人的双重身份。

随后，包括俄罗斯联邦在内的各加盟共和国也相继举行了各自的地方苏维埃选举。1989年10月，俄罗斯联邦最高苏维埃通过了《俄罗斯苏维埃联邦社会主义共和国人民代表选举法》。与《苏联人民代表选举法》相比，《俄罗斯苏维埃联邦社会主义共和国人民代表选举法》对代表的产生方式做出了更加具体的规定。例如，它明确规定所有代表全部由选民推荐、选举产生，不再专门从社会组织中选举部分代表。这样，那些"党－国精英"和"权贵阶层"将再也不能通过苏共与其他社会组织的渠道进入政权机关，他们也必须要经过选民提名，以参加竞选的方式当选。1990年5月，俄罗斯选出了第一次人民代表大会的代表共1068名，其中900名代表是在全联邦境内按人口数量划分的选区中由选民直接选举产生的，其余168名代表则是根据不同的代表名额在联邦各主体内选举产生，其中共和国各选出四名代表，自治州各选出两名代表，自治专区各选出一名代表，边疆区、州和两个直辖市共选出84名代表。人民代表大会每一年举行一次例行会议。在这次选举中，来自"权贵阶层"的代表明显减少，上一届最高苏维埃成员中，只有67人在这次选举中重新当选。当选代表中知识分子占了很大比例，受过高等教育的人达到了93%，其中法律工作者80名、经济学家47名、记者50名、工程师423名、医生97名。代表的平均年龄为43岁。②

---

① 周尚文、叶书宗、王斯德：《苏联兴亡史》，上海人民出版社，1993，第690~691页。
② Ольга Крыштановская, Анатомия российской элиты. М.: Захаров, 2005. С.115.

与改革苏维埃同步，为了消除改革的阻力，戈尔巴乔夫在苏共高层也开始了大规模的人事调整。对此，戈尔巴乔夫解释道："选举反映出新的现实，苏联共产党跟不上生活的节奏，而党内的达官贵人成了改革的阻力，这种看法已经越来越多地显露出来。""苏共二十七大后，区委和市委的班子曾变动过三次，实际上苏维埃的机构也已经彻底更新过了。1987年中央一月全会之后，经过差额选举已经换掉了一批第一书记，许多'老人'退休了。掌舵把的已经是第二代、第三代，甚至是第四'梯队'的人马，可事情一如既往，一切仍在按老规矩办。酵母的作用竟如此之大，经斯大林做过简单化诠释的马克思主义教条，在人们头脑中竟如此根深蒂固。"[1] 1988年9月苏共中央决定，由于年事已高，宣布担任最高苏维埃主席团主席的葛罗米柯等五位政治局委员退休；1989年4月全会上，戈尔巴乔夫又撤换了74名中央委员和24名候补中央委员，将中央委员会的组成人员削减了22%。[2]

戈尔巴乔夫倡导的政治体制改革成为苏联历史性的转折点。它根本改变了苏联的政治体制，抛弃了苏共"以党代政"与"议行合一"的政治传统，实现了"一切权力归苏维埃"与"党政分开"。正如戈尔巴乔夫所说："从今往后，决定国家生活的主要政治中心是人民代表大会，而不是苏联共产党的代表大会了。这是一个急转弯，一次真正的大转折，随之而来的应该是逐步取代旧的政权体制以及这一政权的各种象征性的标志。"[3] 同时，按照现代西方民主制的基本原则，从党内任命制过渡到全民差额选举制，也改变了苏联政治精英的生成方式。虽然苏联时期领导干部的产生往往也是通过选举产生，但那种可控的选举只是形式上的，并没有真正民主选举的实际内容。苏共第十九次代表会议以后，苏共领导干部必须经过公开选举的方式产生，因而从源头上杜绝了苏共党内长期形成的干部终身制，依靠"职位名录"自上而下选拔干部的方式也被自下而上竞争性的差额选举

---

[1] 〔俄〕米·谢·戈尔巴乔夫：《"真相"与自白》，述弢等译，社会科学文献出版社，2002，第196页。
[2] Ольга Крыштановская, Анатомия российской элиты. М.：Захаров, 2005. С. 226.
[3] 〔俄〕米·谢·戈尔巴乔夫：《"真相"与自白》，述弢等译，社会科学文献出版社，2002，第201页。

所代替。

1988~1989年的民主选举将一部分对改革抱有抵触情绪的保守派从国家的政治体系中清除了出去，同时也打破了苏共组织在干部任用上的垄断，为苏联社会新的政治精英，即一些属于"社会底层"的人，尤其是知识分子群体提供了向上流动的机会和渠道。例如，坦波夫州聚合物化学品科学研究所实验室主任、党外人士 B. B. 达维杜里阿尼被选为坦波夫州的苏联人民代表；梁赞州的党外工人 H. B. 马罗特科夫、苏联科学院乌拉尔分院物理技术研究所科研人员 H. H. 恩格维尔（H. H. Энгвер）当选为苏联人民代表，并都成了跨地区代表团的成员。① 那些曾经被"权贵阶层"视为不受欢迎的持不同政见者和"自由思想的代表"——安·萨哈罗夫、德·利哈乔夫、罗伊·麦德维杰夫等人，在这次选举中也当选了人民代表，进入国家的最高权力机关。与此相对，在参选的党员干部中，大约有20%落选，许多以前重要部门的苏共领导干部也纷纷落选，其中包括列宁格勒州州委第一书记、列宁格勒市市委书记、莫斯科市市长等。②

在竞选苏联人民代表的活动中，激进的知识分子积极协助民主派在群众中进行放弃社会主义原则的宣传，不仅在民众中充当了"思想领袖"的角色，也成为苏联体制的激烈批评者。在一些大中城市的选举中，民主派候选人凭借着他们更接近平民的竞选策略，赢得了更多选民的支持；而苏共领导人却错误地估计了竞选形势，对竞选活动没有做好充分的心理准备，更没有组织有针对性的竞选宣传，在对传媒的争夺中显得十分被动，以致苏共推选的候选人在很多地区都输给了民主派候选人。戈尔巴乔夫在他的回忆录中描绘了当时的情形，他写道："选举运动的进程表明，我们已处在一种完全陌生的局面之中。一场为争取大众传播媒介，尤其是为争夺电视节目的播送时间而展开的斗争显得很残酷。而在报刊上，在与选民会见时，争辩相当激烈，有时甚至表现得很失态。从表面看来，有很多事情令人伤心，也有许多事情是先前所不知道的。某些领导成员对这一切感到气愤、不安，情绪上有点张皇失措。我倒觉得高

---

① Д. 谢泽：《从勃列日涅夫的"干部锻炼"到戈尔巴乔夫的"迭次更换"》，《俄罗斯研究》2011年第5期。
② 黄立茀：《苏联社会阶层与苏联剧变研究》，社会科学文献出版社，2006，第463页。

兴，这说明我们的确已把社会唤醒过来了，的确已做到了我们前几年搞改革所要达到的目标：让人民参与政治。"①

第一次人民代表大会期间的选举实践的确达到了"让人民参与政治"的目的，一个明显的标志是：许多反对苏共的激进民主派代表人物，如叶利钦、加·波波夫、阿·索布恰克等，都在这次选举中获胜，顺利当选为人民代表。应该说，他们的当选一方面为苏联政治体制输入了新鲜的血液，但另一方面也对1991年苏联体制的终结起到了很大的推动作用。

3."党－国精英"的内部分化

苏维埃体制的改革和第一次人民代表选举，将国家权力的重心从苏共党内转移到了人民代表大会。在这一权力转换中，苏共内部的派别分化也开始了。应该说，这一结果并不是戈尔巴乔夫推行"民主化"和"公开性"的初衷，他实行政治改革的目的也绝非是要改变苏联社会主义制度的性质和架构，而是想实现社会主义制度的自我更新。但是，由于戈尔巴乔夫改革政策的失误，使得苏联各种政治的、经济的、民族的和社会的问题交织在一起。这种情况，不仅使联盟中央逐渐失去了对国家局势的控制，也打乱了戈尔巴乔夫推行社会民主化的步伐。

在人民代表选举之前，苏共党内的激进民主派开始了组建政治联盟的进程。1988年春，几个著名的非官方民主派俱乐部联合成立了"跨俱乐部党团"，该党团中有50多名苏共党员，其领导人是后来担任过俄罗斯政府副总理的丘拜斯。第一次苏联人民代表大会期间，民主派代表在一些原则性问题上联合向苏共中央争取权力，1989年7月29日，由400多名来自各地区的人民代表联名发起并成立了"跨地区议员团"，叶利钦、萨哈罗夫等人被推举为该组织的领导人。这些组织可以被认为是具有党内派别性质的政治组织，它们与苏联改革初期出现的"非政府组织"不同，"跨俱乐部党团"和"跨地区议员团"的成员大多具有"苏共反对派"和"苏共党员"的双重身份，他们不肯退出苏共，是因为"他们的力量还很弱小，还需要利用苏共的舞台争取苏共

---

① 〔俄〕米·谢·戈尔巴乔夫：《"真相"与自白》，述弢等译，社会科学文献出版社，2002，第193页。

党员和群众的支持。"①

第一次人代会后，在"跨地区议员团"的鼓动下，激进民主派联合其他非正式组织，利用舆论宣传和街头政治广泛开展活动，攻击党内的"保守派"，提出"放弃一党制、允许多党制、苏共中央应该取消苏联宪法中保障苏共领导地位的第六条"等政治要求。在这种形势下，1990年3月，第三次苏联非常人民代表大会通过了《关于设立苏联总统职位和苏联宪法修改补充法》等决议，决定删去1977年制定的苏联宪法第六条，宣布苏共将和其他政党及工会、共青团等社会组织一样，通过被选为人民代表、苏维埃代表及其他形式，参与制定苏维埃国家的政策、管理国家和社会事务。决议还宣布实行总统制，将党和国家的职权分开，使国家不从属于任何一个政党。②

取消宪法第六条后，民主派们开始组建政党，实现向苏共夺权的政治目标。新成立的政党大多与社会主义目标相对立，主张多党制和建设法治国家。1990年3月，为了组织和参与在俄罗斯等加盟共和国进行的地方苏维埃选举，民主派在跨地区议员团的基础上，组建了"民主俄罗斯"统一联盟。该联盟在1990年的地方选举中取得了巨大胜利，尤其在莫斯科和列宁格勒等大城市的苏维埃选举中，反对派代表占到了当选代表的60%～90%，"民主俄罗斯"的领导人加·波波夫当选为莫斯科市的苏维埃主席。

1989～1990年选举活动的另一个直接结果，是奠定了叶利钦在民众中的领袖地位。早在1987年10月，身为苏共政治局候补委员的叶利钦，在中央全会上激烈批评戈尔巴乔夫的改革进展缓慢，受到了中央全会的严厉批评，被认为是"企图破坏中央的团结"。1988年2月，苏共中央宣布解除叶利钦中央候补委员的职务，此前他的莫斯科市委第一书记的职务已被撤销了。这一事件在社会上引起了很大轰动，反而为叶利钦带来了很多社会支持者，一时间使他成为最受群众欢迎的政治家。不久，叶利钦参加了苏联人民代表选举并顺利当选。在人民代表大会上，由于他的个人影响力，

---

① 〔俄〕米·谢·戈尔巴乔夫：《"真相"与自白》，述弢等译，社会科学文献出版社，2002，第472页。
② 周尚文、叶书宗、王斯德：《苏联兴亡史》，上海人民出版社，1993，第696页。

叶利钦被推举为"跨地区议员团"①的领导人之一。这期间，作为党内改革派的代表人物，叶利钦的个人威望迅速提高。在1990年5月举行的俄罗斯人民代表选举中，叶利钦被看作激进民主派的领袖，受到了很多选民的推崇。选举结果，叶利钦当选新一届俄罗斯最高苏维埃主席。1991年3月17日，俄罗斯举行了全民公决，宣布在俄罗斯实行总统制。1991年6月12日，叶利钦在第一轮投票中以57.3%的选票胜出，当选第一任俄罗斯总统。叶利钦成为俄罗斯第一位真正的民选总统，在与联盟中央以及后来与俄罗斯最高苏维埃的政治交锋中，叶利钦正是以一个全民总统的形象为自己赢得了主动，巩固了自己的政治权力。

除了叶利钦本人，1990年举行的俄罗斯人民代表选举也使一批俄罗斯的地方政治新人第一次进入到国家权力体系，如当选列宁格勒市市长的索布恰克等。其中，很多人日后被叶利钦吸收到政府部门担任职务。苏联解体后，在叶利钦派往联邦主体的总统代表中，有30%的人曾在1990年第一次当选俄罗斯人民代表。②

民主派在苏维埃选举中的胜利，极大地撼动了苏共和联盟中央的权威及其在苏联民众中的威信。1989年以后，苏共党员的数量不断减少。1990年7月12日，在苏共第二十八大上，刚刚当选俄罗斯联邦最高苏维埃主席的叶利钦带头宣布退出苏共。莫斯科市苏维埃主席波波夫、列宁格勒市苏维埃主席索布恰克，以及苏共党内反对派"民主纲领派"的领导人也随之宣布退出苏共。民主派们的退党行动对苏共中央的处境来说如同雪上加霜，苏共二十八大后，苏联国内掀起了一股退党狂潮。

随着苏共党内派别的分化和苏共组织上的分裂，苏共中央已经失去了权威性。1991年7月20日，当选俄罗斯联邦总统后不久，叶利钦即签署了一项关于俄联邦国家机关"非党化"的总统令："禁止政党在其成员工作的地方拥有基层组织、禁止在工作期间进行政党宣传、禁止在向国家机构提交的官方文件

---

① "跨地区议员团"是由莫斯科和列宁格勒的知识分子组建的"纪念碑"俱乐部发展而来的。1990年，民主派在此基础上又组建了政治组织——"民主俄罗斯"统一联盟。

② Ольга Крыштановская, Анатомия российской элиты. М.: Захаров, 2005. С.134.

中对政党和运动成员做指示。"① "非党化"命令生效后，俄罗斯大批基层党组织自行解散，苏共组织也趋于瓦解。

苏共权力的衰落，直接威胁到了苏维埃联盟内部的稳定。成立于20世纪20年代的苏联，是一个依靠苏共（党）的权威来维系的、名义上的联盟国家②，"是党而不是国家起着维持该体系的黏合剂的作用"③。苏共组织上的分裂，给各加盟共和国摆脱苏联体制的控制、争取独立地位提供了条件。到1990年底，在苏联15个加盟共和国中，包括俄罗斯在内有13个加盟共和国相继发表了各自的主权宣言，宣布共和国主权高于联盟主权；1991年上半年，波罗的海地区的加盟共和国领导人开始与苏联政府谈判，希望与联盟中央建立一种更加松散的联邦关系。

正在这时，苏共党内的强硬派发动了"8·19"事变，这在一定程度上也加剧了苏联解体的步伐。事变失败后，叶利钦以苏共"对未遂政变负有责任"为由，于1991年8月25日颁布了《关于苏联共产党和俄罗斯联邦共产党财产》的总统令，宣布在俄罗斯境内取缔苏联共产党、"暂时中止俄共的机构和组织活动"④，并"将苏共和俄共包括银行存款在内的所有动产和不动产收归国家所有"，同时还暂停了《真理报》《苏维埃俄罗斯报》等一些苏共党报的出版和发行。⑤ 显然，叶利钦想用这种强制手段首先在组织上取缔共产党，使它丧失生存的土壤，继而使其从国家政治生活中彻底消失。

"8·19"事变后，波罗的海三个共和国的领导人最先提出了脱离苏联的请求。五天之后，新成立的苏联国务委员会——一个由戈尔巴乔夫担任主席的

---

① 黄立茀：《苏联社会阶层与苏联剧变研究》，社会科学文献出版社，2006，第543页。
② 在苏联存在的70年中，联盟中央和各加盟共和国的关系并没有体现出联邦国家的分权特征，联盟中央拥有绝对的实权，并通过苏共党内的组织体系，对各加盟共和国实行自上而下的统一管理。因此很多学者都认为，苏联是一个名义上联邦制、事实上单一制的国家。
③ 〔美〕迈克尔·麦克福尔：《俄罗斯未竟的革命：从戈尔巴乔夫到普京的政治变迁》，唐贤兴等译，上海人民出版社，2010，第66页。
④ 俄罗斯联邦共产党（简称"俄共"）成立于1990年6月20日。它当时是为了改变70年来在苏联各加盟共和国中唯有俄罗斯联邦没有自己的共产党组织的现状而建立的。
⑤ 〔俄〕列昂尼德·姆列钦：《权力的公式——从叶利钦到普京》，徐葵等译，新华出版社、中国财政经济出版社，2001，第244~245页。

过渡政府，承认了拉脱维亚、立陶宛和爱沙尼亚的独立。其他加盟共和国也紧随其后，纷纷宣布自己的独立。至此，戈尔巴乔夫希望以新的原则组建苏联新联盟的幻想破灭了，苏联最终走向解体。

二 社会转型与精英的多元化

随着庞大的苏联集权体系的突然崩塌，成为独立国家的俄罗斯，也走上了一条艰难的社会转型之路。"所有革命都证明，推翻一种社会政治制度比建立一种新秩序来得容易。"① 戈尔巴乔夫改革后期，俄罗斯的民主派们在与苏联上层领导集团的权力争夺中取得了胜利，获得了按照自己的意愿引领社会进行政治变革与经济转型的时机，但苏联 70 年形成的官僚体制的惰性和无所不包，也使新政权难以在短时间内通过"取缔"和"废除"的方式彻底摧毁旧体制，重新建立起一套新的权力体系。

俄罗斯的社会转型很大程度上直接反映在社会精英阶层的变化上。在苏联剧变乃至解体以及俄罗斯的社会转型中，随着多党制和宪政制度的确立，苏联社会"管理集团－劳动集团"的二元结构被彻底打破。1989 年苏联社会的第一次民主选举，使一些苏联时期属于劳动集团的"非精英"——知识分子的代表和持不同政见者——被选入了国家权力部门，苏共中央也因而失去了对精英生成的垄断。

按照其社会功能划分，当代俄罗斯精英主要由三部分组成：一是政治精英，包括地方精英（在某种意义上，后者也可以作为一个单独的精英类型）；二是经济精英；三是文化精英。俄罗斯社会转型的过程中，国家政权实现了从苏共向苏维埃、苏维埃再向总统权力的二次转移，俄罗斯精英也随之经历了一个不断演化的过程，形成了精英队伍的多样化，以及彼此相对独立与相互渗透的特点。以下我们将对社会转型时期俄罗斯各类精英的发展状况进行一下简单梳理和描述。

---

① 〔美〕迈克尔·麦克福尔：《俄罗斯未竟的革命：从戈尔巴乔夫到普京的政治变迁》，唐贤兴等译，上海人民出版社，2010，第 134 页。

如前所述，俄罗斯社会转型选择的是一种自上而下的变革模式，它的主导力量来自俄罗斯的上层政治精英，因而他们的政治选择与自身的结构特征，对俄罗斯民主制度的巩固与发展起到了至关重要的作用。

1991年"8·19"事变失败到1991年12月苏联宣布解体这段时间，是旧政权向新政权的转变时期。"8·19"事变之后，叶利钦在俄罗斯国内的"领袖地位"进一步确立，他在民众中的威望迅速提高。利用联盟政府无力控制国内局势的时机，叶利钦和他的盟友趁势将大部分苏联政府部门和政治组织重组为俄罗斯联邦的实体。例如，1991年8月22日，叶利钦签署命令，将苏联境内所有企业的控制权转交给俄罗斯政府所属，同时还通过其他行政手段，促使苏联的一些政府部门（如苏联国家计划委员会）由俄罗斯政府来控制。[①] 在这一权力转移的过程中，叶利钦并没有大规模地更换苏联政府部门的高级官僚，而是允许他们自愿留任。即使对苏联政府强力部门中的高级将领和工作人员，叶利钦采取的也是一种比较缓和的"同化"政策，尽量避免因高压手段而造成这些政府机关的混乱。与此相对，苏联各部委的大多数官僚也都接受了这样的现实，转而为叶利钦的新政府服务。这种"精英更替"过程一直延续到苏联解体之后，形成了叶利钦当政时期精英队伍中非常典型的所谓"新瓶装旧酒"现象。1996年，即叶利钦第一个总统任期即将结束之时，俄罗斯科学院社会学所精英研究室对俄罗斯各类精英的人员构成情况做过一次详细调查。根据这一调查结果提供的资料显示，叶利钦时期，75%以上的政治精英、82.3%的地方精英、61%的商业精英，都来自苏联时期上级任命的工作人员（见表3-1）。

俄罗斯的政治实践表明，苏联时期的"政治精英"，包括苏共党内的"精英"（叶利钦本人就是苏联时期上层精英中的一员），在俄罗斯社会转型的过程中并没有消失，甚至也不可能消失，只不过是分解、分化了而已。在当今俄罗斯政治生活中，由苏维埃时期政治精英转变而来的"新一代"俄罗斯政治精英仍然具有比其他任何阶层、集团更大的政治影响力和政治潜力。不言而喻，这些"精英们"甚至在某种程度上比政党、党派斗争更强有力地左右着

---

① 〔美〕迈克尔·麦克福尔：《俄罗斯未竟的革命：从戈尔巴乔夫到普京的政治变迁》，唐贤兴等译，上海人民出版社，2010，第144~145页。

第三章 当代俄罗斯精英的演化

表 3-1 俄罗斯精英中来自苏联时期上级任命的工作人员百分比

单位：%

精英分类	总统周围的人	各政党领袖	地方精英	政府成员	经济精英
来自苏联时期上级任命的工作人员所占百分比	75.0	57.1	82.3	74.3	61.0
这些人中包括：来自苏共党内	21.2	65.0	17	0	43.1
来自共青团系统	0	5.0	1.8	0	37.7
来自苏维埃系统	63.6	15.0	78.6	26.9	3.3
来自经济部门	9.1	5.0	—	42.3	7.7
来自其他部门	6.1	10.0	—	30.8	8.2

注：①表中数据是叶利钦第一个总统任期内俄罗斯精英中来自苏联上级任命的工作人员所占的百分比，以及在这类人群中来自不同系统的工作人员所占的百分比。②表中对这一时期地方精英中来自经济部门和其他部门的苏联上级任命工作人员缺乏相关的统计数据。

资料来源：【俄】Ольга Крыштановская, российские элиты. // Новости. 10 января 1996г.；潘德礼、许志新主编《俄罗斯十年：政治、经济、外交》，世界知识出版社，2003，第139页。

俄罗斯国家和社会的发展方向。[①]

苏联解体后，新政权面临着发展经济的繁重任务，叶利钦和他的政府希望从启动经济转型入手，重新改造俄罗斯的政治、经济和国家制度。然而，由于叶利钦政府推行的激进经济改革政策的失误，导致民主派精英内部在选择国家发展道路问题上出现了严重分歧，直至造成了内部的分裂，形成了以总统和主张实行激进经济改革政策的政府为一方、以人民代表大会和最高苏维埃中反对政府政策的多数党派为另一方的激烈对抗。与此同时，一些原民主派人士及其中间派同盟者由于在经济改革、对外政策、国内政治等问题上与掌握国家执行权力的民主派产生分歧，也开始与总统和政府疏远，并逐渐与议会中的左派、中派和民族主义势力接近，在议会内外结成反政府同盟。随着对抗的加剧，双方矛盾的焦点也由争论政府的经济政策，转移到"应在俄罗斯建立什么样的国家权力体制"方面，以致最终引发了一场严重的宪法危机和政权危机。这一时期，前最高苏维埃主席哈斯布拉托夫和俄罗斯前副总统鲁茨科伊扮演了反对派领袖人物的角色。

1993年10月，总统与反对派之间的政治争斗最终以流血的方式宣布结束，总统一方获得了胜利。用武力解散了"阻碍改革"的旧议会后，叶利钦趁势向

[①] 潘德礼、许志新主编《俄罗斯十年：政治、经济、外交》，世界知识出版社，2003，第141页。

社会抛出了以加强总统权力为核心的新宪法草案，同时宣布在对新宪法草案进行全民公决的同时举行新议会的直接选举。在1993年12月12日的全民公决中，新宪法草案得到了58.4%参加投票选民的赞同，俄罗斯新的权力结构得以建立。宪法危机终于过去，叶利钦也摆脱了旧议会的掣肘，获得了广泛的权力。在此基础上，俄罗斯确立了以强势总统制为标志的三权分立的民主架构。同时，宪法还明确规定了国家最高权力必须通过选举产生、经全民选举产生的代表（议员）对政府政策有实施制约的权力；确立了定期的自由选举制度，赋予每个公民以选举权和被选举权；取消了书刊检查制度；公民有获取政府和其他组织所控制的信息的权利，等等。新宪法的通过，标志着俄罗斯政治体制完成了从苏联"极权制度"向宪政制度、从苏维埃制度向"民主政治"的转变，而选举制度和多党制的实施，也从根本上改变了苏联时期完全由苏共系统培养、选拔、任用干部的制度。

"三权分立"是俄罗斯1993年宪法中最基本的宪法原则之一。按照这一宪法原则，俄罗斯形成了立法权、行政权和司法权相互独立与相互制约的权力体系，每个权力体系都有着各自不同的组成方式和职权范围。与苏联时期政治精英只能沿着苏共搭建的"金字塔"向上流动不同，当代俄罗斯政治精英上升的渠道和范围相对扩大了，形成了国家执行权力机构和代表权力机构平行的两条线，增加了政治精英水平流动的机会。在国家执行权力机构内部，除了总统本人外，包括总理、各部部长及政府各部门的工作人员，以及总统办公厅主任、总统顾问、总统高级助手、总统新闻秘书、总统派驻各联邦区的全权代表、俄罗斯联邦最高法院院长、俄罗斯联邦最高仲裁法院院长、宪法法院院长、俄罗斯联邦安全部队司令等，都可以被统称为政府官员。根据联邦法律，政府官员主要由总统负责任免或提名。为了增加办事效率、充分发挥总统职权，叶利钦和普京执政时期都倾向于在行政集团内部建立自己的"人事圈子"。例如，俄罗斯独立之初，叶利钦挑选了一大批年轻的经济学家和私人助手，任命他们为"国家委员会顾问，这些人并不从属于政府，而是直接向叶利钦负责，因而他们也不能被人民代表大会罢免"。[1] 普京时期，他更是把这

---

[1] 〔美〕迈克尔·麦克福尔：《俄罗斯未竟的革命：从戈尔巴乔夫到普京的政治变迁》，唐贤兴等译，上海人民出版社，2010，第156页。

种总统"特权"发挥到了极致,在政府中任命了大批忠于自己的、被称为"强力集团"和"圣彼得堡帮"的官员;在国家立法权力机关内部,作为现行政治制度的组成部分,包括"俄共"等反对党在内的各政党,可以通过议会选举进入国家代表机关,其主要成员则以国家政权的组成部分——联邦会议的下院(国家杜马)议员的身份参与国家政治生活。根据1993年俄罗斯宪法,国家杜马代表按照"混合式选举制"经选举产生。[①] 在一定意义上,作为一个社会各种政治力量活动的场所,议会成为当代俄罗斯精英的重要来源。

叶利钦时期,按照俄罗斯宪法和议会选举法,俄罗斯的政党制度也进入了一个相对发展的时期。首先,政党的活动和作用被严格限定在宪法和法律允许的范围内,政党活动的中心逐渐由发动"街头政治"转为定期参加各类选举。而定期的各类选举活动使政党的发展摆脱了混乱无序状态,公平竞争的选举规则也得到了政党的普遍认可。例如,1996年总统大选期间,出现了以"俄共"为首的反对派与现政权之间的激烈斗争,双方势均力敌,但选举结束后,竞选失败的"俄共"领导人宣布尊重选民意志,承认而不是抵制选举结果。其次,从苏联后期开始建立起来的各类党派的政治主张更加鲜明——形成了按照意识形态划分的民主派、左派和民族主义政党,以及按照对国家发展方向不同选择而划分的"政权派"与"政府反对派"(包括左派、中派、右派和民族主义势力),各类政党以议会为舞台,积极参与国家的政治生活。尤其是"十月流血事件"后,由于激进变革而出现的社会庞大贫困阶层开始倾向左翼反对派或带有民族主义情绪的政党和组织,社会中出现了否定叶利钦政权政策路线的倾向和怀旧情绪。加上政府在车臣问题上的久拖不决,民众对现政权的不满情绪越来越强烈,"民主派"在取得武力胜利的同时也失去了大批民众的信任,"俄共"等左翼政党在1993年和1995年杜马选举中的连续获胜,也使一些来自旧苏维埃体制党团系统的人员通过这些政党直接进入了国家立法权力机关,

---

① "混合式选举制"是指:俄罗斯国家杜马450名代表中的225名代表按单名制(全国划分为225个选区,一个选区选举一名代表)方式与多数代表制原则由选民直接选举产生,另外225名代表则在全联邦范围内从参加竞选并获得5%以上选票的政党中,根据其获得选票的多少按比例选出。2004年"混合式选举制"曾被普京宣布取消,改为议会代表全部按照"比例代表制"的方式进行选举。直到2012年普京第三次当选总统后,为了回应国内反对派政党对议会选举不公正的指责,"混合式选举制"又被重新恢复。

占据了议会中的许多议席。据统计，这类人当时几乎达到了议员总数的40%，[①]这一时期他们成为议会中反对叶利钦政权的主要力量。在叶利钦执政的大部分时间里，由于议会长期被俄罗斯共产党等议会反对派所占据，政府和议会之间围绕着各种经济和社会问题展开的斗争此伏彼起。

2000年普京执政后，吸取了叶利钦时期"府院之争"的教训，致力于打造一支在议会中占绝对优势地位的政权党。他一方面推动议会通过了《俄罗斯政党法》；另一方面积极促成议会中亲政府的中派势力的联合，组建了"统一俄罗斯党"[②]。在普京的全力支持下，该党在2003年、2007年和2011年议会选举中连续三届占据了议会多数席位，取代了一贯持"现政权不妥协反对派"立场的"俄共"的议会第一大党地位，成为在议会中起主导作用的政权党。

然而，与西方国家传统的政党政治相比，俄罗斯政党制度存在着明显缺陷。其一，俄罗斯的政党发育不足。除"俄共"外，其他绝大多数政党都不能称为群众性政党，它们或是以政权上层人物为代表的所谓"领袖党"，或是受到某些社会集团青睐的所谓"精英党"，或是有着明显极端倾向的"民族主义党"。这些政党不仅缺乏广泛的群众基础，而且大多结构松散，组织性不强，政治纲领雷同，社会影响有限。其二，俄罗斯政党的地位和作用受到限制。在现行政治体制下，总统权力凌驾于其他权力之上，政党的作用仅限于参与选举和进行议会活动。虽然由各主要党派组成的国家杜马在制定法律方面有一定作用，但对总统的决策难以形成必要的牵制，也无法对政府的组成产生直接影响，尤其是普京时期，政权党长期占多数的议会已经越来越失去监督政府的职能。

俄罗斯政治精英的另一个重要组成部分是所谓的"地方精英"。俄罗斯是一个联邦主体众多、类型复杂的联邦制国家，联邦中央与地方的关系一直是俄罗斯转型时期最为棘手的问题之一。俄罗斯地方精英除具有政治精英的一般特点外，他们与联邦中央的关系对维护联邦国家的统一举足轻重。一方面，按照新宪法，为调动地方积极性，促进地方社会经济发展，地方精英被赋予独自解

---

① Ольга Крыштановская, Анатомия российской элиты. М.：Захаров, 2005. C. 151.
② 2002年4月"统一俄罗斯党"召开第一届全俄代表大会，正式宣告该党成立。

决本地区社会经济事务的权力，这在很大程度上也减轻了中央的财政负担；但另一方面，地方精英的独立性又促使他们争取更多的权力，试图摆脱联邦中央的控制。因此，无论是叶利钦时期，还是普京时期，地方精英与联邦中央之间控制与反控制的斗争一直存在。

为了在地区层面加强总统权威，叶利钦1991年设置了中央派驻地方的"总统代表"一职，负责监督和协调地方事务。因担心地方分立势力加剧，叶利钦也一直不愿放弃对地方行政长官的任免权。"十月事件"后，叶利钦以稳定局势为由，下令撤销了部分当选的地方行政长官的职务，同时委任了亲政府的新的地方行政长官。[1] 从1993年底至1996年底，叶利钦利用地方行政长官选举制度尚未确立，在各联邦主体内任命了一大批亲政府的人，其中很多都是苏联时期的旧精英，这些人在地方的影响力较大，且拥有深厚的行政资源，叶利钦希望他们将来能在以后的地方行政长官选举中获胜。叶利钦的这一举动引起了一些地方政权机关的不满，他们向联邦宪法法院提出质询，认为叶利钦违反了联邦宪法，但宪法法院却迟迟没有对这一质询做出裁决。从1994年起，各联邦主体的地方议会在1993年新宪法的基础上陆续颁布了自己的宪章，宪章中都对直接选举地方行政长官做出了明确规定。在这种情况下，叶利钦于1995年9月19日发布了《关于联邦主体国家权力机关和地方自治机关选举》的命令[2]，宣布各联邦主体行政长官选举将于1996年12月举行。地方行政长官由总统任命变为由当地居民直接选举产生后，其权力的合法性和独立性得到了充分保障，但同时地方行政长官违背总统和中央政府意愿，自行其是的现象也时常出现，尤其在叶利钦执政后期表现得最为突出。据统计，截至1999年，在俄罗斯89个联邦主体地方立法机关制定的地方法律中，约有1/3违反了联邦法律[3]。

普京时期，为加强中央权威、建立统一的国家垂直权力体系，对地方权力进行了一系列重大改革。他从"改革联邦结构"入手，按地域原则成立了七

---

[1] 潘德礼、许志新主编《俄罗斯十年：政治、经济、外交》，世界知识出版社，2003，第103页。
[2] 〔俄〕《俄罗斯联邦立法汇编》，1995，第39期。
[3] 〔俄〕《国家与法》1999年第4期，第11页。

个联邦区并任命驻联邦区总统全权代表负责管理；改组了联邦委员会，宣布联邦委员会成员将不再由各联邦主体行政长官和立法机关的领导人兼任，而改由各联邦主体行政机关和立法机关的代表组成；2005年，普京发布总统令取消了地方行政长官直选制，改由总统提名、地方议会批准。普京时期，通过对地方精英的严格控制和管理，将地方精英严格地纳入国家垂直权力体系，国家权力越来越集中到总统和政府行政部门手中，但在稳定了中央和地方关系的同时，地方精英的自主性也相对减少。2011～2012年议会和总统选举期间，为回应民众对选举不公与当下俄罗斯政治缺乏竞争的不满，第三次当选俄罗斯总统以后，普京于2012年年底宣布有条件地恢复地方行政长官的直选。

随着社会转型时期俄罗斯政治经济的发展和变化，俄罗斯地方精英队伍也在不断变化。与叶利钦时期地方精英大多数仍是苏联时期的"旧官员"或带有较明显的政治色彩相比，普京当政以来的俄罗斯地方精英中来自商界人士的比例大幅度增加，一些商界成功人士、企业家通过参加地方选举当选为地方议员或地方行政官员的实例很多，最为著名的要数俄罗斯首富罗曼·阿布拉莫维奇。阿布拉莫维奇从1999年开始涉足政坛，当年他当选楚科奇自治区杜马主席，由于他公开支持普京政府，受到普京的青睐和信任，2008年被普京任命为楚科奇自治区行政长官；2011年3月，阿布拉莫维奇在楚科奇自治区地方议会选举中第二次当选杜马主席。直到2013年，因普京颁布总统令，宣布不允许官员拥有海外账户及资产，阿布拉莫维奇辞去了楚科奇杜马主席一职，但他表示将会继续在该地区投资，帮助当地发展经济。经济界、商界人士对俄罗斯地方政治影响力的增长，也是普京时期地方精英与联邦中央关系中一个显著的特点。①

经济精英，或称"金融工业寡头"，是俄罗斯社会转型中出现的一类特殊人群，他们与政治精英有着千丝万缕的联系。权力精英与经济精英的紧密结合及其相互关系的此消彼长，形成了转型时期俄罗斯政治中的一种独特现象。无论是叶利钦时期，还是普京时期，政治精英与商业精英既是社会转型最主要的受益者，也是在俄罗斯社会中起决定性作用的力量，这两类精英之间的关系曾

---

① 相关内容我们在后面的章节中还会详细论述。

一度影响着俄罗斯政局的变化。

苏联时期,苏共集权政治体制和指令性计划经济体制是国家最基本的政治经济制度,经济部门也是由党的系统自上而下实行集中管理的。20世纪80年代中期戈尔巴乔夫的改革,首先就是从向企业放权、打破指令性计划经济体制开始的,改革的实质就是要改变中央集中的管理方式和社会资源分配制度。1987年6月,苏共中央全会通过了《根本改革经济管理基本原则的决议》,1988年又通过了企业法等相关文件,苏联形同铁板一块的计划经济体制出现了松动,原有的国有企业或机关迅速转型为私营企业,部委变成了康采恩,大量国有银行变成了商业银行。而党-国精英中的一部分人在改革的幌子下,一跃成为大型私营企业的经理、康采恩的总裁或者商业银行董事等。1989年以后,党-国精英转变成金融寡头和大企业主的现象越来越多。

苏联解体后,叶利钦政府实行了向市场经济过渡的"休克疗法"式的激进改革以及私有化运动,俄罗斯社会发生了巨大的结构性变化,出现了两类受益最大的人群:一类是在私有化过程中利用政府为他们提供的优惠政策迅速暴富的"新俄罗斯人",这类人群具有比大多数老百姓更敏锐的嗅觉和极强的冒险精神,他们抓住私有化的时机,将苏联时期的"地下经济""灰色经济"一下子变成了新时期"正当的"合法企业和商业活动;另一类就是苏联时期在各级政府机关、经济部门担任领导职务的官员,这些"旧"精英凭借他们所占有的地位、手中的权力以及原有的关系网,迅速将苏联时期他们所掌握的对国家和社会资产的支配权转化为自己的所有权。据1992~1993年俄罗斯精英研究学者对俄罗斯100家最大的私有企业者身份进行的调查结果显示,他们中属于原国家机关工作人员的占了62%。[1] 然而,无论是暴发户,还是"旧"精英,他们都是充分利用了政府为其提供的优惠政策迅速地、几乎是无偿地瓜分和占有了国有资产,形成了为数不多的几个主宰俄罗斯经济命脉的超大型财团,或称"金融工业集团"。在私有化的过程中,政府主要是以"全权委托银行制""抵押拍卖""国有股份委托经营制"等方式为这些金融工业集团提供

---

[1] 〔美〕大卫·科兹、弗雷德·威尔:《来自上层的革命:苏联体制的终结》,曹荣湘等译,中国人民大学出版社,2002,第155页。

各种优惠，从而使其得以发展壮大起来，并且与官方保持了密切的联系，成为地地道道的"官僚资本"。经过这种"野蛮的"资本原始积累，金融工业集团从1993年的一家发展到1994年的7家、1995年的21家、1996年的37家、1997年的近60家。

随着私有化进程的推进，经过这种"权力向资本的转化"和"权力与资本的联姻"，叶利钦执政后期，又出现了"资本向权力的转化"过程。1996年总统选举期间，由于政绩不佳，叶利钦的支持率大大低于他的主要对手、"俄共"领导人久加诺夫，叶利钦竞选连任俄罗斯总统的形势十分严峻，这却为金融寡头影响国家政权和直接参与国家决策过程提供了机会。总统竞选期间，俄罗斯部分重要的金融寡头联名发表了支持叶利钦的呼吁书，投入大量资金，并利用他们所控制的各种大众传媒，为叶利钦进行竞选宣传。1996年6月俄罗斯总统选举后，竞选连任成功的叶利钦信守承诺，任命银行家波塔宁为俄罗斯政府第一副总理，为金融寡头进入政府开了先例。随后，叶利钦又任命另一个俄罗斯商业巨头、大企业家别列佐夫斯基为俄罗斯国家安全会议副秘书，负责处理经济问题。

叶利钦时期，经济精英（金融寡头）对国家政权的影响方式也是多种多样的。正如叶利钦在他的自传中所说："金融寡头试图操纵国事的方式各不相同，一些银行家将莫斯科的官员、市政府玩弄于股掌之中；另一些银行家与地方官员打得火热；还有一些银行家，例如别列佐夫斯基和古辛斯基，投入大量资金创建强大的电视集团公司、印刷控股公司，其目的就是试图垄断大众传播媒介。"[①] 1998年8月17日，俄罗斯爆发了严重的金融危机，俄罗斯金融系统几近崩溃，整个私人商业银行系统遭受沉重打击，金融寡头的经济实力也被大大削弱，他们的政治影响力也相应有所下降，但是他们并不想退出俄罗斯的政治中心。

作为叶利钦的接班人，2000年普京当选新一任总统。刚刚执政的普京政府面临着一系列国内外棘手的问题和实现国家治理正常化的繁重任务，对他执掌政权的最大障碍依然来自寡头们的干政。因而，削弱寡头势力、杜绝寡头干政就成

[①]〔俄〕鲍里斯·叶利钦：《午夜日记——叶利钦自传》，曹缦西等译，译林出版社，2001，第108页。

为普京上台后的首要任务之一。普京在保证不重新审理私有化结果的同时，首先以法律手段打击不听话的寡头，清理了寡头们控制的媒体王国。上任不久，普京即利用司法机关先后对"不听招呼"的寡头古辛斯基和别列佐夫斯基的经济活动展开了刑事调查，并最终迫使二人流亡国外。2003年10月，普京又对试图干政的俄罗斯第一大富豪、尤科斯石油公司总裁霍多尔科夫斯基提起诉讼，将其投入监狱，并追究该公司的逃税罪，拍卖了该公司的部分资产。通过这种强硬手段，普京不仅狠狠打击了那些敢于挑战政权的金融寡头、瓦解了他们的经济基础，而且还明确宣告了寡头干政和寡头政治的终结，同时通过拍卖和提高征税的办法，实现了国家对更多资源的控制，恢复了国家的政治秩序，加强了国家政权的作用和影响，普京在俄罗斯民众中的支持率也直线上升。

清理了"不听话"的寡头，普京对待那些"听话"的、愿意与政府合作的经济精英却采取了相对灵活的策略，允许他们进入政府机构担任要职，如P. 阿布拉莫维奇就是其中一位最突出的代表人物。因而，目前俄罗斯政治精英与商业精英的关系表现为两重性，俄罗斯一些寡头或经济精英（不论是国有的还是私有的）一方面受控于政治权力，且已经被纳入国家的垂直权力体系之中；另一方面，他们仍然控制着国家经济的重要行业，且拥有对俄罗斯政府施加影响的实力，只不过这种影响的方式发生了变化：他们更希望通过与政府的合作，获得一种彼此双赢的结果。

俄罗斯的"文化精英"本义上与苏联时期作为"二阶一层"中的知识分子阶层是一致的，它是指那些受过较高教育并从事管理（或专业）工作的中高级管理（或专业）人员，以及从事各类创造性工作的知识分子。为方便起见，在这里我们把俄罗斯的"文化精英"看作对俄罗斯"知识分子阶层"或"知识精英"的统称。

众所周知，任何的社会转型不仅表现为社会结构、政治制度和生产方式的变迁，也反映出人们在生活方式、社会习俗和价值观念上的转变。"社会转型之所以能够启动、进行和完成，是以旧的、历史的、文化的、传统的终结为必要前提条件的。"[①] 社会转型也即现代化，而现代化的发展首先需要思想意识

---

① 张建华：《俄国知识分子思想导论》，商务印书馆，2008，第3页。

的现代化。它需要对先进的思想观念进行传播,并创建先进的政治理念,同时还需要在民众中进行广泛的社会动员。在俄罗斯国家发展史上,任何一次具有意识形态意义的革命性社会变革都与知识分子的作用有直接关系。俄罗斯知识分子是世界上最具探索精神和叛逆精神的知识队伍之一,这也与俄罗斯历史上长期受极权主义统治、缺少民主有很大关系。无疑,在20世纪末21世纪初俄罗斯的社会转型过程中,俄罗斯知识分子同样起到了这样的重要作用。

苏联时期,知识分子阶层属于劳动集团的一部分,处于社会的底层,绝大部分都被排除在国家管理阶层之外。戈尔巴乔夫提出的"公开性"和"民主化"的改革运动,首先唤醒的是社会先进阶层——知识分子阶层的民主天性,他们长期被压抑的对苏联模式极权主义的反叛情绪如火山般爆发,知识分子也成为戈尔巴乔夫改革的直接受益者。改革前,许多知识分子都对苏联时期平均主义的分配制度和自己的社会地位不满,对"党内系统"单一的政治精英上升渠道持批评态度。改革中,知识分子长期被压抑的自由思想和民主天性得到了发挥,他们通过创办"地下刊物",要求改变现行体制,在群众中起到了思想启蒙和宣传鼓动的作用。许多著名学者,如后来当选为莫斯科市市长的Г. 波波夫,以及苏联科学院院士Н. 彼得拉科夫等,曾是各种"非正式组织"的创始人,他们提出了对苏联社会进行民主改造的种种方案,参与了对《国营企业法》的讨论。苏共第十九次代表会议提出了党政分开和竞争性差额选举苏联人民代表的政治体制改革措施,知识分子获得了自下而上从政的社会渠道,拥有的知识技能也得到了发挥和肯定。在1989年苏联人民代表选举中,一批民主派的知识分子当选为人民代表,表明国家的政治资源开始从社会上层向下层移动。叶利钦执政后的第一届政府成员(总理E. 盖达尔、副总理А. 丘拜斯和А. 绍欣等),大多是经济学家和知识分子出身,都拥有学术学位,以前主要从事科学研究,年龄为35~40岁。

这一时期,各类文化精英通过发表小说、文章和回忆录的方式,披露苏联历史中的"空白点",尤其是关于斯大林大清洗的真相,在苏联社会掀起了批判斯大林主义和"停滞"时期的运动。深受俄罗斯民族"浪漫主义思维"的历史文化影响,一些对原有社会地位、生活方式和生活水平不满的中青年知识分子,一跃成为社会变革中的激进改革派,他们有能力、有魄力且潜在能量巨大。1987~1988年，苏联颁布了"个体劳动法"和"合作社法"，第一批成立合作社和下海经商的人中很大一部分就是中青年知识分子群体。[1]

然而，俄罗斯的知识分子阶层也有其固有的弱点。首先，虽然知识分子具有批判、探索和民主的天性，但因他们的许多思想往往不切实际而容易脱离群众。其次，知识分子的清高、傲慢和自负，使他们好走极端，忽略发展阶段。最后，由于缺乏内部凝聚力，知识分子难以独自承担社会革命的重任，总是要附属于社会的某一或某些阶级才能发挥其推动社会革命性变革的作用。当知识阶层在社会发展问题上陷入混乱和迷茫时，社会发展也就失去了思想指引，也会同时陷入混乱和迷茫。

在俄罗斯社会转型过程中，知识分子也是叶利钦全面私有化改革政策的牺牲者，整个知识阶层的生活水平每况愈下，他们中的多数人沦为贫困者，社会地位也随之降低，对政权的不满使以知识分子为主的"民主派"内部发生了分化。[2] 但是，当着"俄共"再度崛起并向政权发起强大挑战时，与生产者阶层不同的是，知识阶层的绝大多数人又迅速集合在"民主"的旗号下，利用占据的文化和舆论工作岗位倾全力支持叶利钦。可以说，不论在反苏共的斗争中，还是在后来反"俄共"的斗争中，知识分子阶层及其所引导的社会主流意识都发挥了重大作用。

---

[1] 黄立茀：《苏联社会阶层与苏联剧变研究》，社会科学文献出版社，2006，第410~412页。
[2] Ольга Крыштановская, Новый опасный класс – Интеллектуалы и закрытая политическая корпорация. http：//ashpi.livejournal.com/147087.html.

第四章 当代俄罗斯的政治精英

按照精英的一般理论，在任何社会中，精英都是社会发展的主导力量，"其中，极少数的政治精英代表一定的利益集团，掌握着重大决策权，他们的政治态度与言行对国家的政治发展方向和前景产生着重要影响，决定着政治的性质"[1]。借用这种精英理论，我们将当代俄罗斯的政治精英限定在那些担任国家最高职务、有权制定国家重大决策以及对国家的政治发展进程产生重要影响的人。这些人主要包括：国家最高领导人（总统及其总统办事机构）、政府成员（总理及政府成员）和议会上下两院议员（包括各议会政党与议会党团领袖）。[2] 本章主要研究俄罗斯政治精英的形成过程、人员构成，以及俄罗斯政治精英在社会转型中的地位和作用，分析俄罗斯的官僚体制对政治精英的影响。[3]

一 俄罗斯政治精英的形成

当代俄罗斯政治精英的形成与苏联解体密不可分。20世纪后期人类社

---

[1] 《中国大百科全书·政治学卷》，中国大百科全书出版社，1992，第174页。有关精英理论的一般概念，请参见本书第一章中的相关内容。
[2] 地方政治精英也属于俄罗斯政治精英研究的范畴，但为了有所区别，本书的第五章将对俄罗斯地方政治精英进行专门研究。
[3] 按照俄罗斯宪法，俄罗斯国家权力依照三权分立的民主原则分为彼此独立的立法权、执行权和司法权。但与其他两大权力体系相比，俄罗斯的司法权力体系相对不健全，尤其在当今以总统权力为核心、强大执行权力占主导的俄罗斯政治体制中，司法机关的作用非常有限，所以这里我们暂时没有把俄罗斯司法部门的精英列为主要研究对象。

会发生的最重大历史事件东欧剧变和苏联解体,使第二次世界大战后形成的两极对立的世界格局彻底瓦解,世界向多极化的方向发展。世纪之交的世界局势也因此发生了深刻而巨大的变化。伴随着国际战略格局的逐步变化,从 20 世纪 80 年代中期开始,原苏联东欧地区的政治发展也出现剧烈变动,最终诞生了一批新的民族国家,并各自选择了全新的发展道路。继承了苏联"遗产"的俄罗斯,保持了其大国的地位和足够的地区影响力,但其在建设新的国家体制的过程中却付出了艰苦的努力和不同寻常的代价。当代俄罗斯政治精英也正是在新俄罗斯国家体制构建的过程中形成和发展起来的。

俄罗斯政治精英形成的历史背景是苏维埃制度的瓦解。1985 年 3 月 11 日,戈尔巴乔夫在苏共中央非常会议上当选为苏共中央总书记。苏联政治体制的弊端要求苏联共产党进行改革,戈尔巴乔夫执政以后立即启动了新形势下的改革举措。一开始对苏维埃制度的改革并没有成为戈尔巴乔夫关注的焦点,在分析苏联国内局势时,戈尔巴乔夫首先碰到的是经济发展停滞不前、国家正处于经济危机前状态的棘手问题。[①] 1985 年 4 月 23 日,苏共中央举行全会,戈尔巴乔夫在会议上首次提出"加速发展战略",其主要目的是加速社会经济进步,并没有提出政治体制改革的任务。由于经济改革的几项主要措施在执行中都不顺利,戈尔巴乔夫也承认情况的好转很慢,改革事业比原来所估计的要困难得多。苏共主要领导人雅科夫列夫曾指出,"加速发展战略"的破产表明,问题堆积如山的根源在于社会体制本身,而不在于这种体制的一些工作机制。[②] 戈尔巴乔夫也认为经济改革收效甚微是因为党内干部的抵制及政治制度存在着问题,因此他急于实行政治方面的变革。1986 年 7 月 31 日,戈尔巴乔夫在视察哈巴罗夫斯克时提出了"政治体制改革"的任务,他说:"目前正进行的改革不仅包括经济方面,也涉及社会生活其他领域:社会关系、政治体制、思想意识形态,等等。"几个月后,他向全党发出了"必须在政治、经济、社会和精神领域中进行根本改革"的号召,把政治改革放在了一切工作

---

① 〔苏〕米·谢·戈尔巴乔夫:《改革与新思维》,苏群译,新华出版社,1987,第 11~21 页。
② 〔俄〕亚·尼·雅科夫列夫:《一杯苦酒——俄罗斯的布尔什维主义和改革运动》,徐葵等译,新华出版社,1999,第 183 页。

的首位。①

从 1987 年开始，戈尔巴乔夫转入"改革新思维"，改革的中心就是政治民主化。1987 年 1 月 27 日，苏共中央举行全会。戈尔巴乔夫在《关于改革和干部政策》的报告中首次提出："改革——这就是坚决克服停滞不前的过程，打破障碍机制，建立加速苏联社会经济发展的可靠而有效的机制。"② 戈尔巴乔夫认为，多年来在苏联形成了一种妨碍社会经济发展的特殊机制，这种机制阻碍了社会主义的进步和改革。1988 年 6 月 28 日，戈尔巴乔夫在苏共第十九次代表会议上做了题为《关于苏共二十七大决议的执行情况和深化改革的任务》的报告，标志着苏维埃制度的改革正式启动。

戈尔巴乔夫的改革方案是，由任期五年的代表组成新的国家最高权力机关——苏联人民代表大会，其常设机构是最高苏维埃主席团，在最高权力机关中成立由苏联人民代表大会选出的宪法监督委员会。作为苏联最高的国家权力机关，苏联人民代表大会由 2250 名代表组成，任期五年，每年召开两次会议。从人民代表中选举 542 人组成最高苏维埃，最高苏维埃主席团则全部由公职人员组成，受最高苏维埃主席领导。最高苏维埃主席为国家元首，实际也是国家行政权力的核心，负责处理国家内政外交一切事务。

俄罗斯政治精英形成的基础是多党制的出现。随着苏维埃制度的瓦解和立法机构的重建，必然出现代表组成的问题，而代表组成的多元化促使社会政治派别加速分化组合，所以在选举制度革新的同时，客观上也促成了俄罗斯政治精英的形成与发展。既然苏共第十九次代表会议主张苏联人民代表大会为国家最高权力机关，就意味着要对苏联国家最高权力机关进行革新。代表大会的组成除了来自地区和民族地区选区的代表以外，还应当有代表政治体系各个环节的代表，这些环节是：党、工会、共青团、其他群众性团体以及合作社、创作团体、科研单位等。

苏联联盟层面的新选举法提出了诸如实行差额选举、政府官员不得当选人民代表、社会组织有权派代表进入最高权力机关等新的选举原则。按照苏共第

---

① 吴恩远：《论戈尔巴乔夫的"加速发展战略"》，《中国社会科学》2000 年第 5 期。
② 黄宏、纪玉祥：《原苏联七年"改革"纪实》，红旗出版社，1992，第 36 页。

十九次代表会议的决议，苏联第一次人民代表大会代表的组成成分为：1/3 的代表从苏共、工会、社会团体、联合会及协会中产生；2/3 的代表由普通选区选举产生，并首次采用了差额制。[①] 这种立足于立法机构重建的选举方式，其目的是不允许任何一个政党单独组成新的立法机构。苏共在新立法机构中只有 100 个代表名额。这一时期，俄罗斯联邦也出台了新的人民代表大会选举法，规定了俄罗斯人民代表大会的选举程序。

在苏联第一次人民代表大会期间，在俄罗斯联邦内部出现了真正的议会政治派别。1989 年 7 月，成立了以叶利钦、萨哈罗夫等人为首的"跨地区议员代表团"，标志着"在苏维埃政权年代，在最高国家权力机关内首次出现了反对派"[②]。1990 年 10 月，"民主俄罗斯运动"宣布成立，并制定了党章、宣言、政治声明，建立了该组织的领导机构等，这是俄罗斯建立新政党的开始，也标志着真正意义上的新的俄罗斯政治精英开始出现。1991 年俄罗斯宣布《苏联社会联合组织法》适用于俄罗斯联邦，促成了俄罗斯多党制的形成。[③] 俄罗斯政治精英的形成与发展也因此得到了法律上的保护。

俄罗斯政治精英的人员组成最早源于苏共党内的不同派别。苏维埃制度改革的启动和多党制的运行为俄罗斯政治精英的形成奠定了必需的制度基础，但在制度变迁的过程中，新旧体制内政治精英的人员构成并没有出现大的变动。这主要是因为苏联高度集权的官僚体制将国家权力、财富和威望主要集中在了苏共党内，绝大多数苏联政治精英都被这种体制吸纳了进去，最初的俄罗斯政治精英也只能产生于苏共内部。

1988 年 5 月，"民主改革""改革-88""人民运动"和"社会主义首创精神"等集团的成员共同建立了以促进苏共实施真正改革和以民主化为目标

[①] 〔俄〕格·萨塔罗夫：《叶利钦时代》，高增训等译，东方出版社，2002，第 36 页。
[②] 〔俄〕格·萨塔罗夫：《叶利钦时代》，高增训等译，东方出版社，2002，第 44 页。
[③] 1990 年 3 月，苏联人民代表大会修改宪法，取消苏联宪法的第六条，同时规定苏联公民有权组织政党。这为成立新的政党提供了法律依据，是苏联乃至俄罗斯建立多党制的前提条件。随后，1990 年 5 月 30 日，苏联最高苏维埃通过《结社和信仰自由法》，该法于 1991 年 1 月 1 日生效。1990 年 10 月 9 日，通过《苏联社会联合组织法》和《苏联社会联合组织生效法》，规定所有政党和组织一律平等，使多党制原则具体化。这些都为多党制的形成和发展奠定了基础。从此，苏联多党制正式开始形成。

的跨俱乐部党内派别。这一派别的大多数成员都参与了莫斯科人民阵线的建立，后来这些人成为苏共民主纲领派的核心成员，其中主要有叶利钦、绍斯塔科夫斯基、拉齐斯、李森科、苏拉克申、利皮茨基等。1989年5月，跨俱乐部党内派别出现了分裂。丘拜斯和李森科领导的、以社会民主为目标的部分激进成员成立了莫斯科党员俱乐部，古谢夫、舍博尔达耶夫和阿基莫夫领导的温和派则组织了一个跨俱乐部党组织。莫斯科党员俱乐部在1989年10月又形成了以丘拜斯为首的社会民主派和以普里加林为首的共产主义派。1989年12月，共产主义派被莫斯科党员俱乐部开除，普里加林随后成为苏共"马克思主义纲领派"的领袖。1989年11月，在莫斯科党员俱乐部倡议下，来自16个城市和地区的同类组织在莫斯科举行了工作会议。会议参加者决定建立"改革派共产党人——争取苏共民主纲领"运动，并通过了《告党内全体同志书》。这次会议后，开始了苏共党内改革派力量的联合运动。根据莫斯科党员俱乐部的倡议，1990年1月20～21日，在莫斯科召开了全联盟党员俱乐部和党组织会议。455名代表参加了会议，他们来自13个加盟共和国、102个城市的162个俱乐部和组织，代表了5.5万～6万党员。会议把各个党员俱乐部和党组织联合起来，成立了"苏共党内民主纲领派"。加入该派的人主张苏共应进行激进的民主改革、变成在多党制条件下活动的议会式政党。这次会议还成立了一个由56人组成的协调委员会，其成员有苏联人民代表叶利钦、阿法纳西耶夫、波波夫、特拉夫金、格德良、伊万诺夫、卡尔宾斯基、布尔布利斯、苏拉克申、李森科和绍斯塔科夫斯基等。1990年3月3日，《真理报》公布了"苏共党内民主纲领派"的《民主纲领》全文以及该报编辑部举行相关"圆桌会议"的消息。1990年7月12日，叶利钦宣布退出苏共，绍斯塔科夫斯基立即以他及24位支持者的名义，宣布了苏共的分化，并提出在"苏共党内民主纲领派"的基础上组建独立的、民主的议会政党的倡议。[①] 但由于各种原因，"苏共党内民主纲领派"并没有形成一个统一的政党，内部分化严重，但该派的成员却成为未来俄罗斯政治精英的主体。

---

① 〔俄〕李森科：《后共产主义诸组织的演变（上）》，丁泉译，黄德兴校，《现代外国哲学社会科学文摘》1996年第3期。

二 俄罗斯政治精英的类型

单纯从社会学的指标体系来看，对政治精英可以从三个指标展开研究：其一是年龄属性，可以分为 35 岁以下、35~55 岁和 55 岁以上；其二是机构属性，可以分为立法和执行权力机关代表、政党领导人、高级军官和新闻媒介负责人等；其三是思想属性，可以从政治精英的价值观以及治理国家的意识形态加以区分。从俄罗斯的政治生活来看，第一种指标实际上是不能划分的，至少是不明确的；第二种指标则是最能体现俄罗斯政治精英特征的参照系，俄罗斯各种民意测验也是遵循了这种划分标准；第三种指标在俄罗斯则表现为融合性与交叉性。各种政治精英的思想随着俄罗斯政治发展的进程已经越来越融为一体。政治精英的历史意识具有共同特点，他们的各种价值观在涉及社会发展目标时基本一致，只是对达成这些目标的方法、途径、机制和手段等工具性的理解存在差别。可见，只有机构属性的指标体系能够比较明晰地梳理俄罗斯政治精英的类型。因此，本章将把当代俄罗斯政治精英的机构属性分为政权机关、"强力集团""家族势力"以及各类党派来进行研究。

1. 政权机关

（1）叶利钦时期政权机关的政治精英

根据俄罗斯联邦宪法和法律，政府总理及其主要成员由总统按照规定程序直接任免，但必须要得到议会批准。叶利钦时期政权机关内部最初的人员是 1992 年 6 月任命的第一届政府成员，包括政府总理 E. 盖达尔、副总理 A. 丘拜斯和 A. 绍欣等崇尚自由主义思想的改革派。他们大多是经济学家和知识分子出身，都拥有学术学位，以前主要从事科学研究，年龄为 35~40 岁。在这些人中，除绍欣曾在苏联部长会议中工作过十年，盖达尔曾在《真理报》和《共产党人》杂志社工作过几年外，绝大多数人都没有过从政经历。叶利钦任用这些政治新人的目的，一是为了完全打破苏联时期旧的官员任用制度，为一批年轻的政治精英提供升迁的机会；二是希望利用这些政府中的经济专家，推进俄罗斯的经济体制改革。但是，由于这些秉承自由主义思想的政治精英缺乏执政经验，在同议会反对派的斗争中坚持不妥协立场，因而不仅没能建立起广泛的政治联盟，反而造成了精英内部的分裂。盖达尔领导的"休克疗法"经济改革最终失败，叶利钦政权遭到社会下层民众的强烈不满，盖达尔政府被迫辞职。1992年12月，叶利钦任命曾在苏联天然气部门担任经济领导工作的B.切尔诺梅尔金接替盖达尔，担任新一任政府总理。为平衡社会各方利益，缓和与议会反对派的关系，叶利钦还批准了一些苏联时期的旧官员和左翼党派的代表进入政府任职。

1997年底由于"稿酬事件"等政治原因，丘拜斯及其亲信博伊科、莫斯托沃伊、卡扎科夫、科赫等被解职，从而失去了对现实政策施加影响的能力，一系列自由主义的改革计划也被迫中断。1997年丘拜斯的被解职和1998年俄罗斯出现的金融危机标志着俄罗斯自由主义改革时代的结束，同时也预示着这一时期政权机关内部精英集团的瓦解。叶利钦长期与"俄共"等反对派不妥协的政治立场开始有所改变。在1997年的新年献词中，叶利钦否定了自由主义方针的思想基础及其结果，俄罗斯进入后自由主义时代，政治精英的更新换代也势在必行。但是，由于俄罗斯主要的政治力量都在为1999年的国家杜马选举做准备，叶利钦在谨慎选择接班人的同时，也不得不继续沿用一些旧的政治精英。切尔诺梅尔金、卢日科夫、库利科夫、斯特罗耶夫等成为这一时期的关键人物，确保了叶利钦执政后期俄罗斯社会的政治稳定。

叶利钦时期的总统办公厅，是除政府各部委之外最重要的行政部门。1996年10月叶利钦发布了《有关总统办公厅地位的命令》，进一步扩大了总统办公厅的规模，将总统办公厅由原来的13个部门增加到了26个部门。该命令还明确规定：总统办公厅是保证总统活动的国家机关。在丘拜斯担任总统办公厅主任期间，总统办公厅的作用明显提高，直接参与了很多国家政策的制定，其地位远远超过其他政府部门。叶利钦在1999年3月向议会发表的国情咨文中表示，总统办公厅的任务非常艰巨，它必须和政府部门积极配合，监督各部门执行总统决定的情况。有些学者将叶利钦时期的总统办公厅与苏联时期的中央政治局相比，认为它们有很多相似的地方，但实际上它们并不完全一样，总统办公厅只是总统的一个办事机构，并不具有绝对权力。总统办公厅和办公厅主任能在多大程度上发挥作用，完全取决于总统的个人意愿。但在叶利钦执政后期，由于他的健康状况欠佳，经常授权总统办公厅主任负责处理一些重要的国家事务，这对叶利钦的执政能力产生了一定负面影响，引起了民众对叶利钦政权的不信任。

（2）普京时期政权机关的政治精英

世纪之交的俄罗斯面临十分复杂的政治、经济与社会问题。严峻的社会形势直接导致叶利钦在第二任期的主要任务是选择接班人。叶利钦需要将权力转交给一个强有力的、德高望重的人。

1999年8月9日，俄罗斯总统叶利钦签署命令，解散斯捷帕申政府，任命普京为代总理，并向国家杜马提名普京为新总理。叶利钦在电视讲话中宣布，普京是他的总统接班人。1999年8月16日，国家杜马以233票赞成通过叶利钦对普京的总理提名。叶利钦随后签署命令任命普京为联邦政府总理。1999年12月31日，叶利钦宣布辞职，叶利钦发表电视讲话后，普京从当日12时起开始履行代总统的职责。从政权机关内部政治精英更新换代的角度来看，1999年8月至2000年5月是一个关键时期。这一时期不仅确立了普京政治精英领袖的地位，而且他已经悄然开始对政治精英进行更新换代的人事布局。在普京2000年5月正式入主克里姆林宫之前，普京时代的前奏经历了两个阶段。1999年8~12月为第一个阶段，叶利钦选择普京为总统接班人，并亲自将普京送上了最高政治舞台；2000年1~5月为第二个阶段，普京适应时代要求，采取符合民意的政治举措，最终赢得2000年总统大选，拉开了其执政八年的帷幕。这两个阶段又恰恰符合普京成为俄罗斯政治精英领袖的理性逻辑。

如果仔细考察1999年8月至2000年5月的政府人事变动，可以发现，与普京成为政治精英领袖的进程相一致，普京对政权机关内部政治精英的更新换代过程也开始了。1999年8月，帕特鲁舍夫接任联邦安全局局长职务；11月，维·伊万诺夫任安全会议秘书，雷曼被任命为通信与信息部部长，科扎克、谢钦和梅津采夫也先后进入政府机构。这一时期，普京尚未成为国家最高领导人，其主要精力放在处理车臣战事上，政府的人员储备非常有限，因而无法进行大规模的人事调整。普京未雨绸缪，进行了着眼未来的人事布局，委托格列夫和梅津采夫组建了战略研究中心。该中心为普京精心撰写的《千年之交的俄罗斯》奠定了普京时代的理念基调。2000年总统大选期间，该中心还成为普京的竞选总部。在打击寡头、控制资本方面，普京任命亚申和雷曼为"通信投资公司"领导人，任命切梅佐夫为"工业出口公司"总经理，1999年10月又任命亚库宁为"乌斯季卢加"公司总裁，11月任命米勒为"波罗的海管道运输系统公司"总经理。而上述政治人物，日后几乎都成为普京团队的重要成员。

2000年1~5月，作为代总统的普京，对总统办公厅进行了重要的人事调整。2000年初，任命梅德韦杰夫担任总统办公厅主管司法问题的副主任，同年6月他又被提为办公厅第一副主任；同时任命谢钦和维·伊万诺夫为总统办公厅副主任，分别主管总统办公室和人事问题。同年底，科任取代鲍罗金任总统事务局局长。经科任举荐，普京任命符拉基米尔·基谢列夫担任总统事务局下属的名为"克里姆林宫"的国有独资企业的总经理，此人在20世纪90年代中期曾经是圣彼得堡"白夜"艺术节的策划人，并因此结识了普京和科任。在政府方面，任命卡西亚诺夫为代总理，责成库德林接管财政部，但对库德林的正式任命在总统大选和新政府组成后才下达。1998年开始步入政坛的格雷兹洛夫，继在1999年12月当选为国家杜马议员后，于2000年1月，即普京成为代总统后，又被推选为亲政府的"团结运动"国家杜马议会党团领袖。至此，俄罗斯政权机关内部所谓的政治精英集团——"普京团队"基本形成。

按照人员组成的来源，普京团队的成员可以分成三部分。第一部分人是叶利钦当政时期留下来的克里姆林宫原班人马，这部分人在普京第二任期之初被清除出了政府部门。第二部分人是来自圣彼得堡的自由主义经济学家和法学家，即所谓的"圣彼得堡帮"，这些人以俄罗斯现任总理梅德韦杰夫为代表，他们大多是普京的亲信、同学、同乡或昔日的同事，并在普京第一总统任期之初先后被普京从圣彼得堡邀请到莫斯科政府部门来工作，这些人在莫斯科形成了一个独特的圈子，并自称为"普京总统的自己人"，他们的主要责任是帮助普京制定并实施有效的经济政策，推行各项制度改革，增强普京政权政治精英阶层的稳定性。[①] 第三部分人是早先与普京在情报机构工作过的人，这些人主

---

① Макаренко Б., Макаркин А., Парад планет: версия – 2000 – Основные группы влияния в Кремле и около него, *Сегодня*, 26 Апреля 2000г.

要在联邦安全会议和政府一级的强力部门工作。① 伊戈尔·谢钦是这类人的代表。谢钦是普京在克格勃时的同事,也是他担任圣彼得堡副市长时的心腹和手下。与谢钦类似的还有谢尔盖·伊万诺夫和谢尔盖·纳雷什金等一批具有克格勃背景的官员。在这批官员的主导下,构成了一个由普京直接控制的克格勃权力体系。

(3)"梅普组合"时期政权机关的政治精英

梅德韦杰夫上任后,其在政治上从属于普京的政治精英团队,但身为国家元首的他也有自己的人。从2005年开始,梅德韦杰夫大学时期的一些朋友和圣彼得堡大学的同事纷纷来到莫斯科,当时梅德韦杰夫本人刚刚从克里姆林宫转到政府工作。任总统后,梅德韦杰夫的团队主要由两部分人组成:一部分同属于普京团队(例如库德林、科扎克、德沃尔科维奇、富尔先科、纳比乌林娜、季马科娃、舒瓦洛夫、科甘);另一部分可以被称作真正的"梅德韦杰夫团队",这个团队大约有50多人,2/3以上来自圣彼得堡,② 半数以上都是大学法律专业毕业的,且绝大多数人都曾在大学任过教,属于知识分子阶层。梅德韦杰夫团队的成员主要集中在三个领域:俄罗斯护法系统(法院、检察院等部门)、政府办公厅和总统办公厅、天然气工业股份公司和天然气工业银行等大型商业机构,其中一部分人担任着政府一类职务(部长、联邦级部门领导人、总统办公厅和政府办公厅高级领导人、高等司法部门领导人、议员,等等)。

从总体上看,"梅普组合"时期,大多数政治精英依然聚集在普京身边。这主要体现在以下几点。其一,联邦政府成员构成的人事权归总理。2008年5月12日,新一届政府组成人员确定,副总理人数由上届的五人增至七人。原总理祖布科夫和原总统助理舒瓦洛夫被任命为第一副总理,原副总理茹科夫、原第一副总理伊万诺夫、原总统办公厅主任索比亚宁、原总统办公厅副主任兼总统助理谢钦和原副总理兼财政部部长库德林被任命为新政府副总理。其中,

---

① Никонов В., Чего Ждать: Путин в системе политических координат, *Независимая Газета*, 7 Мая 2000г.

② Ольга Крыштановская, Большой переход: Уйти, чтобы остаться, *Ведомости*, 23 апреля 2008г.

索比亚宁兼任政府办公厅主任，库德林兼任财政部部长。原副总理兼政府办公厅主任纳雷什金改任总统办公厅主任。外交部、国防部、财政部、农业部、经济发展部、内务部、紧急情况部、地区发展部、卫生与社会发展部、教育和科学部、自然资源部、运输部的部长人选都未发生变动。强力部门只有司法部部长和联邦安全局局长的人选发生了变动。从俄罗斯政府5月12日的组阁来看，普京实际掌握了联邦政府成员构成的人事权。政府组成人员的名单体现了普京的政治意志。值得注意的是，俄罗斯宪法第112条明确规定，俄罗斯联邦政府总理向俄罗斯联邦总统提出俄罗斯联邦政府副总理和联邦部长人选。也就是说，普京此举并没有违宪，只是充分行使宪法赋予总理的权力而已。在以往的历届政府中，该项权力并没有得到真正实行。而普京凭借自己的政治影响力充分利用了这一条款。

其二，普京与"统一俄罗斯党"的政治联系更加紧密。2008~2012年，普京拥有总理和政权党领袖两个职位，也就是说，普京在俄罗斯执行权力机关和立法权力机关中都居于核心政治地位。由此，"统一俄罗斯党"在俄罗斯政坛的地位变得更加举足轻重。在中央层面，"统一俄罗斯党"在国家杜马中是普京实施强国战略的坚实保障；在地方层面，"统一俄罗斯党"作为势力最为强大的全国性政党，是普京巩固联邦统一的核心力量。不仅如此，普京担任"统一俄罗斯党"主席的象征意义，甚至大于实际意义：普京已经成为俄罗斯的精神领袖以及格雷兹洛夫等政治精英反复强调的国家领袖。[①] 不仅如此，从纯技术角度分析，普京成为国家杜马中占绝大多数席位的政党的领袖，也使宪法中"总统可以撤换总理"的条款变得不可能实现，况且，它还涉及俄罗斯的政治稳定问题。

其三，普京继续控制着对地方行政长官的任免权。普京担任"统一俄罗斯党"主席的一个重要政治效果，就是普京对地方行政长官的有力控制。根据《关于联邦主体立法机关和执行机关组织总原则修改法》，在地方议会选举中获胜的政党有权提出联邦主体的行政长官人选。由于"统一俄罗斯党"在俄罗斯绝大多数联邦主体议会中占据多数地位，所以通过控制"统一俄罗斯

---

① Борис Грызлов, Путин остается лидером России, *Российская газета*, 17 октября 2007 г.

党"在地方议会党团的行动，普京实际上也就控制了对地方行政长官的任命权。此外，联邦政府建立了对地方行政长官进行社会经济发展状况年度考评的机制，考评结果将由总理做出，而总统要根据总理的考评结果来决定地方行政长官的去留，这样，地方行政长官的政治前途也就掌握在了普京手中。与此相对，"梅普组合"时期，总统驻七大联邦区代表的职能从代表总统监督地方行政长官变为促进地方经济发展，这也意味着，总统驻联邦区代表与总理的关系将比与总统更加密切。

2. "强力集团"

"强力集团"（силовики）是俄罗斯政治精英中的一支重要力量，它与俄罗斯的政治生态紧密相关。叶利钦时期"强力集团"在俄罗斯政治中的影响并不大。直到普京时期，由于强力部门人士和"圣彼得堡帮"自由派人士形成了普京政治团队的核心，"强力集团"在俄罗斯政治中的地位才逐步确立下来。

专门研究俄罗斯精英的社会学家奥莉加·克雷什塔诺夫斯卡娅认为，普京当政后，"强力集团"影响力突出的一个主要表现，是"军阀化"（милитаризация）过程的加强，甚至出现了"军政"（милитократия）现象，即广义上的"军人"权力。这里的"军人"可以来自特种机构，也可以来自军队或警局，总之，只要工作人员佩有肩章，像司法部等很多相应的机构都可归入此类。在俄罗斯这类人构成了一个作为整体的权力系统——"强力集团"。"这个词在世界其他语言中很难找到。"[①] 有统计表明，在普京前两个任期的政府官员中，"强力集团"的成员占了42.3%，而在"强力集团"处于巅峰的2007年，其数量则占到了国家整个官僚系统总人数的70%。其中有2000多个最具影响力的政府和行业机构的领导人来自前克格勃的特工，如圣彼得堡石油公司以及斯拉夫涅夫石油公司的老总、多家航空公司的总裁、圣彼得堡电信公司的总裁和莫斯科中央水资源公司的老总等，都曾是前克格勃成员。[②] 在普京任命的由24人组成的联邦安全委员会里，多数成员都是前克格勃成员；在普京2005年第一次任命的七个驻联邦区总统代表中，有四个来自前克格勃和军方；而在普京

---

① Интервью Ольги Крыштановской, 27 марта 2007. http：//newtimes.ru/talkshows/ts36/.
② Алла Ярошинская：Кто нами правит：высшая политическая элита России от Ельцина до Путинаhttp：//www.rosbalt.ru/2007/11/26/434516.html.

第一任期的政府成员中,有四名部长是来自强力部门的成员。大批强力部门和军队中的人进入政府,不仅组成了普京政治团队中的"强力集团",他们也成为普京执政的主要支柱。① 这种状况除了普京本人具有克格勃的职业背景、对强力部门的人有所偏好外,还与普京上任后制定的稳定国家局势的政策有关。按照克雷什塔诺夫斯卡娅的分析:"强力部门人员性质单一,非常团结,对普京高度忠诚,很少有人贪污。……苏联解体后,克格勃成员成了最大的'失意者',但普京的崛起让他们找到了自信,'团结起来,全力支持普京'成为前克格勃成员们的共识。"②

瑞典学者鲍威尔·巴耶夫从三个方面给俄罗斯的"强力集团"下了定义:其一,它是"制服官僚",即军队、内务部、安全局或其他特种机构的国家高级官员,是俄罗斯管理精英中的重要组成部分;其二,它是"平衡力量",即俄罗斯庞大的国家官僚队伍中一个具有相对政治分量和影响的分支;其三,它是"权力倾轧工具",是俄罗斯政治中所谓"克里姆林宫学"的一个重要内容。普京利用"强力集团"对自己的忠诚,起用伊戈尔·谢钦和维克多·伊万诺夫等有克格勃背景的人,建立了一个巨大的"契卡分子"网络,以保障普京及其团队的绝对权力。③

按照俄罗斯的法律规定,强力机构一般不从属于总理,而应该直接归联邦总统管理,但在"梅普组合"时期,安全会议的成员依然是从普京团队的"强力集团"中产生的,他们始终保持着对普京的绝对忠诚。2008年5月25日,梅德韦杰夫宣布了新一届联邦安全会议的组成人员,其中包括总理普京、联邦安全局局长博尔尼科夫、国家杜马主席格雷兹洛夫、外交部部长拉夫罗夫、联邦委员会主席米罗诺夫、总统办公厅主任纳雷什金、内务部部长努尔加利耶夫、安全会议秘书帕特鲁舍夫、国防部部长谢尔久科夫和对外情报局局长弗拉德科夫。从以上安全会议人员的组成来看,"梅普组合"时期的安全会议只是在普京时期"强力集团"内部的一次人员流动,并没有出现新的政治力

---

① Ольга Крыштановская, Большой переход: Уйти, чтобы остаться. *Ведомости*, 23 апреля 2008.
② Ольга Крыштановская, Анатомия российской элиты. М. : Захаров, 2005. С. 263 – 265.
③ Павел К. Баев, Эволюция режима Путина. http://www.zlev.ru/51_114.htm;邢广程、张建国:《梅德韦杰夫和普京——最高权力的组合》,长春出版社,2008,第138页。

量。与此同时，普京还通过设立政府主席团，在实际权力运作中继续控制和领导着安全会议等国家强力部门。

3. "家族势力"

"家族势力"，也称"总统身边的人"，特指叶利钦当政时期，由叶利钦的亲信和家族成员组成的上层政治圈子，其成员主要包括总统办公厅主任、总统顾问、总统高级助手、总统新闻秘书（大约30人）以及叶利钦的主要亲属[①]等。这些人年龄一般在40~50岁之间，与总统本人一样没有参加过任何政党，没有担任过议会议员，大部分都是民主改革的支持者，只是对改革的理解各有不同。他们聚集在总统周围，帮助总统制定一些公共政策，对其他政治集团施加影响，是这一时期俄罗斯政治中最有影响和最有权势的政治精英。另外，作为叶利钦的助手或高级顾问，叶利钦周围还聚集了一些学者，为他制定政策出谋划策，如1994年民族问题专家 Ю. 巴图林就曾担任过总统的国家民族安全问题顾问，受到过叶利钦的器重。

叶利钦执政后期，由于身体原因和政治上的孤立，他更加依赖和信任自己身边的亲信和"家族内的人"，很多重大事务都由这些人来处理，以致对其执政能力产生了很多负面影响。布尔布利斯、彼得罗夫、伊柳辛、科尔扎科夫等叶利钦亲信的专权行为更是广受诟病，引起了俄罗斯民众对叶利钦政权的不信任。当时的政治评论家和普通民众普遍认为，由于健康状况不佳，叶利钦不得不将自己的部分权力交给自己的心腹，以致"家族势力"的权势越来越大，这些人正在将俄罗斯变成一个寡头式的国家资本主义。[②] 叶利钦后期频繁更换政府总理的做法，更加剧了政权内部的混乱，俄罗斯出现了严重的政治和社会危机。所以一直以来，叶利钦时期的"家族势力"在俄罗斯政治精英中的声望非常低。普京上台后，为摆脱叶利钦"家族势力"的影响，采取了各种手段和措施，直到他的第二任期初期，才将"家族势力"彻底赶出了俄罗斯政治权力中心。

---

① 叶利钦执政后期，曾任命自己的小女儿塔季扬娜·季亚琴科担任自己的总统形象顾问，让她直接参与了很多政府决策。

② Никонов В., Чего Ждать: Путин в системе политических координат, *Независимая Газета*, 7 Мая 2000г.

4. 各类政党与派系

（1）政权党及其派系

"政权党"一词是在1995年第二届国家杜马选举前才出现的。当时，叶利钦总统提出希望成立中左、中右两大政党，以便在俄罗斯逐渐确立类似于美国的两党体制。在此之前的1993年第一届国家杜马选举期间，作为激进民主派的主要代表，"俄罗斯选择"竞选联盟汇集了为数众多的政府官员，也可以称得上是政权党或政府党。

"俄罗斯选择"成立于1993年6月10日，当时是作为民主力量联盟而成立的，同年10月17日再次召开竞选联盟成立大会，主要领导人是盖达尔、菲拉托夫、丘拜斯、舒梅科、菲利波夫、雅科夫列夫、布尔布利斯等。这是一个集中了当时许多政府要员和知名人士的联盟，是支持叶利钦-盖达尔激进改革方针的激进民主派联合组织。参加该联盟的有：民主俄罗斯运动、经济自由党、全俄私有化和私人企业协会、俄罗斯农户（农场主）和农业合作者协会、合作者和企业家同盟等一些政党和社会组织。在第一届国家杜马中，"俄罗斯选择"组成第一大议会党团，但同时其内部也在不断地发生着分化。1994年底第一次车臣战争爆发后，盖达尔等人以"俄罗斯选择"的名义反对叶利钦的车臣政策，该运动随后转向反对派立场。为此，在政府中任职的该联盟成员丘拜斯、科济列夫等人相继宣布退出该联盟，该联盟逐渐与政权疏远。由于失去了权力的支撑，它的实力进一步削弱，在1995年12月第二届国家杜马选举中未能进入国家杜马。

"我们的家园——俄罗斯"（简称"家园党"）是根据叶利钦总统提议，由当时的政府总理切尔诺梅尔金负责组建，于1995年5月12日宣布成立的。该党集合了一批当时在任的政府和地方官员，主要领导成员除切尔诺梅尔金外，还有政府第一副总理索斯科维茨以及一些联邦部长，在由125人组成的领导机构——委员会成员中还有五个共和国总统、32个州长。该党是由对俄罗斯国民经济有着重要作用的三大行政经营集团——燃料动力综合体（由切尔诺梅尔金领导）、冶金工业部门（由索斯科维茨领导）和莫斯科金融官僚集团（由卢日科夫领导）组成的联合体。与具有明显意识形态色彩的共产党等左翼政党不同，"家园党"奉行的是一种实用主义的方针，主张进行"稳健""稳妥"的改革，这充分反映了其实施稳妥政策，不希望社会发生急剧变化的心态。①"家园党"在第二届国家杜马中占有重要的位置，它对减缓各种反对派，特别是左派共产党人对总统和政府的压力起了重要的作用。但随着切尔诺梅尔金被叶利钦总统解除政府总理职务，各利益集团之间的关系发生了显著变化，"家园党"逐渐失去了影响力。

普京当政后，为了加快实施自己提出的强国发展战略，非常需要依靠一支在议会中占据多数席位的政党。2002年4月，在普京的协调下，议会中亲政府的三大中派组织——"团结党""祖国运动"和"全俄罗斯党"宣布组成统一的政权党——"统一俄罗斯党"，普京亲自参加了该党的成立大会。2003年10月，第四届议会选举期间，普京表示："统一俄罗斯党"是他执政以来所依靠的政党，公开为"统一俄罗斯党"造势。由于普京的大力扶持，并利用普京在民众中的个人威望，"统一俄罗斯党"在2003年议会选举中大获全胜，取代了"俄共"在上届议会选举中第一大党的地位，近十年来俄罗斯议会中也首次出现了起主导作用的所谓政权党。据统计，目前"统一俄罗斯党"的党员人数已有200多万，约占俄罗斯总人口的1.2%，在各联邦主体建有五万多个基层组织，党员队伍遍及俄罗斯社会的各个阶层，包括大批各级政府官员和众多社会名流，59%的党员为国家公职人员，其中9.6%的党员在联邦政府中任职，8.7%的党员在各地方政府中任职。② 不论在党员人数，还是在议会中所占有的议席数量，"统一俄罗斯党"都已经远远超过任何其他政党，成为俄罗斯名副其实的第一大党。为进一步扩大在民众中的影响，"统一俄罗斯党"在其党纲中自称为"代表全民族利益的人民党"。③ 在普京的第二个总统任期内，利用自己在议会中的多数席位，"统一俄罗斯党"全力支持普京提出的各项方针政策，政府提交的各项社会改革法案都在议会顺利获得通过，为普京推行自己提出的"强国战略"发挥了重要作用，"统一俄罗斯党"也成为普

---

① 有关俄罗斯政权党的相关内容可参见潘德礼、许志新主编《俄罗斯十年：政治、经济、外交》（上卷），世界知识出版社，2003，第156~157页。
② Партия "Единая Россия" сегодня, http://edinros.er.ru/er/rubr.shtml?110103.
③ 邢广程、张建国主编《梅德韦杰夫和普京——最高权力的组合》，长春出版社，2008，第6~7页。

京政权的主要政治支柱。在普京的精心打造下，在2007年议会选举中，"统一俄罗斯党"再次大获全胜，夺得了议会2/3以上席位。然而，身为政权党的"统一俄罗斯党"，却没有自己明确的纲领，而多年来该党对国家政治资源的垄断，也破坏了俄罗斯的社会公正，滋生了严重的社会腐败，被民众称为"官僚党"。在2011年议会选举中，"统一俄罗斯党"获得了49.32%的选票，失去了议会中的宪法多数席位。

（2）左翼政党与派系

在俄罗斯左翼党派中起决定性作用的是以久加诺夫为首的"俄罗斯联邦共产党"（简称"俄共"）。苏联时期，"俄共"只是苏共在俄罗斯联邦的一个分支机构。苏联解体后，1991年叶利钦发布命令，停止了"俄共"在俄罗斯境内的活动，并解散了"俄共"。1992年11月，俄罗斯宪法法院经过审理，判定叶利钦解散"俄共"的命令无效，同时做出了对"俄共"的解禁决定。1993年2月13日，"俄共"召开非常代表大会，宣布"俄共"重建。"俄共"是俄罗斯最重要的反对派政党，代表社会的左翼。它公开宣称自己是"现政权的反对党"，在政治实践中积极同所有左派政党和组织合作，同所有对现政权不满的政党和组织进行协商，求同存异，以求共同对现政权形成政治压力，成为俄罗斯政治生活中一支举足轻重的政治力量。在历届国家杜马中都形成了以"俄共"为核心的左翼力量联盟，尽管这种联盟是有条件的，其中比较有影响的同盟军是"俄罗斯农业党"以及第二届国家杜马中的"人民政权"等左派、中左派议员团。普京上台后，"俄共"等反对派政党受到了政府的打压。从2003年议会选举起，"俄共"失去了在议会中第一大党的地位，"俄共"在议会中的影响力也有所降低。

俄罗斯另一个主要的左派政党是"俄罗斯农业党"。该党成立于1993年2月26日，领导人是米哈伊尔·拉普申。"俄罗斯农业党"是由农场和农工综合体领导人组成的亲共产党政党，党内也存在着不同的派别，亲政府的中派化趋势日益明显。该党在一般政治问题上与"俄共"立场接近，但在表现自己的政治主张时较之"俄共"要温和，对待现政权和政府的态度也不如"俄共"那样强硬，是一个比较"温顺的"反对派政党。作为农业从业人员的政治代表，"俄罗斯农业党"重视国家的农业政策和农民的利益，认为俄罗斯农业的复兴只能走合作化道路，坚决反对把主要耕地变为私人所有，反对土地自由买卖，坚持私人占有的只能是宅旁园地。"俄罗斯农业党"曾在第一届国家杜马选举中获胜，并在杜马中组成了自己的议会党团，但在第二届国家杜马选举中竞选失败，此后再没有进入过议会。"俄罗斯农业党"曾有多名重要成员担任过俄罗斯政府主管农业问题的部长，其中扎韦留哈还担任过副总理，尽管后来他于1996年3月宣布退出"俄罗斯农业党"。

（3）右翼政党与派系

俄罗斯的右翼政党主要有两大派系：一个是"右翼力量联盟"（现改组为"右翼事业党"）与"亚博卢"党；另一个是"俄罗斯自由民主党"。

"右翼力量联盟"的前身是"俄罗斯民主选择"，其领导人是盖达尔，1999年8月29日改为"右翼力量联盟"；2008年11月16日，"右翼力量联盟"改组为"右翼事业党"。该党集合了一批前政府要员，主要是一些对俄罗斯经济改革曾经有过重要影响、被称为"年轻改革家"的自由派人物，如基里延科、盖达尔、涅姆佐夫等人。2011年6月25日，俄罗斯富豪米哈伊尔·普罗霍罗夫当选"右翼事业党"领袖。无论是从其名称上，还是从其主要领导人历来的政治主张看，该党都属于自由派。在叶利钦时期，"右翼力量联盟"在议会中起到了政府反对派的作用。普京上台后，该党势力不断下降，社会影响力也越来越小，已经连续三届未能进入国家杜马。

"亚博卢"党是在俄罗斯民主运动的基础上产生和发展起来的，它的前身是1993年成立的、以著名的自由派经济学家亚夫林斯基等为首的"亚博卢"集团，"亚博卢"的名称直接取自该党三位领袖姓氏的第一个字母，他们分别是著名经济学家亚夫林斯基、前总统办公厅监察局局长博尔德列夫和前俄驻美大使卢金。2007年该党更名为"亚博卢"党。"亚博卢"党参加了俄罗斯历届议会选举，但目前也是连续三届没能进入国家杜马。该党还推举自己的领导人亚夫林斯基参加了两次总统选举。由于该党的一系列政治经济主张更接近西方自由主义，因而受到西方人士的欢迎，它的影响力也主要集中在大学生和知识分子中。

以日里诺夫斯基为首的"俄罗斯自由民主党"成立于1989年，因其领导人日里诺夫斯基的个人影响而闻名，是一个典型的"领袖型政党"。该党在俄罗斯民众中拥有一部分固定选民，因而在历届国家杜马选举中都能取胜。该党主张建立完全废弃联邦体制的中央高度集权的单一制国家,即恢复沙俄时期的以省为单位的行政管理体制,在苏联和沙俄疆土范围内重建俄罗斯,并叫嚣准备使用核恫吓,不排除使用武力解决与周边近邻国家的领土争端及其他问题。在国内政治问题上,虽然也声明维护民主和民主政治制度,但却强调应赋予执行权力机关以特权,实际上是主张建立强有力的独裁政权。在经济方面,主张包括私营形式在内的各种经济成分相结合,特别强调保护民族工业的生存和发展,主张实行市场经济,但国家必须严厉控制各种关键性部门,如果公民和国家利益需要,不排除重新审议私有化等。"俄罗斯自由民主党"自称是"中派政党",但实际上它是一个具有帝国思想的右翼民族主义政党。该党的立场常常摇摆不定,然而,依附现政权又总是它的特点。无论是叶利钦时期,还是普京时期,在一系列原则问题上,该党都表示支持现政权。

三 俄罗斯政治精英与国家官僚体系

政治精英是俄罗斯社会转型的主导力量。俄罗斯国家官僚体系起到了当代政治精英稳定器的作用,但同时也造成了俄罗斯社会严重的政治腐败和行政机构的低效率。

1. 国家最高权力控制下的"政治稳定"

俄罗斯现有的以总统权力为核心的权力结构体系,很大程度上是建立在对普京个人的高支持率上的,是一种自上而下的"垂直权力"体系。

普京在他的前两个任期中,通过任命亲信担任要职,建立起了他自己的权力体系。俄罗斯学者马卡尔金认为,普京选人用人有其独特标准,首先是可靠程度,其次是工作能力,而意识形态倾向几乎不在考虑之内。普京对其身边人可靠程度的判断依据是:第一,对总统本人的忠诚程度,普京最忌讳的是骑墙派,即在忠诚于总统的同时,又与寡头和政府部门人员过往甚密,这样的人基本上不能成为其身边人;第二,是否具有管理经验,深受普京重用的人都有在政府机关或私营部门做管理工作的经验,并且已在权力等级制度的台阶上历经摸爬滚打;第三,个人品质是否有过不良记录,抨击过克格勃的激进民主派也无法成为其身边人;第四,是否受过高质量的教育,是否能够较快地适应新的工作。①

政治阶层通过强力维持对国内的控制是俄国历史上政治演变的常态，俄罗斯政治精英把社会革命以及1991年的解体均看作政治失控的一种教训，目前俄国内已几乎不存在普京政府无法控制或协调的政治势力。俄罗斯的这种政治控制体现在：国家只有一个主要政党且长期占据议会多数，缺少真正的反对派；缺少多元化的媒体；群众示威活动受到限制；安全部门几乎渗入俄罗斯社会的各个角落。普京时期的这种强政治控制以政权机构和党派为基础，并得到了军队和安全部门的支持，表面上实现了国家政治生活的"相对稳定"。②

2. 难以去除的官僚腐败现象

在加强官僚体系以实现国家最高权力控制下的政治稳定的同时，俄罗斯也不可避免出现了官僚腐败现象。据俄罗斯民调机关的数据显示，1/3的俄罗斯民众认为现代化的关键在于社会政治领域：确保法律公平，严厉打击腐败，维护社会正义。只有1/4的人认为，现代化的关键是建立有效的创新经济。3/4的人认为，在目前的社会环境下无法建立创新型经济，确保国家顺利实现现代化的第一步应当是消除腐败和提高国家管理效率。

腐败问题已成为目前俄罗斯发展经济和实现强国战略的重大障碍。如今，由俄罗斯政府出面推行的反腐败行动已经十年有余，但俄罗斯腐败的程度依然非常严重。2004年1月，普京在总统反腐败委员会成立时就曾表示："俄罗斯权力机构不止一次地宣称必须与腐败斗争，并且制订了整体计划，实施了部分相当严厉的措施，但需要坦白地说，很遗憾，它们没有带来多大的效果。"③在2006年的国情咨文中，普京又表示："尽管付出了很大的努力，但我们至今未能消除发展道路上最严重的障碍之一——腐败。"④ 2008年普京卸任第二任

---

① Алексей Макаркин, Группы влияния в современной России, http://www.politcom.ru/2002/aaa_c_vl1.php.
② Lauren Goodrich and Peter Zeihan, The Financial Crisis and the Six Pillars of Russian Strength, http://www.stratfor.com/weekly/20090302_financial_crisis_and_six_pillars_russian_strength.
③ Путин В. В., Вступительное слово на заседании Совета при Президенте по борьбе с коррупцией.
④ Путин В. В., Послание Федеральному Собранию Российской Федерации 2006г., http://www.kremlin.ru/appears/2006/05/10/.

总统职务之际，列瓦达社会舆论分析中心曾进行了一项社会民意调查，以盘点普京在八年总统任期内执政的成败得失。结果显示，普京最大的成就是巩固了俄罗斯在世界上的地位，而最大的失败是反腐不力，没能抑制住俄罗斯腐败滋长的趋势。梅德韦杰夫亲自领导了"国家反腐败委员会"，但他也承认，目前腐败已经渗透到俄罗斯社会肌体，成为一种生活方式，民众对政府反腐败的效果普遍没有信心。

2007年国际反腐败组织"透明国际"曾对俄罗斯的腐败程度做出过如下结论：①在俄罗斯，几乎所有阶层的人都行贿，不管是殷实的人还是最贫穷的人，前者为了过得更舒适，后者为了生存；②俄罗斯人在与护法机关和教育部门打交道时最经常行贿；③俄罗斯人认为最腐败的机构依次是护法机关、法院、最高立法机构和执行权力机构、教育和保健系统、生意人；④公民不相信国家在近三年内腐败程度会降低；⑤公民不认为当局的反腐行动有什么效果。①

2010年8月16日，俄罗斯人权律师协会在其网站上发布了一份全俄反腐社会接待室的年度报告。该报告在分析了2009年7月2日至2010年7月30日间6589份腐败受害者诉讼的基础上得出结论认为，目前俄罗斯的腐败金额已经达到了GDP的50%，行贿支出占到企业总支出的一半。在大部分教育机构，从学前机构到高校，80%的流动资金都是不走账的，而政府服务部门90%的资金都是通过中介运作。在公检法系统，决定职业威信的标准不是执法工作，而是能否持续腐败，肥缺岗位本身就成了买卖对象，"就业"已经变成护法机关的摇钱树。该报告还提出，联邦安全局以及打击经济犯罪和有组织犯罪的各强力部门官员腐败程度最高，贪腐人员通过接受企业家"赞助"和索贿，平均月收入可达两万美元，其次是检察人员，排在第三位的是交警公安人员，连最普通的片警也可以靠非法移民的进贡获得可观的外快，因而进入护法机关的竞争显著加剧，2010年这里的一个职位平均有17个求职者应聘。

据俄经济发展部统计，2010年，民众向政府官员行贿的平均金额为5285卢布（折合1229元人民币）。另据俄罗斯联邦总检察院调查委员会的统计数据显示，2010年莫斯科市政府官员的平均受贿金额为60万卢布（折合14万

---

① Барометр мировой коррупции 2007（данные по России），http://transparency.org.ru/.

元人民币)。目前莫斯科市有 17.2 万名政府官员,其中市政府官员 12.5 万人,联邦级政府官员 4.7 万人。如果每一位政府官员每年每人按平均受贿标准接受贿赂的话,其受贿总金额即高达 1030 亿卢布,相当于莫斯科市 2011 年财政预算的 7.4%。[①]

2010 年 9 月 16 日,俄罗斯四位反对派组织的领导人鲍里斯·涅姆佐夫、弗拉基米尔·雷日科夫、弗拉基米尔·米洛夫与米哈伊尔·卡西亚诺夫联合成立了一个名为"争取无独断专行与腐败的俄罗斯"的民主力量联盟。他们表示,俄罗斯目前面临的最大问题是腐败,其次是政治和经济上的垄断,再次才是缺乏民主,包括缺乏公正的自由选举。2010 年 7 月 14 日,梅德韦杰夫在联邦会议立法委员会会议上也公开承认,近年来"俄罗斯反腐成效不明显"。

有俄罗斯专家称,由于工作更稳定,各种社会保险更完整,社会地位更高,国家公务员已经成为当今俄罗斯国内很多青年热衷选择的职业。许多父母一方面讨厌政府官员,一方面却希望自己的孩子成为国家公务员。甚至在俄罗斯还出现了一种"青年成长的有效模式"的说法,即一个人在政府机关里干个四五年,积累一些必要的关系和人脉,然后再辞职去"开创自己的事业"。2011 年 7 月 14 日,时任俄罗斯总统的梅德韦杰夫在克里姆林宫会见企业家时,针对俄罗斯青年人中的"公务员热"不无忧虑地指出:"青年人热衷于成为公务员,是因为这是一种快速致富的手段。"[②]

俄罗斯官僚机制的问题始终困扰着俄罗斯的发展。俄罗斯科学院政治学所所长马尔科夫认为:俄罗斯恢复国家作用的一个后果是强化了俄罗斯官僚制度的影响。官场越来越多地操纵着"商场"的活动。早在 20 世纪 90 年代,俄罗斯的政权就同依靠收买而征服了官员的商人的活动紧密联系在一起,而现在则是官僚家族征服了商人,在各个领域发挥主导作用。政治资本与权力资本的关系在俄罗斯始终是一个难以协调的矛盾,腐败问题也因此难以根本解决。

而改革官僚体制的困难在于,这一行动与普京强化国家权力的思想是相对立的。目前,在俄罗斯还没有形成一个能够把强化国家的思想与反对官僚体制

[①] 关健斌:《梅德韦杰夫:青年人热衷于成为公务员因为能快速致富》,http://bbs.tianya.cn/post-develop-747092-1.shtml。

[②] 转引自新华网,http://www.sooxue.com.2011-7-20。

的思想结合在一起的思想体系。虽然梅德韦杰夫强调依靠公民社会加强对官僚体制的监督，并主张让官员不兼任国家控股公司和国家集团公司管理人的职务，但是在普京八年已经形成了所谓的"新官僚集团"，该集团的势力已经越来越大，使得强化国家作用与反对官僚体制的斗争在俄罗斯具有更深层次的矛盾，真正解决起来难度很大。

3. 行政机构改革的困境

无论是普京时期，还是"梅普组合"时期，改革俄罗斯的官僚体制，使之能更有效率并适应俄罗斯社会经济发展的需要，一直是俄罗斯政府面临的一个十分艰巨和复杂的任务。

俄罗斯的行政改革之所以非常复杂，是因为它直接涉及一些政治集团的利益，而且与国家的政治制度紧密相关。叶利钦当政后期就试图推动行政改革，但因提交政府评定的"行政改革构想"方案未获得通过，行政改革也就不了了之。2000年5月，普京担任总统后不久就开始进行行政改革。在他的前两个任期内，普京推行的行政改革措施主要包括三个方面。其一，改革议会上院组成方式，理顺了中央与地方关系；按地域原则将俄罗斯划分为七大联邦区，同时设立驻联邦区的总统代表职位，每个联邦区下辖若干个联邦主体；取消了地方长官直选制，改由总统提名、地方议会批准，建立起以总统权力为核心的国家"垂直权力"体系，加强了总统对地方的控制，保证了总统的方针政策在地方得以贯彻执行。其二，缩减国家职能，划分各级权力机关的权限，保障各级权力机关的财政独立，提高执行权力机关的运作效率。但至今这部分改革目标并没有完全实现。其三，改革国家公务员制度，以提高行政工作效率，打击贪污腐败。国家公务员制度建立于叶利钦时期，1995年7月，叶利钦签署了《俄罗斯联邦国家公务员原则法》，对公务员的法律地位、任用、培训、义务和责任等都有详细的规定。普京时期，2002年8月出台了《国家公务员行为准则》，2003年5月通过了《俄罗斯联邦国家公务员制度系统法》。但这部分改革也没有完全取得实效，政府行政机构的数量不断膨胀，政府工作人员的办事效率也没有得到显著提高。

根据俄罗斯联邦国家统计局2009年3月19日的资料，截至2008年10月1日，俄罗斯各级国家权力机关工作人员总数为846307人，与1999年1月1日相比，公务员数量增加了74%。2010年4月，俄罗斯财政部按照梅德韦杰夫的命令，拟订了一份为期三年的规划草案，核心内容是"裁减官员数量，缩减财政开支"，预计在 2011 年 4 月 1 日前将全国公务员数量削减 5%；2012 年 4 月 1 日前将公务员数量削减 10%；2013 年 4 月 1 日前将公务员总量裁减 20%。也就是说，到 2013 年，原在任的政府公务员中，每五人中要有一人下岗，共有 120507 名官员将下岗，财政预算每年可节约 424 亿卢布开支（按一美元约合 30 卢布计算）。裁减公务员节省下来的收入，一半将用于提高公务员的薪资，另一半将贴补他用。显然，梅德韦杰夫当政时期的这一行政改革的目标并没有实现。随着普京 2012 年第三次当选俄罗斯总统，俄罗斯的行政机构又有进一步扩大之势。上任不久，普京就下令在总统办公厅内新增设了一名第一副主任、两名总统助理和一名总统顾问，将办公厅下属的局由 15 个增至 22 个，总统办公厅的总人数相应也增加到了 3100 人。①

俄罗斯行政改革效果不明显的原因，一方面是由于俄罗斯行政系统过于庞大，改革措施的推行耗时漫长，改革者提出的改革方向不明确，很多改革措施也不可能在短期内收到成效；另一方面，改革官僚机构会触动官僚阶层的特权和利益，对于领导人来说，不仅困难大，而且还要冒很大的风险。梅德韦杰夫当政时提出的政治现代化主张就因为直接关系到俄罗斯政治体制的基本内容，而受到了来自官僚集团内部的掣肘。

无论是政府腐败，还是行政部门效率低下，都与一国的政治系统和社会环境直接相关。对于俄罗斯来说，防止政府腐败和提高政府效率的关键是必须要建立一整套较为完善的制度。俄罗斯领导人虽然也意识到了制度的重要性，但他们提出的反腐败和行政改革的措施都是在不断强化国家权力的背景下进行的。俄罗斯政治制度的核心是总统权力过大，议会权力较小，司法权力更弱，对执行权力机关的监督越来越少，三权分立处于失衡状态。普京建立的"垂直权力"体系进一步将国家权力集中到总统手里，俄罗斯政治的透明度越来越低。在这种情况下，不进行政治体制改革，而仅仅在官僚体制内部从纯粹技术性角度进行局部的改革和调整，显然将难以实现普京政府提出的防止官僚腐败和提高行政效率的总体目标。

---

① Об Администрации Президента. http：//state. kremlin. ru/administration/about.

第五章　当代俄罗斯的地方精英

苏联解体以来，俄罗斯精英阶层在社会转型的过程中发挥着重要的主导作用，作为精英的重要组成部分，俄罗斯地方精英对社会发展的作用和影响同样不容忽视。本章主要以俄罗斯地方精英为研究对象，考察地方精英形成的过程及地方精英的构成，分析地方精英在俄罗斯政治中的地位和作用，探讨俄罗斯联邦中央和地方关系的特点及存在的主要问题。[①]

地方精英包括各类群体，如政治精英、经济精英、文化精英。可以说，每一类精英都在本地区乃至联邦层面具有一定的影响力。但从整体上考察，最能影响地方政治发展的当属地方政治精英，其他如经济精英、文化精英等，目前还尚未成为俄罗斯政治舞台上的重要力量。有鉴于此，本章对俄罗斯地方精英的研究仅限于对地方政治精英，即在地方权力机关中占据重要职位的人——地方行政领导人及地方立法机构代表[②]的分析和探讨。

一　俄罗斯地方精英的形成与地位变迁

俄罗斯地方精英是在苏联后期政治改革的过程中崭露头角的，其最初形成可追溯到苏联时期。勃列日涅夫执政后期，曾尝试将部分经济权力从中央下放

---

① 其实，地方精英和联邦精英的区分更多的只是一种形式上的，因为联邦精英在很大数量上来自于地方精英。从苏联时期一直到现今的俄罗斯，地方精英都是联邦精英的重要来源。本章研究的重点是考察这些精英处于地方时的行为模式及影响。
② 地方立法机构代表是俄罗斯新兴的地方精英，他们是根据1993年宪法的相关规定，经普选产生的，而此前地方立法机关代表是由党的各级组织任命的。

到各加盟共和国，由此带来了地方领导人经济权力的扩大。经济上的变革同时延续到了政治领域。随着地方领导人经济权力的增多，其手中的政治权力也逐渐加大。但是，当时的地方精英都来自于苏共党内，完全是由上级党组织任命的，在政治上要表现出对中央的绝对忠实。因此，尽管他们在政治和经济上获得了一定自主权，但在地方管理上并不能发挥独立的政治作用。

1. 戈尔巴乔夫时期的俄罗斯地方精英

戈尔巴乔夫后期实行的政治体制改革，为地方精英寻求独立地位创造了机会。其一，经济、社会和精神危机以及中央在解决地方紧迫问题上显示的低效率，提升了地方精英在政治上的地位和影响力。其二，市场经济关系的引入，增强了地方的经济自主性，地方精英也由此获得了更多的治理地方的自由裁量权，特别是对于民族地区的政治精英来说，民族地区民众争取本民族权力的诉求也大大增加了他们手中的权力。其三，联盟上层权力集团持续的争斗和倾轧为地方精英提高自己在地方的影响力和权力提供了机会，地方精英获得了前所未有的独立性。随着苏联的解体，俄罗斯联邦内部也开始了争取主权的大战。鞑靼斯坦、车臣以及巴什科尔托斯坦等共和国都试图建立独立的主权国家。一时间，推动苏联解体的"主权大战"成为侵害俄罗斯国家完整的致命威胁。

2. 叶利钦对地方精英的妥协

叶利钦时期通常被认为是俄罗斯联邦地区大洗牌的时期。这一时期，俄罗斯社会转型的一个重要特征——地方化倾向——开始出现。地方精英致力于打造自己的政治联盟，力图最大限度地独立于中央，地方精英在俄罗斯政治经济中的作用日益凸显出来，并且在与中央的反复博弈中不断扩大着自己的权力和影响力。

苏联解体后，地方精英，特别是来自共和国的地方精英趁机巩固和扩大了自己手中的权力。苏联解体后的俄罗斯共有89个联邦主体，这89个联邦主体分别由共和国、边疆区、州、自治区和直辖市组成，分布在俄罗斯广袤的土地上。叶利钦时期复杂的政治形势，使得叶利钦需要竭尽全力谋求来自地方精英的支持，因而他提出了"想要多少主权就拿走多少主权"的地方政策，这也促使地方精英不断寻求更多的自治权，而联邦中央则丧失了其在苏联时期享有的对地方的广泛权力。随着地方精英权力的不断扩大和政治地位的提升，他们在国家的政治经济生活中发挥着越来越重要的作用。在政治上，按照当时的联邦法律，地方行政长官同时兼任俄罗斯议会上院（联邦委员会）议员，在联邦立法权力机关有直接的发言权。1994~1998年，叶利钦政府与46个联邦主体签订了权力分配协议，将许多原本属于联邦中央管辖的事务分配给了地方政府。在地方层面，地方行政长官的职权范围比联邦中央在地方下设的执行机构的官员要大得多，许多地方精英经常在政治上无视联邦中央的指令，经济上实行各自的经济政策，地方壁垒和地方保护主义非常严重，阻碍了俄罗斯统一经济空间的建立。而以鞑靼斯坦和车臣为首的一些民族地区，则开始打造自己的独立王国，试图与联邦中央分庭抗礼。

在叶利钦执政的整个20世纪90年代，俄罗斯地方政府获得了很大的自治权，地方精英也获得了管辖地区的众多实权和影响力。① 相比较而言，联邦中央则因为可控制资源的减少而对地方政府的依赖程度越来越大。到叶利钦辞去总统职位前，地方行政长官在俄罗斯政治中已经成为举足轻重的人物，叶利钦在选择自己的接班人时也不得不考虑地方精英们的意见。这种情况直到普京当政以后才开始有所改变。

3. 普京与地方精英的较量

普京上台后，首先加强了对地方精英的控制，地方精英的政治影响力和权力受到制约。如果说叶利钦时期的地方精英是权力膨胀，敢于同联邦中央分庭抗礼，那么在普京的治理下，俄罗斯地方精英则变得温和驯顺，更多地表现出对联邦中央的尊重和服从。普京对地方精英的治理主要表现为以下几个方面。

（1）推行联邦体制改革

普京联邦体制改革的第一个重大举措就是在全联邦范围内建立了七大联邦区，同时任命了七个总统派驻联邦区的全权代表。联邦区由总统任命的全权代表负责，其职责在于协调联邦区内各个联邦主体的行动，促进联邦、地方和自治政府间以及政党和宗教组织间的合作；监督联邦法律和法令以及总统和联邦政府命令与各项规章的实施。从宪法的角度来看，宪法并没有赋予总统创建联邦区的权力，因而联邦区不能算作国家权力体系中的一级，它只能被看作联邦中央和地方之间的一个协调部门，但实际上，总统驻联邦区的全权代表却被赋

---

① 在这里，由于不同地区所占有的资源不同，地方精英之间的差距也在逐渐拉大，出现了资源丰富的地区经济变得更强，而资源相对匮乏与偏远的地区经济上则变得不堪一击的局面。

予了监管地方政府的职责。

早在 1991 年，叶利钦便下令增设总统特使一职，以监督新任命的地方行政长官的工作，但由于当时总统特使被联邦中央相互矛盾的指令束缚了手脚，未能发挥其应有的作用。而且在个别地方，如莫斯科、圣彼得堡以及下诺夫哥罗德的总统特使本身就是该地区的行政长官，这就使总统特使的意义消失殆尽。普京任总统后，针对总统特使监督不利的情况，将整个俄罗斯划分为七大联邦区：乌拉尔联邦区，中央联邦区，北高加索联邦区（2000 年更名为南部联邦区），伏尔加联邦区，远东联邦区，西伯利亚联邦区和西北联邦区，每个联邦区包括几个联邦主体，而且联邦区的设置与俄罗斯部队军区划分的范围基本一致，每个联邦区的总统代表同时还兼任国家安全委员会委员。这样，普京时期的联邦区总统全权代表，无论在管辖范围还是在职权上，都比叶利钦时期的总统代表要大得多，真正起到了威慑地方权力的作用。

普京联邦体制改革的第二个举措是改变了联邦委员会的组成，取消了地方行政长官和地方议会负责人进入联邦委员会的权力，将地方精英从联邦中央立法权力机构中除了出去。根据 2000 年 5 月 19 日普京提出的《联邦委员会组成法》草案，联邦委员会由每个地区推出的两名代表组成，一名由地方议会选举产生，另一名由地方行政长官指定，必须获得地方议会 2/3 代表的支持。不仅如此，随着地方领导人联邦委员会代表资格的丧失，他们的刑事豁免权也自动失效，这使得普京可以利用刑事制裁的手段加强对地方领导人的控制。

普京改革的第三个举措是收回了地方领导人的人事任免权。2004 年底，普京提出取消联邦主体行政长官直选，改为总统提名、地方议会批准。最初，新的地方行政长官人选是由各联邦区总统代表负责推荐，再由普京从中筛选的。2006 年，普京签署了《有关联邦主体立法机关和执行机关组织总原则的修正案》，将地方行政长官人选的提名权赋予进入地方议会的政党。[1] 这一时期，坚决支持普京的政权党"统一俄罗斯党"（简称"统俄党"）适时地将党的工作中心转移到地方选举，自 2008 年地方选举以来，"统俄党"连续在大

---

[1] 2009 年，梅德韦杰夫总统又提出一项新法案，规定只有进入地方议会的第一大党有权提名地方长官的人选。

多数地方代表机关选举中赢得绝对多数席位，所获得的平均总席位达到了70%以上，遥遥领先于"俄共""自由民主党"和"公正俄罗斯党"等其他三个议会政党（见表5-1），因而也控制了几乎所有地方长官人选的提名权。这样，取消行政长官直选后，任命地方行政长官的过程也就成了由"统一俄罗斯党"主导下的"党内推荐制"。

表5-1 俄罗斯四个议会政党在地方各级权力机关选举中获得的总席位百分比

单位：%

时间/政党	统一俄罗斯党	俄罗斯共产党	自由民主党	公正俄罗斯党
2008年3月	73.2	9.8	3.9	3.9
2008年10月	76.6	6.3	4.4	5.9
2009年3月	73.0	10.0	3.6	6.0
2009年10月	79.3	14.1	1.5	5.2
2010年3月	68.0	13.0	8.2	7.8
2010年10月	76.2	11.2	4.6	6.5
2011年3月	68.4	12.6	5.9	9.0
2012年10月	78.7	9.8	2.2	4.3
2013年9月	78.7	9.8	2.2	4.3
平均总席位数	74.1	8.7	3.9	5.5

注：表中数据为四个议会政党在2008~2013年联邦主体代表机关和地方自治机关选举中所获总席位百分比。

资料来源：俄罗斯中央选举委员会网站，http://www.cikrf.ru/banners/vib_arhiv/electday/vib_080913/vib.html。

总的来看，在普京的前两个任期，以及后来的"梅普组合"时期，普京正是采取这种既打又拉的两面手法，实现了对地方精英的控制。一方面，普京通过联邦法修正案，将提名地方长官人选的权力赋予了政权党，又将解除地区领导人职务以及裁定地方领导人和地方议会违宪行为的权力赋予了联邦总统，从而将地方精英的升迁、流动和遴选的权力完全掌握在联邦中央的控制之下。另一方面，普京通过吸收地方精英加入政权党——"统一俄罗斯党"的方式，在中央和地方精英之间形成了一个利益纽带。为表示对总统的忠诚，以获得连任的机会，地方精英们也纷纷选择加入"统俄党"，并在地方选举中积极支持"统一俄罗斯党"的候选人，甚至利用手中掌握的行政资源为"统一俄罗斯党"助选。到普京的第二个任期，地方行政长官中的绝大部分人都是"统一俄罗斯党"的党员。

（2）启动地方经济体制改革

除了在政治领域加强对地方精英的控制外，普京还在经济领域推出了一系列举措，以控制地方的经济命脉。一是修改《俄罗斯联邦预算法》，改变过去不同层级政府之间财政分权模糊不清的状态，明确了联邦、地区以及地方自治政府之间的预算责任，同时厘清了不同政府层级的收入和支出权限。预算法的修改实现了对地方行政长官资金支配权的控制，增加了地方资金使用上的透明度，从而减少或避免了地方领导人基于个人目的滥用联邦和地方资金的行为。二是修改俄罗斯联邦的税法。重新确定了税收在中央和地方的分配比例，从而将国家的大部分收入从地方转移到联邦中央的控制之下，使地方不得不依赖中央政府的收入分配。① 三是加强了对地方税收机构的管理，确保这些机构不再受制于地方政府，而是将联邦的利益置于第一位。四是提高了公共部门工作人员的工资水平，将他们的工资提高了89%，由于一些地方政府无力支付这些新增加的支出而不得不依靠联邦政府拨款，从而限制了地方政府对本地区经济施加影响的能力。

通过实施以上财政联邦改革，联邦中央不仅加强了对地方财政收支的监督，还将地方财权有效地控制在了联邦中央手中，改变了联邦中央和地方的财政关系，增强了地方精英对联邦的依赖性。

（3）改革措施对地方精英的影响

在与地方精英的较量中，普京有效地削弱了地方精英的诸多实权，权力的天平逐渐向中央倾斜，而地方精英也表现出安分守己，专心致力于本地区的事务中。概括起来，普京时期对地方精英治理的成效，可以从以下几组关系中反映出来。

第一，地方精英与总统的关系。② 通过在全国设置联邦区和派驻总统全权代表，普京在联邦中央和地方精英之间建立了一个新的管理层级，使总统和地

---

① 对此，有学者这样评论：所有地方现在都从联邦中央寻求资助，而联邦中央的原则就是，根据地方的能力取得资金，而根据自身的裁量权分配给地方。Nezavisimaya Gazeta, January 28, 2002.

② Peter Reddaway, Robert W. Orttung, The Dynamics of Russian Politics, Rowman & Littlefield Publishers, p. 283.

方精英的关系变得更加微妙。在叶利钦时期,地方精英可以与总统直接对话,而在普京时期,他们若想和普京探讨地方问题,必须要经过总统全权代表这一渠道。当然,也有些地方精英神通广大,依然可以直接和普京打交道,但这毕竟是少数,而且他们在面对普京的时候,也表现得非常审慎,以便不损伤自己与普京建立起的这种个人关系。而普京则有意限制与地方精英会面的次数,尽可能降低地方精英与联邦中央进行政治交易的概率,同时也提高了自身在地方精英中的威信。2005年以后,普京将地方的人事任免权收归中央后,更是通过打拉结合的方式,培养地方精英对他的忠诚。虽然撤销行政长官的程序相对复杂,但地方行政长官的升迁毕竟掌控在中央的手中,即使有不满,他们在行动上也不得不服从中央的命令。

第二,地方精英与联邦立法部门的关系。由于地方行政长官和地方议会领导人不得再兼任联邦委员会委员,因此地方精英也就丧失了一个在联邦层面表达观点、影响国家立法、干预国家高层决策的重要平台,地方精英的作用和影响力被完全限定在了管理地方事务上。地方精英们再也无法如20世纪90年代那样,在联邦委员会内形成统一阵线,共同抵制联邦中央的某些政策。不仅如此,随着地方行政长官和地方立法机关领导人刑事豁免权的自动失效,联邦政府可以以"滥用权力或有违法行为"为由,依法追究地方官员的刑事责任。

第三,地方精英与联邦区的关系。联邦区的设置改变了地方精英的政治环境,削弱了地方精英的权力基础。普京在联邦区内设立总统全权代表职位后,地方精英的权力受到掣肘,中央却可以直接掌握地方更多的信息,有效地保证了联邦法律在地方的实施,加强了联邦中央对地方局势的控制能力。经过近十年的磨合,地方精英从对总统代表的抵制,到不得不遵从他们的监督和领导,总统全权代表在地方的作用越来越凸显出来。

由此可见,普京改革联邦体制、打压地方精英的措施不仅收到了实效,而且也将地方精英完全纳入以总统权力为核心的联邦垂直权力体系之中。但是也应该看到,在普京推行联邦体制改革的过程中,地方精英也并非完全处于被动地位,在某种程度上他们也是联邦体制改革的受益者,尤其是一些落后地区的地方精英对普京的财政联邦改革就表现出了极大的热情,他们希望通过国家资源的重新分配,使该地区获得更多的实际利益。大多数地方精英对普京制止地方分离主义倾向、建立国家垂直权力体系的做法也给予了积极的评价和支持。[1] 同时，为了保持地方政权的稳定和地方精英队伍的稳定，普京在他的前两个任期内，除在个别地区外，并没有过多地使用"提前解除地方行政长官职务"这一总统特权。

联邦体制改革后，地方精英们的权力虽然受到了一定削弱，但在地区层面，他们依然发挥着无可替代的作用。首先，在地方事务上，地方精英依然保持着重要的影响力，这一方面源于他们所处的官方职位，另一方面也源于他们个人在地方建立的特殊关系网，包括与当地企业、法院以及联邦部门的关系，这些权力上的资源为他们扩大自己在地方上的影响力创造了条件。其次，在与中央的关系中，尽管地方精英在制定国家政策方面失去了主动，但在落实中央政策方面依然发挥着至关重要的作用。联邦中央制订的各项政治经济与社会改革计划，在很大程度上也需要依赖地方精英予以落实。再次，联邦体制的改革也使地方精英们的权力获得了一定制度上的保障。虽然叶利钦时期中央与地方签订了很多双边协议，但最终都因为没有制度保障而成为一纸空文。因而，一些地方精英也认识到，由领导人之间签订协议的方式来确定中央与地方的权力关系并不具有稳定性，他们也希望能借助普京的联邦体制改革，以制度化的形式明确划分出中央和地方的权力范围。

作为普京选定的接班人，2008年梅德韦杰夫当选总统后，基本延续了普京时期的内外政策，对地方精英的政策也没有做出大的改动，只在局部问题上做了一些调整。其中包括以下几点。第一，组建北高加索联邦区。为了推进北高加索地区的经济发展，保障南部地区的稳定与安全，2010年1月，由梅德韦杰夫建议，将北高加索地区从南部联邦区划分出来，单独组建了一个新的联邦区——北高加索联邦区，俄罗斯联邦区的数量也由七个增加到了八个。北高加索联邦区包括达吉斯坦、印古什、卡巴尔达—巴尔卡尔、卡拉恰伊—切尔克斯、北奥塞梯—阿兰和车臣共和国，以及斯塔夫罗波尔边疆区。克拉斯诺亚尔斯克边疆区前行政长官亚历山大·赫洛波宁被梅德韦杰夫任命为副总理兼总统驻北高加索联邦区全权代表。此前，俄罗斯还没有出现过一人同时担任政府副总理兼总

---

[1] L. D. Gudkov, B. V. Dubin, and Iu. A. Levada, Problema elity v segodniashnei Rossii (Moscow: Fond "Liberal'naia missiia," 2007), p. 327.

统全权代表的情况。第二，促成议会通过了一项法案，规定"将地方领导人的提名权赋予议会中的第一大党"。但由于2007年以后"统一俄罗斯党"在地方议会选举中表现不俗，几乎控制了所有地方议会的绝大多数席位，因而梅德韦杰夫提出的这项法案，客观上也进一步强化了"统一俄罗斯党"在地方权力机关中的优势地位和影响力。第三，针对2011年杜马选举后民众的抗议浪潮和"恢复地方行政长官直选"的呼声，梅德韦杰夫在卸任总统职位之前，提出了包括"恢复地方行政长官直选制"等在内的制度性改革措施。2012年4月25日，国家杜马以237票的微弱多数通过了恢复地方行政长官直选的法律，但该法同时也对地方行政长官候选人的人选做了一些限制性规定，如总统有权对候选人人选提出质询，候选人须得到一定数量的该地区议会议员的"信任签名"才能参选等。

4. 普京新时期对地方精英的政策调整

2012年普京第三次当选总统。在总统竞选期间和上任之初，普京遇到了来自体制外反对派和各地民众大规模抗议活动的政治压力。针对社会情绪的变化，普京及其政治团队采取了一些积极的应对措施，向社会做出了改革国家民主体制的承诺，其中最主要的一项制度改革是重新恢复了自2005年以后被取消了的地方行政长官直选制度，并于2012年10月的秋季地方选举中，按照新的联邦法举行了地方行政长官的第一次直接选举。但选举结果，"统一俄罗斯党"在所有参加的各级别选举活动中都大获全胜，遥遥领先于其他竞争对手，地方权力结构和地方精英的组成基本没有发生大的改变，当选的地方行政长官也几乎全是"统一俄罗斯党"推荐的候选人。

实际上，在新的地方行政长官选举法实施之前，普京就利用自己的总统权力撤换和重新任命了一批任期将满却深得普京信任的地方行政长官，使他们躲过了即将面临的直选。2013年3月，普京又支持部分地方领导人向议会提出有关"允许个别地方的地方行政长官选举由当地居民选举改为在地方议会内选举"的法案，并最终获得通过。[①] 该法规定，一旦联邦主体决定不实行地方行政长官直选，则进入该联邦主体地方议会或国家杜马的政党，有权向俄罗斯

---

① 参见俄罗斯《独立报》2012年12月29日，http://www.ng.ru/politics/2012-12-29/3_mayatnik.html。

总统提出本党三名地方行政长官的人选，俄罗斯总统可以从这些候选人名单中挑选三名候选人提交该联邦主体地方议会审议，最后再由地方议会代表从这三名候选人中推选出一位担任该联邦主体的地方行政长官。该法还规定，获得政党提名的行政长官候选人，在候选人名单提交俄罗斯总统之前，须撤销其海外的所有银行账户，断绝其所有的国外资产。允许联邦主体自行决定是否直选地方行政长官，是普京政府在全面恢复地方行政长官直选制后一种有意的政治安排。在必要时，联邦政府可以利用这一法律，借助"统一俄罗斯党"在地方议会中的优势地位，收回个别"不驯服"地区或者某些民族分离倾向尚存、社会尚不稳定的北高加索地区领导人的直选权，而这一点很快就得到了印证。2013年第一批提出放弃行政长官直选的两个联邦主体，正是来自北高加索地区的达吉斯坦共和国和印古什共和国。[①] 有些俄罗斯学者认为，尽管允许联邦主体自行决定是否直选地方行政长官法律的出台考虑到了地区差异和民族地区的特殊情况，但在实施过程中，也极有可能出现另一种"变相的任命制"。[②]

二　俄罗斯地方精英的构成

苏联解体后，围绕着俄罗斯精英结构能否发生重大变化的问题，学者们的看法并不一致。与东欧国家相比，俄罗斯精英构成的变化程度相对较低，但是变化的复杂性却非东欧国家所能相比。俄罗斯精英结构的特点是新旧精英相互交织，苏联的解体并不意味着俄罗斯精英与过去彻底决裂，当代俄罗斯精英，包括政治精英在内，在很多方面都与苏联时期保持着千丝万缕的联系。

1. 叶利钦时期地方精英的构成

苏联解体之初，由于缺乏有效的人事录用渠道，许多政府官员都是直接从苏联时期的官僚机构中转换而来的。尽管这些旧精英经历了改朝换代，但其价

---

① Парламент Дагестана принял закон, отменяющий прямые выборы главы регионаhttp：www.cis-emo. net/ru/news/parlament - dagestana - prinyal - zakon - otmenyayushchiy - pryamye - vybory - glavy - regiona；Парламент Ингушетии отменил прямые выборы главы республики. http：//lenta. ru/news/2013/05/08/ingush/.

② Есть варианты：Депутаты правят законопроект, отменяющий прямые выборы губернаторов. http：//www. rg. ru/2013/03/12/zakonoproekt. html.

值观、思想观念和行为模式不可避免地还保留着苏联时期的某些特征，很难在短期内发生大的改变。① 伴随着20世纪90年代大规模的政治经济改革，俄罗斯精英的生成模式也在逐渐发生变化。除了部分苏联时期的官僚继续留在各政府部门任职外，1989年和1990年进行的各级权力机关选举，也为一些官僚体制外的人进入国家权力阶层创造了机会，他们成为俄罗斯新的政治精英。② 俄罗斯地方精英的构成变化与联邦精英大体相同，唯一的差别是，地方精英中来自苏联官僚体制的人员比例相对更大，这一点在叶利钦时期表现得尤为明显。据统计，叶利钦时期绝大多数的地方精英来自苏联时期的官僚机构，其中曾在勃列日涅夫时期任职的占到57.4%，在戈尔巴乔夫时期任职的占到39.7%，只有很少的一部分人不具备官僚背景。③

与苏联时期的地方精英构成有显著不同，叶利钦时期的地方精英由于地方立法机构和地方行政机构的分离，派生出新的分支，即由原来的一个精英集团分为立法机构代表和地方行政长官两大精英集团，这是叶利钦行政体制改革的结果，也是俄罗斯历史上的一个新现象。尽管地方立法机构早在1993年宪法公布前就已经存在，但地方立法机构的代表却并不是经选举产生的，而是由党的各级机构任命的，且职能上也与地方行政部门相互交织。从这个意义上，这一时期的地方立法机构还不能称得上是真正意义的代议机构。直到1994年上半年，按照1993年宪法规定的程序进行了地方议会选举，地方立法机关才成为一个独立的地方权力机关，经选举产生的立法机构的代表也逐渐成为俄罗斯一个新的精英群体，它的成员几乎涵盖了俄罗斯社会的各个阶层，其代表性颇为广泛。

与宪法明文规定"地方立法机构须由选举产生"有所不同，"如何产生地方行政长官"却一直没有明确的法律规定。为此，叶利钦和时任最高苏维埃主席哈斯布拉托夫之间产生了严重分歧。前者主张沿用苏联时期的任命制，后

---

① 当然，我们不可否认，制度上的重大改变为俄罗斯精英的发展创设了新的政治环境，从而在一定程度上影响了俄罗斯精英的发展轨迹，使他们不断修正自己的行为以适应政治和市场经济形势的新变化。
② 由于所处的时代和经历不同，新、旧精英在许多方面都表现出明显的差异。
③ Sharon Weming Rivera, "Elites in Post－Communist Russia: A Changing of the Guard?", Europe-Asia Studies, 2000.

者则主张实行地方行政长官的全面选举。1993年"十月事件"后,叶利钦取得了对最高苏维埃的胜利,在任命地方行政长官的问题上也取得了主动权。叶利钦与地方精英达成了暂时的妥协,地方精英们表示不再公开挑战叶利钦的权威,而叶利钦也很少运用总统权力免除地方行政长官的职务。原本定于1991年11月8日开始全面实行的地方行政长官选举也被一再延期,直到1995年,地方行政长官选举才开始在部分地区实行①。到1997年,有88个联邦主体举行了地方行政长官选举。

地方行政长官的直接选举增强了地方行政长官的合法性与独立性,为联邦中央管理地方事务增加了难度。总统再不可能通过职务任免的方式获取地方精英的支持,而只能通过其他方式,如通过财政手段保证中央政策在地方的贯彻落实,但由于叶利钦时期政府的财政收入严重不足,所以总统试图通过财政手段控制地方精英也变得非常困难。与之前任命的地方行政长官相比,新当选的地方行政长官在与中央的关系上也更为强势,地方政府公然对抗联邦法律的现象时有发生。在地方精英的压力下,叶利钦执政后期曾与40多个地方政府签订了权力和责任划分协议,而以前这种协议联邦政府只限于与鞑靼斯坦和车臣这样的共和国地方政府签订。实行地方行政长官选举后,当选的地方行政长官绝大多数都会在任职届满后重新参加选举,而他们在任时掌握的各种经济和行政资源,也为他们的再次当选提供了便利,并帮助他们在连选中再次当选。

2. 普京时期地方精英的构成

与叶利钦时期地方精英大部分是由苏联时期的官僚转化而来有所不同,普京时期地方精英的构成则更为多样化。传统的政治精英,即具有苏维埃和共产党行为模式的人开始逐渐地退出地方政治舞台,取而代之的是一些具备新的执政理念和经验的精英群体。②强力部门(军队和安全部门)的人员在地方精英集团中的人数不断增加。据统计,除了地方行政长官中的军界人

---

① 只有莫斯科市和圣彼得堡市在俄罗斯总统选举的当天也同时举行了本市的市长选举。
② 据统计,后者在地方精英中的人数增加了两倍,目前已经占到地方精英总数的30%,几乎与那些出身于苏维埃、共产党和共青团的人相持平(目前他们占据总数的35%)。

士外，总统驻地方的全权代表中70%的人来自军队或国家安全部门。① 有人甚至认为，普京时期的俄罗斯精英中存在着一种军事化倾向。当然，普京任用强力部门人员并非是想在国家实行军事化管理，而是更看重这些人对自己的忠诚。其中有些军职人员在治理地方事务方面也取得了很好的业绩，如莫斯科州前州长鲍里斯·格罗莫夫就是军界人士履行地方行政长官职责的成功一例，在2003年莫斯科州的州长选举中，他以80%的得票率再次当选。

如果说强力部门人员进入地方精英阶层是普京时期俄罗斯地方精英变化的一个重要特征，那么商界代表进入地方权力阶层则是这一时期地方权力变化的另一个重要趋势。根据相关报道，商界代表占据俄罗斯地方精英的比例从1993年的1.6%上升至2002年的11.3%。其中8%的人担任了地方行政长官一职。② 普京时期商界精英大量进入地方权力部门，这一方面是因为市场经济的影响，商业对俄罗斯地方政治的影响越来越大，使得商界人士往往能够"商而优则仕"；另一方面也是因为普京打击寡头的政策，使很多商界精英不断地从联邦中央的政治舞台上被排挤出来，于是一部分人不得不转而投向地方权力机关。商界精英进入地方权力体系的渠道主要有两种：一是当选地方行政长官，以此进入地方行政机构并担任要职；二是当选地方议会议员。从目前的情况来看，在一些经济较发达的联邦主体内，商界精英在地方议会中所占的比例比较大。

此外，普京时期地方精英的教育背景也发生了很大变化。如果说叶利钦时期地方精英中绝大部分都有理工科教育背景的话，那么到2007年，在俄罗斯地方精英中，具备社会科学及人文教育背景的人数已经超过了具备工程或自然科学背景的人数。与此同时，影响地方精英选拔的因素也在发生变化，普京时期考察一个地方官员的首要标准是他对政治体制的忠诚度以及职业水平，地方精英们在政治和思想意识上表现得越来越同质化，他们非常清楚自己在国家整

---

① Olga Kryshtanoyskaya and Stephen White, Putin's Militocracy, Post-Soviet Affairs, No. 4 (2003).
② Самые влиятельные люди России. Политические и экономические элиты российских регионов / Отв. ред. О. В. Гаман － Голутвина. М. : ИСАНТ, 2004; Гаман － Голутвина О. В., Региональные элиты России: персональный состав и тенденции эволюции //Полис. 2004. №2 － 3.

体目标中的利益。① 在选拔、任用地方官员方面，总统办公厅起着决定性的作用。对地方的人事任命也通常会经过很长的协调过程。对于鞑靼斯坦、巴什科尔托斯坦以及其他一些民族共和国来说，情况也许会更复杂一些。因为在这些民族地区，维持地区稳定和统一是首先要考虑的因素。正因如此，普京连续两次任命明季梅尔·沙伊米耶夫（Минтимер Шаймиев）为鞑靼斯坦共和国总统，并于2007年再次修订了联邦中央和鞑靼斯坦分权协议的一些相关内容，同时任命来自鞑靼斯坦的卡米尔·伊斯哈科夫为远东联邦区的总统特使，希望能有效地协调和解决联邦中央与鞑靼斯坦地方政府之间的关系。

3. "梅普组合"时期地方精英的构成

梅德韦杰夫时期地方精英的一个重要变化是地方行政长官的更新换代。据专家称，对俄罗斯地方行政长官大规模的免职计划酝酿已久，梅德韦杰夫上任伊始就开始着手更换地方领导人的准备工作，希望改变俄罗斯政坛中年龄老化的现象，为俄罗斯的地方政治注入新鲜血液。而金融危机的到来给梅德韦杰夫实施这一计划提供了一个极好的机会。

总的来说，梅德韦杰夫时期的地方精英表现出以下两个特征：一是地方精英出现了更加年轻化和专业化的倾向，据统计，梅德韦杰夫时期任用的地方官员的平均年龄都在50岁以下，且这些人大多具有较高的学历，尤其擅长经济；二是在地方政治舞台上具有地方根基的人员数量在减少，而外来者在联邦中央任命名单中的比例在增加。

相比较而言，梅德韦杰夫在任四年，新任命的地方官员的数量大大超过了普京时期。例如，在普京第二任期任命的82名地方长官中，54名（占65.8%）属于再次任命，新任命的仅为28名，其中两名是因为原任已死亡，所以真正意义上新任命的行政长官为26名（占32%）。而在梅德韦杰夫任总统期间，截至2011年12月4日议会选举之前，共任命了65名地方行政长官，其中再次任命的为26名（占40%），39名（占60%）为最新任命。② 在被撤

---

① Aleksandr Ponedelkoy, Aleksandr Starostin, Regional Administrative – Political Elites of Russia in the Past, Present and Future, Social Science, 2009.
② 〔日〕大串敦：《支配型政党的统制界限——统一俄罗斯党与地方领导人》，《俄罗斯研究》2012年第2期。

换的领导人中，包括连任三届的莫斯科市市长尤里·卢日科夫、鞑靼斯坦共和国总统沙伊米耶夫和巴什科尔托斯坦共和国总统穆尔塔扎·拉希莫夫。这几位地方行政长官都称得上是俄罗斯地方精英中的重量级人物。随着这些重量级地方精英的离职，俄罗斯地方精英的构成出现了实质性的变化，苏联时期的官僚基本上已经脱离了地方政权中的重要职务，取而代之的是很多忠于联邦中央的人，他们成为新一代的俄罗斯地方精英。

利用外来者取代本土精英的做法也是梅德韦杰夫时期任用地方官员的一个显著特点。这些外来者相对于有地方根基的领导者来说，对中央表现得更为忠诚。[1] 但大量任用外来者的做法在实际中也产生了一些问题，其中最为严重的，就是这些外来者常常受到本土精英的排挤，因而也直接影响到了梅德韦杰夫时期地方行政的效率。

三 俄罗斯治理地方精英的策略和手段

由于政治环境不同，不同时期的俄罗斯政府对待地方精英的策略和手段也各不相同。苏联解体前，中央和地方关系的优先原则是以政治发展为主导，地方精英的权力受到很大程度的遏制。但到了叶利钦时期，在其"能拿走多少主权就拿走多少主权"的地方政策鼓励下，地方势力获得了前所未有的发展和壮大。而到了普京时期，为了恢复中央的权威，地方精英的权力又受到了中央的严格控制。

叶利钦时期出于政治上的考虑，希望以"主权换忠诚"，因而联邦中央与地方签订了诸多分权协议。但是，叶利钦与地方精英游离于宪法框架之外的分权磋商和协议并未给双方带来多大的效益。一方面，尽管地方精英的权力获得了极大的增强，但俄罗斯地方自治的程度依然很低；另一方面，国家体制遭到破坏、中央与地方正常的联邦关系无法建立起来。"主权换忠诚"策略的唯一受益者是地方精英，他们在与中央争权的过程中结成了紧密的同盟，与联邦中央讨价还价，

---

[1] Nikolay Petrov, Regional Governors under the Dual Power of Medvedev and Putin, The Journal of Comnunist Studies and Transition Politics, Vol. 26, No. 2, 2010.

有效地扩大了自己的势力范围和控制地方政治经济资源的各种权力。

在国家政治经济陷入困境，国家面临分裂的危机之下，普京几乎是毫无选择地倾向于加强中央权力，而这一政策目标也不可避免地和遏制地方精英的权力连接在一起。普京在削弱地方势力方面采取的改革联邦委员会、建立联邦区、取消地方行政长官直选等策略和手段，使普京时期政治博弈的天平倒向了联邦中央，致使地方精英丧失了与联邦中央相抗衡的能力，而恢复到地方管理者的地位。

值得注意的是，尽管叶利钦和普京在对待地方精英的策略上有很大差异，但是二人也存在一些共通之处，即二者均将吸纳地方精英到联邦精英的群体中作为治理地方精英的一个策略。无论是叶利钦，还是普京，在任总统期间都遴选了一大批地方精英到联邦机构中任职，其目的，一是可以利用这些地方精英拥有的政治资源，增强联邦机构的权威和地位；二是可以借此同化这些地方精英，以减少联邦中央的潜在对手。如，叶利钦任命了很多颇受欢迎的地方改革者（鲍里斯·涅姆佐夫、谢尔盖·基里延科，等等）在联邦机构中担任要职，而普京身边也聚集了一大批来自圣彼得堡的精英。这种做法的效果比较明显，大多数从地方到中央任职的人都能从中央而不是地方的角度和利益去考虑问题，同时还能利用他们在地方工作的经验和影响力，帮助联邦政府协调与地方的矛盾和冲突。

梅德韦杰夫时期基本上延续了普京治理地方精英的理念。除了政策上进行了部分微调，如恢复地方发展部，在政府内成立地方发展委员会，将地方行政长官候选人的提名权从总统转移到"统一俄罗斯党"手中，为普京任命地方长官提供新的途径，[①] 以及引入地方行政人员效率评估机制，等等。此外，梅德韦杰夫一直强调在地方建立民主机制的问题，如他在2009年的国情咨文中提出的"统一确定地方立法机构成员人数以及全面实行比例代表制"的倡议。但这些政策目标在实践中能否得到落实，还需要时间的检验。

[①] 梅德韦杰夫任总统期间改变了地方行政长官的提名办法，即由在该地区议会选举中获胜的政党提名，而实质上在地区议会选举中获胜的政党非"统一俄罗斯党"莫属，这就实质上将对地方行政长官的提名权变相地转移到了普京手中。

四 俄罗斯地方精英在社会转型中的作用

从20世纪90年代初开始,地方精英便成为俄罗斯政治中的一个重要角色。在苏联解体和俄罗斯的社会转型中,地方精英都发挥了不可替代的作用。1991年苏联政体的改变,在很大程度上就是由地方精英阶层发起和主导的。苏联解体后,俄罗斯一度出现地方化的态势,大量的国家权力和财产由中央迅速向地方转移,地方精英的政治地位快速提升。到普京执政之时,地方精英已经成为俄罗斯政治舞台上耀眼的明星。据报道,在2000年1月公布的俄罗斯前100名最具影响力的政治家中,地方精英占了14名,而这一数字在20世纪90年代中期仅为6个或7个。尽管普京在实行联邦体制改革后,地方精英的行政权力受到了一定的牵制和削弱,但这并没有影响他们在俄罗斯政治中继续发挥作用。

1. 地方精英对联邦中央和地方关系的影响

俄罗斯转型中的一个重要问题就是联邦中央和地方关系的重塑。应该说,地方精英是在联邦中央和地方的关系发展中形成的。尽管俄罗斯早在1918年就确立了联邦制的国家结构形式,但是从此后70多年联邦制的实践来看,俄罗斯的联邦体制更接近于单一制,地方只是在形式上拥有自治权,实际运作则受制于联邦中央。苏联解体以及由此带来的政治变化深刻影响了俄罗斯联邦中央和地方之间的关系。地方的独立意识和自我意识日益增强,地方精英们采取各种各样的方法寻求地方的发展,并肆无忌惮地从联邦中央攫取权力。为保证所获权力的合法性,地方精英还推动联邦中央与其签订各种分权协议。[①] 这些协议的实质是希望在联邦中央和地方之间重新划分管辖权、资源和职责。通过这些协议,大量的原本属于联邦中央的权力被转移到了地方。

在俄罗斯20世纪90年代的联邦关系中,居于主导地位的是地方精英,

[①] 从1992年开始,联邦中央先后与地方签订了很多分权协议,协议的签订在1996年达到了顶点。1993年俄罗斯宪法虽然从根本法的角度规定了联邦中央和地方的职权和职责,但是宪法规定的模糊性为地方精英与联邦中央博弈留下了诸多空间。到1998年最后一个双边协议签订结束后,俄罗斯联邦已经从宪法式联邦演变成为宪法-条约式联邦。

而联邦中央则处于一种相对被动的地位。地方精英通过手中掌握的权力和资源几乎控制了地方的内政外交事务，并利用联邦委员会在联邦层面为本地区争取更多的利益。这种联邦关系是在当时特定的情况下形成的，它反映了地方精英和联邦中央在特定历史时期不同的政治选择。对于地方精英来说，他们希望取得更多的政治自主权，以满足地方特定的需要和发展；而联邦中央则希望通过赋予地方权力，争取地方精英的支持，并借助地方精英的影响解决当时因制度不健全而造成的各种社会问题。应该说，这一时期联邦中央与地方签订的协议更多的是出于政治上的短期考虑，而非出于经济和制度上的考量。但是，随着地方精英获得越来越多的权力，他们在与联邦中央的对抗中也变得越来越强硬。1996年，地方行政长官由总统任命改为民主选举产生后，地方行政长官几乎在地区取得了绝对独立的自主权，这进一步增加了他们与联邦政府谈判的砝码。[①]

应该说，叶利钦对地方权力的无限扩大并非没有认识，只是因为受到当时社会状况的限制，不得不向地方妥协。而随着联邦中央行政权力的增强，特别是1993年叶利钦解散议会和1996年叶利钦再次当选总统以后，叶利钦都曾尝试从地方回收部分权力，但由于其手段不足，并没有产生实际效果，地方精英在与联邦中央的博弈中一直发挥着主导作用。一些地方因权力日益膨胀而逐渐形成以州长或共和国总统为首的独立王国，对联邦中央的权力构成了极大威胁；而联邦中央的让步和妥协所导致的不对称联邦倾向，也使联邦中央和各主体以及各主体之间的关系变得日益紧张。许多地区甚至认为作为俄罗斯联邦国家中的一员无利可图，因此在采取行动时更多考虑的是地方利益，而不是从全国利益出发。联邦中央与地方关系的平衡被完全打破，联邦关系变得极其不稳定。

面对叶利钦时期联邦中央和地方关系中的失控状况，普京上台后的首要任务就是改革联邦中央和地方关系，从根本上改变叶利钦时期权力向地方倾斜的状况，重新树立联邦中央的权威。普京废除了联邦中央和地方签订的大

---

① 直接选举制度还为地方精英与政府谈判提供了一个合法性的理由，即在与政府对话时，地方行政长官除了运用讨价还价的技巧外，还常常借用人民的意志与政府对峙。

部分双边分权协议，一些地方在联邦中的特权地位被取缔，地方精英的权力也受到了越来越多的钳制。

2. 地方精英对俄罗斯地方政治的影响

作为左右地方政治的重要群体，地方精英的利益、观念和所占有的各种资源决定了地方的政治进程和发展方式。在研究地方政治时，学者们通常将地方政治发展的特征和地方精英的个人特点结合起来，如在衡量地方改革的变化时，学者们通常会以评判地方精英的标准将地方划分为保守的、激进的，或者传统的地区，这也反映出地方政治的发展在很大程度上取决于地方精英的偏好。

20 世纪 90 年代，俄罗斯地方政治的分化程度相当严重，无论是在行政部门，还是在立法机构中，不同地区都呈现出不同的特点。如共和国采取总统负责制，而大部分州则实行地方行政长官负责制。虽然地方精英在诸多方面存在差异，但他们无一例外地都利用中央权力的软弱来扩充自身的权力，并试图获得更多的政治经济资源和权力。事实上，尽管叶利钦时期的很多地方精英是由选民直接选举产生的，但是他们中的很多人并没有以民主的方式执政，许多地区的领导人在本地区采用的是独断专行的执政方式，并通过控制本地区的立法机构和媒体来排除异己，消除不同意见和不同声音。可以说，这一时期的地方政治精英已经成为俄罗斯社会转型中的一个主要障碍。

这种状况一直持续到普京执政之后。普京上台后，为整治地方分立倾向，推出《俄罗斯联邦地方立法机关和行政机关组织法》以及《俄罗斯联邦地方自治机构组织法》，在地方建立了一个相对统一的治理结构。普京设置的总统全权代表一职，作为对地方权力的监督机制，为联邦钳制地方权力起到了一定作用，客观上也打破了地方精英对地方事务的垄断，促进了地方政治的多元化。

随着地方精英被逐渐融入国家的统一权力体系，地方精英的行为也发生了重大的转变，在很多地方事务上他们都表现出对中央的积极配合，很多地方行政长官还选择加入了"统一俄罗斯党"。但这种现象也带来了一个负面影响，即加速了"统一俄罗斯党"形成一支强大的全国性政权党的进程，形成了对国家政治、行政和经济资源的垄断，在目前俄罗斯政党制度尚不成熟的条件下，"统一俄罗斯党"的过分强大，也窒息和阻碍了其他政党和社会组织的发展。

五 俄罗斯地方精英的未来发展

地方精英是国家权力体系中的重要一环。俄罗斯社会转型中地方精英的地位变迁，不仅反映出联邦中央在治理地方的政策和理念上的变化，同时也折射出联邦精英内部对地方精英态度上的冲突和分歧。20世纪90年代之所以地方精英权力急剧膨胀，以致国家面临分裂的危险，很大程度上是因为联邦精英陷入了内部激烈的权力争斗，地方精英成为联邦精英争取和依靠的对象，联邦精英不惜以"主权换忠诚"的方式来博取地方精英的支持。在这种怂恿乃至放任的策略下，地方精英趁势扩大自己的权力也是一种必然的结果。普京上台后，意识到了地方权力过大的危险，果断采取严厉措施，打击地方分裂势力，加强对地方精英的控制，把叶利钦时期让渡给地方的一些权力重又收回联邦中央所有。在这种强势高压的态势下，地方精英们为了各自的仕途和利益，最终也只能趋向归顺、合作与妥协，而那些选择不合作或不驯服的"地方大佬"，或被解职，或被迫辞职，中央和地方的政治僵局也终于被打破。由此可见，俄罗斯联邦精英内部的稳定程度和行为模式，直接影响着地方精英地位的变化和发展趋势。[①]

俄罗斯中央与地方关系的稳定性是影响地方精英地位变化的另一个主要因素。1993年俄罗斯宪法对联邦与地方权力的划分非常不明确，这也导致联邦精英可以在宪法的框架内反复修改联邦体制的内容，地方精英的生成和流通渠道也随着这种变化而不断变化，造成了地方精英队伍的不稳定。[②]

在社会转型的过程中，地方精英在领导和组织民众参与地方变革方面起着

[①] 尽管目前联邦精英中的"圣彼得堡帮"和"强力集团"之间也存在分歧，但是出于对总统的忠诚，他们能够在大方向上基本保持一致。

[②] Туровский Р. Ф. Политическая регионалистика. Учебное пособие. ГУ ВШЭ, 2006.

十分重要的作用。地方精英之间的协调和融合，是保持地方政治稳定和促进地方经济发展的重要前提。俄罗斯转型初期的一个教训就是，地方精英和联邦精英之间，以及联邦精英内部之间未能达成一致目标，加上缺乏一个明确的联邦制度体系，因此很多社会改革都是在无序的状态下进行的。如今联邦和地方精英在结构、行为风格和价值标准上都已经发生了显著的变化，在普京建立的垂直权力体系中形成了一个自上而下较为稳定的精英群体，当代俄罗斯精英在政治和意识形态倾向上的异质性也明显降低，对自己的利益认同越来越明确，其社会适应性包括对公共政治的适应性也越来越强。但由于俄罗斯各地区政治经济状况存在巨大差异，不同地区的地方精英也有着各自不同的利益，因此他们之间也存在着很多分歧和摩擦，面对联邦中央推行的一系列行政和税收体制改革，地方精英们的反映也是各不相同。[①] 目前对于联邦中央来说，治理地方精英的一个重要方式应该是在联邦精英和地方精英之间建立一种平等对话的机制以及中央和地方合理分权的制度，充分发挥地方精英在治理地方事务上的能力和主动性。普京时期推行的联邦体制改革更多的是一种"自上而下"的强势改革，联邦中央和地方还远没有形成真正平等的伙伴关系，地方精英依然处于从属的地位。[②] 目前俄罗斯联邦中央和地方关系中的这种威权主义倾向，也隐含着一些潜在的对联邦政府的信任危机。2011年底至2012年初，俄罗斯各地出现的大规模民众抗议活动，以及政府反对派向社会提出的改革国家体制的政治主张，也反映了部分民众要求政治自由和扩大民众政治参与的愿望，而曾在社会中争论很久的有关"恢复地方行政长官直选"的话题也被再次提起。为顺应社会情绪，普京最终同意放弃对地方行政长官的任命制，重新恢复对地方行政长官的直接选举。尽管新的行政长官选举法带有很多的附加条件，并非完全意义上的直接选举，但它的出台毕竟是联邦中央与地方精英之间妥协的结果，因而对俄罗斯社会政治的稳定和发展具有一定的

---

① 地方精英之间的分歧为联邦中央对地方精英的治理创造了机会。在一定程度上，普京遏制地方精英的举措之所以能成功与地方精英之间的分化也是分不开的。地方经济上的危机以及地方精英之间的分歧使得联邦中央有效地找到了突破口。
② Orttung, R. &Reddaway, P. , *The Dynamics of Russian Politics: Putin's Reform of Federal – Regional Relations* (Oxford, Rowman and Littlefield Publishers).

积极意义。

当前，对于俄罗斯的地方精英来说，既要与联邦中央保持政策上的一致性，也要考虑本地区民众的情感和需求，满足他们的社会生活需要，以巩固自己执政的社会基础，赢得本地居民的信任和尊重。因此，如何在地区利益和国家利益之间保持平衡，如何在服从与独立自主之间进行权衡，是地方精英必须要面对的现实问题。

第六章 当代俄罗斯的经济精英

一 俄罗斯经济精英的形成

1. 俄罗斯经济精英的起步阶段

俄罗斯经济精英的形成可以追溯到苏联末期。高度集中、运转僵化的苏联经济体制在20世纪80年代中期开始松动,社会上出现了许多诸如"合作社经济""共青团经济"等经济现象,地下、半地下的经济活动更是空前活跃。1987年6月,苏共中央全会通过了《根本改革经济管理基本原则的决议》,对苏联形同铁板一块的经济体制开始了更大规模的调整,1988年又通过了企业法等相关文件。此后,苏联许多部委改为大型康采恩(联合企业),部长、副部长变成了康采恩董事长,财政局长变成银行行长,物资局长变为交易市场总经理,石油部改为了石油公司。开始有意识地向苏联的计划经济注入更多的市场经济元素,同时这也为那些社会上嗅觉灵敏、善于钻营的投机者提供了生存发展的契机。在图6-1中可以清晰地看到20世纪80年代末90年代初苏联国内及俄罗斯独立之初的早期经济精英投身经济领域的情况。

日后成为俄罗斯寡头的那些人在这一阶段无一例外地都投身到了市场经济的大潮中,并不失时机地整合、利用各类资源,成功地挖掘到了自己的第一桶金。而这也是投机者们最为分化的时期,他们先是分散在各个领域各显其能,一旦发现攫取利益的时机来临,投机者们就从各个领域聚合起来。按照出身的不同,投机者们大致可分为以下三种不同的类型。

第一种属于白手起家型,如亚历山大·斯莫棱斯基,即后来的首都储蓄银

第六章 当代俄罗斯的经济精英

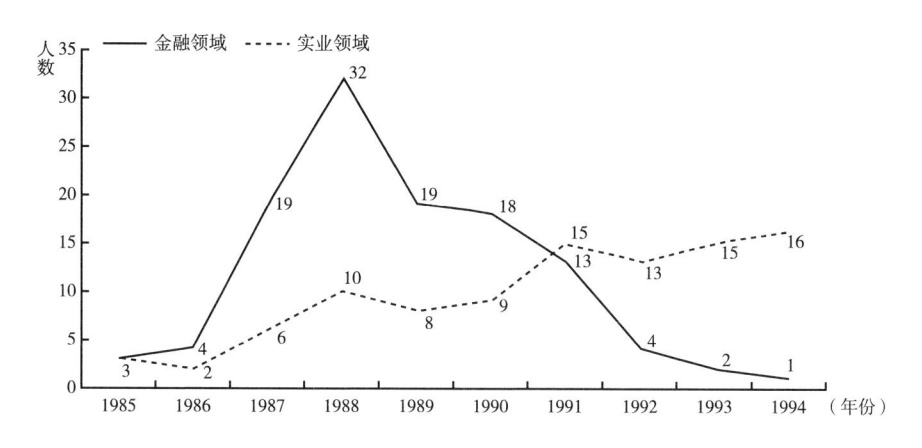

图 6-1 1985～1994 年经济精英投身经济领域人数

资料来源：О. В. Крыштановская，Бизнес - элита и олигархи：итоги десятилетия. М，с.39。

行－农工银行总裁。20世纪80年代，他曾因"盗窃国家财产"——七公斤油墨而被判处两年监禁。出狱后，斯莫棱斯基再难找到"公职"的岗位，但这也恰好给这位精明的商人提供了破釜沉舟的条件。此后，斯莫棱斯基开公司、办产业，从建小别墅出售开始，逐步拥有了自己的银行产业。与此同时，在苏联末期，漏洞经济渐呈失控局面，有门路的人开始大肆利用计划体制的价格双轨制漏洞进行进出口贸易，从国外进口计算机、复印机、香烟、奢侈品等物资在国内高价销售，同时又以极低廉的价格收购石油、矿石等资源性产品按国际价格出口。当然，这种行为必须以非法的"灰色"手段来操作，所得盈利也必然是不能"见光"的非法收入。斯莫棱斯基的银行此时就为这些人提供了一个安全的避风港，大笔的黑钱在这里经过漂洗而无从查证，操作者斯莫棱斯基自然也赚得盆满钵溢。

另一位寡头——"阿尔法"银行总裁米哈伊尔·弗里德曼，也同样具有超乎常人的钻营本能。弗里德曼在读书期间就组织同学倒卖各种演出门票，并发展成为跨院校的倒票网络。进入合作社工作后，弗里德曼尝试过诸多生意：快递业务、公寓出租、出售西伯利亚披肩，甚至给别人的实验室养小白鼠，并在一项擦窗户的业务中获得了可资起步的收入。此后，弗里德曼进入了高盈利的进出口领域，凭借高超的攻关能力疏通了自外贸部门到海关的层层关卡，到

1991年，他已成为拥有百万美元级别的富翁。

第二种属于体制内的人，以霍多尔科夫斯基为例。霍多尔科夫斯基曾是门捷列夫化工学院的共青团团委副书记，这在苏联的体制中是有希望成为接班人的第二梯队干部。随着戈尔巴乔夫改革的推进，共青团组织也成为改革的先锋力量。打印社、旅行社、咖啡馆、舞厅等大批小企业的兴起造就了热闹一时的"共青团经济"，霍多尔科夫斯基就是在这时投身商界的。与斯莫棱斯基和弗里德曼不同，霍多尔科夫斯基是属于"官商"性质。他的好友聂夫子林回忆说："在某种程度上说，霍多尔科夫斯基是被共青团和共产党送到私营部门来的。"① 在私人商贩还不被认可的苏联，这一点为他带来了巨大的便利。当时的一个公职客户就这样评价过与他们的合作："他们是众所周知的团干部，是文雅、淳朴的年轻人，而不是那些卑鄙的窃贼。"② 依赖着体制内的关系和这种同一圈子内的信赖感，霍多尔科夫斯基找到了一条致富的捷径，即非现金信用与现金的兑换。苏联时期，各国有单位都存在着两笔账目，即现金账目与非现金信用账目。因同属计划体制下的国有企业，大量的相互往来业务可以用非现金信用账目来抵冲，而随着经济体系的松动，现金变得越来越珍贵，现金对应于非现金信用的非公开兑换价格也越来越高。但即使如此，要想将非现金信用兑换成现金也是难上加难的事情，因为这种兑换受到了计划部门的严格限制。霍多尔科夫斯基的切入点即在此处，他可以通过内部关系来实现此类掮客职能，从而赚取巨额差价。而后霍多尔科夫斯基同样步入了外贸领域，通过倒卖电脑等产品，换取超额的非现金信用，再兑换出现金，从而获得双重收益。短短数年，霍多尔科夫斯基即进入了富豪的行列。

和上述两种类型相比，第三种类型是获利最快、发展最为顺利的一种，波塔宁就是其中的代表。波塔宁出身于苏联的高官家庭，也可以称他为苏联的"官二代"。他可资利用的人脉广泛，可借助的关系众多，在发展的起点上就比前两类人占有很大优势。因而，虽然波塔宁"下海"较晚（1990年成立了

---

① 〔英〕克里斯蒂亚·弗里兰：《世纪大拍卖》，刘卫、张春霖译，中信出版社，2005，第110页。
② 〔美〕戴维·霍夫曼：《寡头》，冯乃祥译，中国社会科学出版社，2004，第102页。

自己的第一家公司——英特罗斯），但发展却异常迅猛，很快他就成为俄罗斯商界的顶级人物。

这一时期投机者们都有着鲜明的钻营特征。此时苏联政府的集权体制还在发挥着作用，经营私人商业还具有很大的政治风险，因此投机者们还不能完全放开手脚，而是战战兢兢、偷偷摸摸地"钻漏洞""挖墙脚"，寻找获利的机会。这种不事生产，专事投机的特点，也在一定程度上决定了投机者们日后经营中的寄生劣根性。

这些日后的寡头们在这一时期的特点是规模小且分散，还没有形成合力。作为早期的投机者，他们虽然可以称得上是富人，但资本毕竟有限，尤其面对强大的国家机器时，几乎没有任何话语权。他们分散在各个经济领域，互不通气，更没有形成协同作战的利益群体。如果按照这样的轨迹运行下去，很难想象他们会在短时间内发展成为寡头。他们真正开始致富，是从苏联解体后俄罗斯进行的社会经济转型开始的。

2. 俄罗斯经济精英的壮大阶段——社会转型中成长起来的金融大亨

苏联解体后，俄罗斯经历了急剧的社会转型，旧的规则与秩序被打破，但新的规则和秩序还没有建立起来。此时的叶利钦政府，面临着建立一个全新的俄罗斯社会的迫切挑战，在各种因素的促使下，叶利钦政府选择了一条激进的转型之路。

激进的经济政策一时间使国家的经济生活出现了严重的混乱，国民经济凋敝，人民生活水平锐降。但之前就已受过市场经济历练的日后的寡头们，却在这样的环境中表现得游刃有余，他们很快就发现并把握住了两条"攀上金山"的捷径——掌握金融与利用私有化。但显然，这样的捷径必须是建立在政府决策失误或纵容的基础上。遗憾的是，俄罗斯政府在经济改革之初推行的激进市场政策，恰恰给这些人提供了这种迅速致富的捷径和机会。

（1）掌握国家的金融命脉

苏联的经济体制是一种高度指令性的计划经济，它的一个鲜明特点就在于社会生产能力所形成的产出最终以"产品"，而非"商品"的形式出现，"产品"可用于直接的交换环节，理论上甚至可以不需要等价物——货币的存在。因此，金融手段在苏联的经济生活中远没有在市场经济国家中使用得广泛与深入，维系经济生活的重心还是在计划制订部门。①

苏联解体后，叶利钦政府实行了旨在迅速向市场经济过渡的"休克疗法"式经济改革，在紧缩银根的同时，全面放开商品市场，允许价格自由浮动，期望"看不见的手"可以发挥魔力，使市场自发地产生效力。②但问题是，急剧的经济体制转型割断了原有的经济脉络，却没有相应确立起新的动力源与运行结构，原有的各级计划部门失去了效力，新的适应市场经济的货币政策等刺激手段建设却严重滞后，金融领域的先天不足与后天失调在很大程度上造成了俄罗斯经济转轨之初的混乱局面。

政府作用的缺失使得投机者们得到了进入被称为"经济血脉"的金融领域的机会。后来的寡头们敏锐地把握住了这一契机，纷纷组建了自己的银行，并在极短的时间内飞速成长，成为俄罗斯社会转型之后的第一批金融大亨。

据统计，日后的七人金融财团③中除阿列克别罗夫的鲁科伊尔集团经营范围主要集中在石油产业外，其他六个金融财团均有自己的银行。在全俄2000多家商业银行中评选出的最大的100家银行排行榜中，波塔宁的奥涅克辛姆银行为全俄最大的私人银行，仅次于国家储蓄银行和国家外贸银行，在商业银行中排行第三。到1996年9月30日，其银行资产为15.1万亿卢布，所吸存款额9万亿卢布；霍多尔科夫斯基的梅纳捷普银行位列第六，在私人商业银行中排行第三，位于奥涅克辛姆银行和国际商业银行之后。到1996年9月30日，梅纳捷普银行资产超过10.6万亿卢布，存款额为7.8万亿卢布；斯莫棱斯基的首都储蓄银行位列第八，到1996年9月30日，其资

---

① 即苏联的国家计委，该部门是当时国家经济发展的动力源。笔者主要参阅了以下著作：〔比利时〕厄内斯特·曼德尔著《权力与货币——马克思主义的官僚理论》，孟捷译，中央编译出版社，2002；邢广程著《苏联高层决策70年》，世界知识出版社，1998；〔英〕亚历克·诺夫著《政治经济和苏联社会主义》，上海译文出版社，1983。

② 关于"休克疗法"思路的理解，笔者主要参阅了〔波〕科勒德克著《休克与治疗》，刘晓勇等译，远东出版社，2000；潘德礼、许志新主编《俄罗斯十年：政治、经济、外交》，世界知识出版社，2003。

③ 七人金融财团包括：别列佐夫斯基的罗卡瓦斯-西伯利亚石油集团，波塔宁的奥涅克辛姆银行、诺里尔斯克镍业、辛丹卡集团，霍多尔科夫斯基的梅纳捷普-尤卡斯集团，古辛斯基的桥集团，弗里德曼的阿尔法集团，斯莫棱斯基的首都储蓄银行-农工银行，阿列克别罗夫的鲁科伊尔集团。1996年10月，别列佐夫斯基在接受英国《金融时报》采访时承认："金融集团控制了当时50%的俄罗斯经济和绝大部分传媒。"

产为9万亿卢布，储蓄额超过3.36万亿卢布；古辛斯基的桥银行位列第十七，1996年9月30日，其资产额为4.5万亿卢布；弗里德曼的阿尔法银行位列第二十一，1996年9月30日，其资产超过3.1万亿卢布，存款额为1.5万亿卢布。

金融大亨们的银行事业之所以如此顺风顺水，很大程度上是利用了转型之初的政府缺位，并使用投机等非法手段，从中获得了数额巨大的灰色收入。例如委托银行制度的实行，就是金融大亨们利用政府职能而获利的典型事例。

1993年，为保证出口部门的信贷资金，俄罗斯开始实行全权委托银行制度。全权委托银行相当于政府的一种全权机构，负责为专业的进出口公司提供出口信贷和结汇，进行海关外汇监管和国家外汇管理；为国有企业和国家专项纲要贷款；经管国库，为预算收入和支出服务，管理国税、国债、关税；从事有价证券业务等。原则上中央银行需要选择那些稳定的货币－信贷体系，自身能够承受高风险，且能够作为国家投资传导器的大型商业银行作为全权委托银行。当时，俄罗斯约有100多家大银行被批准为全权委托银行。七人金融财团中的奥涅克辛姆银行、梅纳捷普银行、首都储蓄银行－农工银行、桥银行、阿尔法银行均被列入"全权委托银行"名列。根据1994年5月24日联邦政府与奥涅克辛姆银行签订的协议，政府赋予银行以下职能：作为政府的办事机构，银行从事与对外经济服务相关的业务。具体而言，奥涅克辛姆银行获得了开设外汇账户和进行外汇结算、为银行的出口商－客户开设专门账户、实行对外贸易的国际结算、在国际外汇和信贷市场与有价证券市场开展业务等项权力。从业务性质和范围看，全权委托银行基本上从事的是中央银行的金融业务。由于有国家作后盾，使其在市场竞争中处于垄断地位，一方面可以及时规避市场风险，另一方面也最大限度地赚取了超额利润。例如，1992年，俄中央银行当年的利率是120%，而商业银行的贷款利率却高达240%～300%。这意味着，这些大银行仅发放贷款业务一项，就可坐收100%或100%以上的利润。

实际上，俄罗斯的全权委托银行起到了代理国库的功能，即由私人和股份银行充当国库角色和履行中央银行的某些职能。由于政府将支配预算的职责也交给了全权委托银行，后者也就兼具了国家机构的色彩，致使这些银行能够利用预算资金进行经营性甚至投机性的业务。①

这种局面的出现显然与政府的改革步骤不协调,即金融开放与微观经济环境改善没有同步发展有很大关系。俄罗斯最精明的金融大亨们很快就意识到了这一点,他们利用国家的这一巨大漏洞,在社会转型初期,如寄生虫一般附着在国民经济的血管上大肆攫利,并在势力壮大之后,逐渐掌控了俄罗斯经济的血脉,由此开始步入了影响国计民生的核心经济领域。

这一时期,另一个突出的特点就是金融大亨们开始走向联合。共同投身金融领域的经历,使得他们从社会经济的各个角落聚合在一起。虽然他们彼此之间或多或少存在着利益冲突,但由于新贵们共同面临着社会基础不稳固的问题,更重要的是他们有着广泛的共同利益空间,因而促使金融大亨们选择了协同作战,共求发展,共同向政府争取更多的利益。于是,从这时起,金融大亨群体迅速成为俄罗斯社会中一支不容忽视的力量。

(2)利用私有化

其势力仅仅局限在金融领域并不能满足金融大亨们的欲望,作为一个超级大国的继承者,俄罗斯异常巨大的财富蕴藏在它庞大的工业体系与自然资源中,这些资源才是新生金融大亨们梦寐以求的追逐目标。这时,同样诞生不久的叶利钦政权给金融大亨们提供了另一个千载难逢的契机,这就是俄罗斯国有财产的私有化。

1991年颁布的《俄罗斯联邦私有化法》中对私有化的定义是:"国有企业和市政企业的私有化,是指把国有的和市政所有的企业、车间、设备、厂房、设施、其他财产以及股票,通过出售给公民、股份公司(合伙公司),变为私人所有。"② 按照时间进程与实施范围,俄罗斯私有化可以分为小私有化和大私有化。小私有化指商业、服务业企业及小型工业、运输业和建筑业企业的私有化,这一进程从1992年起到1993年已基本完成。大私有化则要复杂得多,其中又可以分为三个阶段:第一阶段为"证券私有化",通过发给公民私有化证券无偿转让国有财产;第二阶段为"货币私有化",通过出售企业股票有偿转让国有资产;第三阶段为"个案私有化",停止大规模私有化,转为按"点

---

① 有关全权委托银行的详细介绍参见董晓阳:《俄罗斯利益集团》,当代世界出版社,1999,第31~34页。
② 《俄罗斯联邦私有化法》,《苏维埃俄罗斯报》1991年7月17日。

状方案"有选择地、个别地进行国有企业的股份制改造。① 从1992年初到1997年7月，通过小私有化和大私有化的前两个阶段，俄罗斯完成了大规模的私有化改造，并转入大私有化的"个案私有化"阶段。到2002年1月1日，俄罗斯共有13万家国有企业实现了私有化，占实行私有化之前全部国有企业总数的66%。国有成分从1990年的88.6%下降到10.7%，私有成分则从1.2%上升到75.8%，集体与其他混合成分从10.2%变为13.4%。至此，以非国有制为主导的、多元化所有制体系为基础的市场经济框架在俄罗斯基本形成。

私有化作为俄罗斯经济转轨的一揽子政策之一，其用意在于确立激励机制，刺激市场效能发挥作用。但同其他相关政策一样，俄罗斯私有化的推行也有过快过猛之嫌，其结果是良好的预期实现甚少，被扭曲、被利用的现象却比比皆是。其中最为恶劣且影响深远的后果就是财富被不公正、不公平地迅速集中到少数人手中。正如日本学者猪口孝在《变动中的民主》一书中所分析的："在私有化实际不受管制、极不平等，并往往是非法进行的国家里，例如俄罗斯，一种倒置的合法性金字塔尤其难以成立。……比较分析的调查结果一再表明，在多数社会里，企业主通过盈利所得的经营收入或私人继承而来的财产，都能获得一定的合法性。然而，俄罗斯的资本家并没有遵守这种合法化的原则，他们积累起来的新财富常常受到指责，被认为是非法侵占公共财产的产物。这种财富增长方式的结果造成了人们对市场经济的不信任，人们把它看作'黑手党式'经济，甚至人们对容忍或造成这种'黑手党式'经济的民主制度也产生了不信任。"②

自1992年10月发行私有化证券以后的短短数年内，通过合法的或不合法的买卖，俄罗斯有50%以上的私有化证券集中到了600多家投资基金会，在"证券私有化"结束的1994年，"俄罗斯私有化之父"丘拜斯就指出，俄罗斯企业的股份将不可避免地集中在10%~15%的少数人手里。③ 俄罗斯的私有化

---

① 对私有化进程的详细总结请参见潘德礼、许志新主编《俄罗斯十年：政治、经济、外交》，世界知识出版社，2003，第454~455页。
② 〔日〕猪口孝：《变动中的民主》，林猛等译，吉林人民出版社版，1999，第230~231页。
③ 参见中国社会科学院俄罗斯东欧中亚研究所网站：http://euroasia.cass.cn/Chinese/Production/projects36/004.htm。

政策并没有把市场的活力充分释放出来，不仅经济持续萧条，国家的财政也出现了难以维系的局面。

然而，此时的金融大亨们已经积蓄起了相当可观的实力。在国家政治经济陷入危机的情况下，金融大亨们也终于等到了一个可以摘取俄罗斯工业皇冠明珠的机会。于是，在1995年，当俄罗斯私有化进入关键的第二阶段——"货币私有化"时，金融大亨们则开始高调介入俄罗斯的工业领域。

二 叶利钦时期的"寡头政治"

叶利钦执政时期是寡头形成的关键阶段。寡头们先是利用政府财政出现危机、难以维系的局面，开展了一次"贷换股"进取计划，实现了资本的急速扩张；其后，他们中的一些人又毅然投身到政治漩涡中，力助叶利钦连任总统成功，最终得以进入政界高层，实现了从经济领域到政治领域的跨越，从而完成了从工商巨头到寡头的身份转换。

1. "贷换股"计划——资本的进取

对金融大亨们利用"货币私有化"实现资本进取的手法用趁火打劫来形容并不为过。趁着政权羸弱，急需注入资金之际，金融大亨们直接亮出了改变游戏规则的砝码，即自己提出具体方案，要求政府接受。虽然这一方案很具欺骗性，但却足以改变政府政策的性质，一旦成功，就可以把政府政策纳入金融大亨们所设计的发展轨道并为他们的利益服务，金融大亨们也就达到了"要对私有化过程本身进行私有化"的目的。

1995年3月30日，波塔宁作为金融大亨代表，向俄罗斯政府内阁的全体成员提出了一个"贷换股"计划方案，陪同在场的金融大亨还有霍多尔科夫斯基和斯莫棱斯基。波塔宁的方案是：为解决国家的财政困难，由几个俄罗斯顶级金融大亨组建的财团可以为政府提供9.1万亿卢布（当时相当于18亿美元）的贷款，作为交换，财团将获得一些重要企业国家股份的管理权，这些企业包括诺里尔斯克镍业公司、尤科斯石油公司、国家电力公司等。

8月31日，叶利钦签署了第889号总统令，批准了"波塔宁们"提出的这一"贷换股"计划，表示："政府将把一批重要企业里的国家股份交给金融财团管理，以换取贷款。"政府在这一问题上的基本思路和原则与波塔宁提出的方案没有大的区别，但其形式稍有变化，国家将采取拍卖的方式来出售这些国有股份的管理权，而不是直接与金融财团交易，以确保公正与公平。这是典型的掩耳盗铃，因为参与拍卖的公司被严格限定为提出此项计划的几个金融大亨，所谓拍卖完全就是一场内部交易。

该计划还规定，国家将在前三个月里支付债权人很低的利息；贷款期限为1996年9月，即总统大选之后；此后，政府将有两个选择，一是偿还贷款，收回股份；二是把股份出售。其中重点在于，如果政府选择出售股份，鉴于这些股份已经被作为贷款抵押，政府需要向债权人支付企业私有化价格与该债权人提供给政府的贷款之间差额的30%。更为重要的是，该债权人将作为政府的代理人负责组织第二次拍卖。这样，势必会形成再一次的内部交易。

根据这一计划，第一轮拍卖的胜出者可以被允许廉价售出他们用作政府贷款抵押的股份。和很多明眼人预测的一样，金融大亨们都把股份卖给了自己人。例如，霍多尔科夫斯基在1995年贷给政府1.59亿美元，政府凭此获得了尤科斯45%的股份。一年以后，霍多尔科夫斯基利用一个空壳公司从1.6亿美元将这笔投资转入自己账中，政府在这次交易中的获利几乎为零，霍多尔科夫斯基却获得了这家大型石油公司45%的股份。

另外，金融大亨们还迫使政府通过了一项法令：债权人可以通过发行新股票的方法偿还子公司的债务。这条看似不起眼的规定却隐藏了深远的布局，那就是新股的发售可以稀释原有的股本掌握结构，国有股占优势的局面将有可能被打破，这就使那些握有大量机动资本的金融大亨可以趁机加购股票，从而取代国家成为这些企业的最大股东。

实际情况也确实如此。霍多尔科夫斯基在稀释股票的过程中，又加注投资一亿美元买走了大部分的新股，使自己在尤科斯石油公司的股份达到了51%，实现了自己掌控该企业的目的。波塔宁表现得更为夸张，他将一年前用贷给政府1.3亿美元购得的辛丹卡石油公司51%的股份，用1.298亿美元又转到了自己的名下，而仅仅过了一年，波塔宁又将辛丹卡10%的股份卖给了英国石油公司，其作价达到了5.71亿美元。1997年波塔宁又得到了梦寐以求的诺里尔斯克镍业公司38%的股份，而出价仅为2.5亿美元，相比他为此贷给政府的

1.7亿美元仅高出了8000万美元。诺里尔斯克镍业公司是俄罗斯最大的有色金属采掘企业，号称俄罗斯工业的明珠，其价值可以上千亿美元来衡量。同样，别列佐夫斯基也是以微小的代价获得了巨大的收益，1995年他贷给政府1.001亿美元，作为回报获得了西伯利亚石油公司51%的股份，仅18个月后，他又以1.1亿美元将这部分股份归为己有。

这一时期，俄罗斯的金融大亨们已经演化成为拥有金融工业集团的巨头（见表6-1），他们不仅操控着国家的金融血脉，而且已经在逐步攫取国家的工业核心。这些大型金融工业集团各自形成了一张不断蔓延的巨网，在不断吞噬国家财富的同时，也开始提出自己的政治诉求。他们贿赂官员、安置权力掮客，并大举进入传媒领域，以控制舆论、提升影响。概括起来，典型的俄罗斯金融工业集团具有这样一些特征：第一，集团的领头人通常是大银行总裁或金融控股公司经理；第二，集团中包括一个或几个部门的工业公司，以及商业和配套的企业；第三，加入集团的企业按照封闭型或开放型股份公司的形式组织起来（在后一种形式下，其股票可以在俄罗斯或国外的金融交易所上市）；第四，金融集团与政府有着私人的联系，即在政府中有其代表，或者在其领导班子中有某位前政府高官；第五，金融集团既为争夺各自利益而相互倾轧，又因错综复杂的金融关系网而相互联系；第六，金融集团都参与了对传媒的控制。[1] 这时的金融大亨们，已经毫无争议地晋升为俄罗斯经济领域的巨头，初步具备了与政府核心权力层进行讨价还价的实力。

这一时期，金融大亨们的强势与政府的羸弱形成了鲜明的对照。叶利钦政府此时正陷入车臣战争与国内经济衰退的困境中，加上他的健康状况恶化，在民众中的信任度也达到了历史最低点。议会中以俄罗斯共产党为首的左派势力日益增长，与政府之间的政治对抗不断升级。在这种情况下，寻找强有力的新盟友也就成为叶利钦政府的当务之急，而从叶利钦政府中获益最丰富、最有能量的金融工业巨头们无疑成为叶利钦的最佳选择对象。双方一拍即合，迅速整合资源，在1996年与左派展开了大选决战。

---

[1] 李建民：《俄罗斯金融寡头暨官僚资本主义探源》，《东欧中亚研究》1997年第5期。

表6-1 叶利钦时期俄罗斯最主要的金融工业集团

集团名称	寡头	金融利益集团	工业利益集团	传媒利益集团
鲁科伊尔集团	阿列克别罗夫	帝国银行（与盖兹普罗姆公司）	鲁科伊尔石油公司	《消息报》（与俄罗斯联合进出口银行）
罗卡瓦斯-西伯利亚石油集团	别列佐夫斯基	奥比第雷尼银行（与洛格瓦茨汽车经销公司）	西伯利亚石油公司（1998年与尤科斯集团合并组建尤科西集团）	俄罗斯公众电视台、《独立报》《火种》杂志
阿尔法	弗里德曼	阿尔法银行	秋明公司（石油和各种贸易公司）	
桥集团	古辛斯基	桥银行		《七日报》《结论》杂志、独立电视台（与盖兹普罗姆公司）
梅纳捷普	霍多尔科夫斯基	梅纳捷普银行	尤科斯集团（1998年与西伯利亚石油集团合并，组建尤科西集团）	独立新闻媒体集团
俄罗斯联合进出口银行	波塔宁	俄罗斯联合进出口银行	斯丹科石油公司、诺里尔斯克镍业公司	斯维辛维斯特电信公司、《共青团真理报》《俄罗斯电视报》《消息报》（与鲁科伊尔集团）
斯莫棱斯基农业集团	斯莫棱斯基	首都储蓄银行-农工银行		《商业报》
盖兹普罗姆	雅克希列夫	帝国银行、盖兹普罗姆银行、国家储蓄银行	盖兹普罗姆（石油和天然气）公司	《劳工报》《工人论坛报》、独立电视台（与桥集团）

资料来源：〔英〕卡瑟琳·丹克斯：《转轨中的俄罗斯政治与社会》，欧阳景根译，华夏出版社，2003，第18页。

2. 决战大选——寡头的形成

俄罗斯学者罗伊·麦德维杰夫曾谈道："所有学者都认为，1996年初是俄罗斯'寡头资本主义'制度建立的时间。"[①] 本文也赞同这样的时间划定。1996年2月，在瑞士达沃斯举办的世界经济论坛上，以别列佐夫斯基、古辛斯基为首的俄罗斯金融工业巨头决定组成一个同盟，表示要在即将举行的俄罗斯总统选举中帮助叶利钦战胜俄罗斯共产党领导人久加诺夫，赢得总统大选。

---

① 〔俄〕罗伊·麦德维杰夫：《普京——克里姆林宫四年时光》，王晓玉译，社会科学文献出版社，2005，第286页。

随后，加入这个同盟的还有霍多尔科夫斯基、斯莫棱斯基、波塔宁、弗里德曼等金融工业巨头，他们为丘拜斯的私有财产保护基金会投入了500万美元用以支持叶利钦竞选。这个小群体也因而被称为"达沃斯同盟"。

当时的俄罗斯政治局势非常复杂。在1995年12月17日举行的杜马选举中，久加诺夫领导的俄罗斯最大的左翼反对派政党——俄罗斯共产党获得了22.3%的选票，得到了157个议席，占450个杜马议席中的1/3强，一跃成为议会第一大党。而此时的叶利钦似乎已经处在被民众遗忘的边缘，1996年1月，距离大选仅剩半年的时间，叶利钦的民调支持率只有5.4%。然而，就是在这样不利的局势下，叶利钦政治团队与金融工业巨头们联合展现出了超乎想象的巨大能量，实现了惊人的大逆转。

这期间，金融工业巨头们充分利用自身掌握的金融资源，给叶利钦的竞选班子提供了巨额的资金支持，并全力配合总统竞选开展媒体攻势，在全国范围内掀起了一场轰轰烈烈的竞选游说大战。他们与丘拜斯、塔季扬娜·季亚琴科和维克多·伊留申[①]一起成立了专门的竞选小组，统筹安排，协调动作。在随后的日子里，竞选小组高效运转，用各种或明或暗的手段，终于战胜久加诺夫，帮助叶利钦连任成功（见表6-2）。

叶利钦再次当选总统后，七人金融财团中有三人进入了叶利钦的政府，实现了资本与权力的高度结合。财团的资本支持稳固了叶利钦的政治地位，而叶利钦对财团的政治回馈也更加剧了后者的资本扩张。1996年总统大选后，七人金融财团一度控制了50%的俄罗斯经济。

经此一役，俄罗斯的金融工业巨头在人们的称谓中被冠以了一个新的称呼："寡头"。正是在这一过程中，他们表现出来的巨大政治影响力，以及随后获得的政治地位使他们远远超过了一般经济巨子所具有的社会影响力，形成了一个独特的群体——"俄罗斯寡头"。至此，俄罗斯寡头初步构建起了自己横跨政治经济两个领域的"权钱一体"王国，并不断向其他领域延伸着自己的势力。

---

① 塔季扬娜·季亚琴科，叶利钦的女儿，负责与叶利钦的私人沟通；维克多·伊留申，叶利钦的助理，负责协调克里姆林宫内部事宜，两人都是1996年总统选举期间的关键人物。

表 6-2　1996 年俄罗斯总统大选的选举结果

单位：%，百万张

第一轮选举结果			第二轮选举结果		
	比例	选票数		比例	选票数
参选率	69.81	75.7	参选率	68.89	74.7
叶利钦	35.28	26.7	叶利钦	53.82	40.2
久加诺夫	32.03	24.3	久加诺夫	40.31	30.1
列别德	14.52	11.0	二者都不选	4.83	3.6
亚夫林斯基	7.34	5.6			
日里诺夫斯基	5.70	4.3			

资料来源：冯绍雷、相蓝欣主编《转型理论与俄罗斯政治改革》，上海人民出版社，第165页。

在帮助叶利钦赢得总统大选后，随着选战红利的派发，寡头们的势力也达到了全盛时期。经济方面，寡头们获得了更多的扶植政策，之前诸多的禁锢在这一时期相继被取消，寡头旗下的金融工业集团得以空前壮大；政治方面，寡头们正式涉足政坛，出任高官，开始把影响力直接作用于政府决策。此时的寡头终于拥有了足以影响国家走势的巨大能量，一度成为国家最为核心的领导力量之一。

与寡头力量扩张相伴随的是政府力量的继续衰弱。在叶利钦的第二任期，原来围聚在总统身边的"主战派"已基本烟消云散，"青年改革派"在与寡头的争斗中遭受重创，逐渐淡出了政治舞台，政权体系陷入缺乏主导力量的境地。加上1998年金融危机的影响，俄罗斯出现了两年四易总理的乱局，国家政权呈现出了严重的衰败景象。

需要注意的是，这一时期寡头集团逐渐走向分化。对利益无止境的追求与外界威胁的减弱，使寡头们的内部矛盾开始激化，导致了寡头集团内部势力的重新洗牌，资源最终归属到了更少的寡头手中，为数不多的几个大寡头具有了更大的影响力，但客观上也为政府提供了规制寡头的便利条件，即打击为首的几个寡头便可以在很大程度上取得震慑寡头群体的作用。

3. 瓜分战利品，寡头进一步壮大

叶利钦时期，作为对获得寡头支持的补偿，俄罗斯政府在政策制定上越来越明显地倾向于保护寡头的利益，其中之一就是加大了对金融工业集团的扶持力度。如果说1993年出台的总统令和临时法规对金融工业集团的建立和运行还有诸多限制，那么在1995年1月16日俄罗斯政府发布的《关于促进建立金融工业集团的纲要》和1995年11月30日叶利钦总统签署的《俄罗斯联邦金融工业集团法》中，则完全取消了1993年法规中的那些限制性条款，并放宽和简化了金融工业集团建立的程序和条件。随后，1996年4月1日，叶利钦又发布了《关于鼓励金融工业集团建立和活动的措施》的第443号总统令，进一步提出了一些刺激金融工业集团发展的办法，其中包括从1997年开始在国家预算草案中列出用于国家支持金融工业集团的资金；对参与国家项目的金融工业集团给予预算支持；明确要求俄罗斯政府采取措施，促进资产向金融工业集团的中央公司集聚，在必要时必须保证金融工业集团总公司对集团中国有股份的委托管理；参与金融工业集团的国有企业有权将国有企业的不动产划入金融工业集团总公司的固定资产中，或租赁或抵押给金融工业集团的总公司，等等。

（1）取消对加入金融工业集团企业的国有股份比例的限制

1993年俄罗斯禁止国有股份超过25%的股份公司组建或加入金融工业集团。如果根据这一规定来划分，一些大型股份制企业集团都不属金融工业集团范畴。例如，天然气工业总公司、俄罗斯统一电力系统、俄罗斯电信投资公司、卢克石油集团公司、尤科斯石油集团公司、俄罗斯石油公司、石油产品运输集团公司、石油管道运输公司、诺里尔斯克镍业公司等。这些股份集团多是根据叶利钦总统1992年11月16日第1392号总统令在原有的政府部门的基础上建立的，其国有股份都超过了25%。1995年出台的金融工业集团法和政府纲要法规，取消了对加入金融工业集团企业的国有股份比例的限制。

（2）取消对金融工业集团组织形式的限制

1993年只允许股份公司加入金融工业集团，同时规定，金融股份公司不得加入；加入金融工业集团的其他信贷和投资机构不得掌握超过所加入集团的10%的股份；职工超过2500人的企业、在地方和共和国市场占主导地位的企业不得加入金融工业集团；金融工业集团成员企业不得超过20个，职工总数不能超过10万人。1995年金融工业集团法和政府纲要法规取消了上述限制，而且还规定，集团成员企业之间可以交叉持股，数量不限，允许金融工业集团组织形式多样化。进入金融工业集团的可以是任何股份公司及其子公司、除社会团体和宗教组织外的所有商业和非商业组织、外国商业和非商业组织等。多个金融工业集团总公司也可以联合签署协议组建新的财团或银团。金融工业集团法将金融工业集团的概念定义为：金融工业集团是在组建金融工业集团合同的基础上，由一个总公司和若干个子公司全部或部分整合自己物质与非物质资产的法人总和。

（3）允许不同所有制和不同法律属性的企业组建金融工业集团

1993年出台的临时法规只允许开放式股份公司组建金融工业集团，1995年通过的金融工业集团法允许不同法律属性的组织组建和加入金融工业集团。例如，金融工业集团法规定，金融工业集团原则上是投资单位，但也允许金融工业集团以经营公司、协会和联合会的形式组建。

（4）出台诸多优惠政策

首先，是税收优惠。采取的举措包括：对金融工业集团的最终总产值征税；对金融工业集团有价证券业务的税收提供优惠；在法律规定的范围内，对跨国金融工业集团成员所在国范围内的合作供货提供关税优惠和特惠。其次，扩大国家担保范围。国家为金融工业集团发行的有价证券提供担保。再次，资金和投资优惠。金融工业集团有权加快固定基金折旧的速度。国家向金融工业集团成员提供独立确定设备折旧和积蓄折旧扣款，以及将获得的资金用于金融工业集团活动的权利；国家还为金融工业集团所实施的项目提供投资贷款和其他财政援助，对进口项目所必需的设备提供国家财政支持；为提高金融工业集团中银行的投资积极性，俄罗斯中央银行向其提供减少义务储备定额、改变其他定额的优惠。最后，金融工业集团法允许地方政权在其权限范围内组建地区性和跨地区金融工业集团，并向它们提供其他的必要优惠政策和支持。例如，莫斯科市规定除国家提供的优惠外，莫斯科市对那些有利于解决莫斯科城市发展迫切任务的金融工业集团的工业用地和住宅用地给予优先考虑和优惠照顾等。

（5）规定金融工业集团的组建规模和发展速度

在有关金融工业集团的发展纲要中，俄罗斯政府详细规定了金融工业集团的组建规模和发展速度：1995年建立10~15个、1996年建成50~70个大型金融工业集团，在短期内建立100~150个在规模上可以与世界主要集团公司相比的金融工业集团。与此同时，联邦政府加大了对大型代理银行的扶植。根据新法令，有资格成为代理银行的银行自有资金须超过一万亿卢布。1996年，这样的银行只有13个，包括奥涅克西姆银行、俄罗斯储蓄银行、外贸银行、英科姆银行、国家储备银行、国际金融公司、汽车银行、帝国银行、莫斯科国际银行、俄罗斯信贷银行、首都储蓄银行、梅纳捷普银行、莫斯科贸易银行。[1] 代理银行负责经营联邦预算资金的财政和贷款业务，国际金融组织资金的金融和贷款业务以及总统和总理委托的其他业务。大致包括以下几项内容：国内的国家外汇债券业务；运出作为抵押物的贵金属；调节外债，其中包括苏联欠外国的商业贷款、清偿债务人所欠债款；配置和管理包括欧洲债券在内的国际债券；配置临时闲置资金；为国际金融组织的贷款提供服务，例如，吸收国际金融经济组织、外国政府、国际公司、外国投资基金、银团和公司等的金融资源；为国际金融组织、外国国家出口组织和其他金融组织出资的项目提供服务；集中掌管国家间合同范围内的对外经济活动；履行黄金交易的金融业务结算；政府委托的个别业务和结算。

从代理银行的职能可以看出，它们在这些业务运作中可以赚取巨额利润，达到较快扩张资本的目的。例如，截至1997年1月1日，前第一副总理波塔宁领导的私人银行——奥涅克西姆银行中的国家预算资金总额甚至超过了国有的俄罗斯储蓄银行的一倍，其经营国债一年，就获利10亿美元。1996年一年间，该银行经营的国际海关委员会的资金就达46万亿卢布。[2] 这样，1993年才成立的奥涅克西姆银行利用国家资金扩张了自有资金，在短短的两三年时间内一跃成为俄罗斯第三大银行。由于有政权的精心扶植和大幅度政策倾斜，这一时期的金融工业集团得到了迅速发展。仅1995~1996年，金融工业集团的生产规模就从26万亿卢布增长至100多万亿卢布，在国民经济总产值中的比重从2.5%增至10%。[3]

---

[1] 参见俄罗斯《今日报》1997年1月17日。
[2] 参见俄罗斯《今日报》1997年8月7日。
[3] 参见俄罗斯《消息报》1996年11月2日。

（6）制定特殊政策，加快金融资本向工业资本的渗透

1997年12月17日，俄罗斯对阻碍金融财团向工业领域跨行业渗透的金融工业集团法的相关条款进行了修正。1995年金融工业集团法第三条第二款规定，不允许参加一个以上的金融工业集团。这项规定限制了金融资本的流动和集聚，金融资本与工业资本之间的横向结合也受到了制约。实践中，金融财团实际已经打破了这一约束，出现了跨行业、跨国家的金融工业集团的联合，有时一个银行参加几个甚至十几个金融工业集团，形成了不少以金融财团为轴心的跨行业金融工业集团。例如，"国际俄罗斯"金融工业集团的主导银行是波塔宁领导的奥涅克西姆银行，这个集团联合了石油化工、有色和黑色金属、交通运输、进出口等行业的企业。1997年通过的《关于对金融工业集团法的修改和补充》的相关规定，将银行和其他信贷组织可以参加一个以上金融工业集团的行为合法化了。

（7）直接的利益补贴

例如，古辛斯基的桥银行曾以12亿美元的低廉价格购买了国家联合通信体系"通信投资－俄罗斯电视网"25%的股份。斯莫棱斯基的首都储蓄银行以1300亿卢布获得了国家农工银行51%的股份，等等。[1]

刻意的扶植使得寡头们聚敛了更多的资源与财富（见表6-3）。据俄罗斯学者估计，到1998年，仅13家最大金融工业集团的产值就占了俄罗斯国民生产总值的21.94%，这些集团的银行存款额和集团下属企业的生产值超过了2080亿美元。[2]

4. 寡头的内耗与洗牌

俄罗斯寡头们在帮助叶利钦赢得大选之后，在一段时间内，各自忙于收获胜利果实，彼此之间进入了一个短暂的蜜月期，寡头势力的发展也进入了全盛时期。不仅国家经济政策的制定需要他们的首肯，而且寡头的几个代表人物更是直接出任政府高官，开始直接影响国家政策的制定。例如，寡头们一度的合

---

[1] 关于扶植金融工业集团的相关政府政策，参见李建民：《俄罗斯金融寡头暨官僚资本主义探源》，《东欧中亚研究》1997年第5期；董晓阳：《俄罗斯利益集团》，当代世界出版社，1999。

[2] 〔俄〕切尔尼科夫：《谁主宰了俄罗斯》，李建民等译，经济科学出版社，2000，第31页。

表6-3 俄罗斯经济精英形成的阶段划分与特点

阶段年份	阶段形式	阶段精英的特点	经济阶段的特点
1982~1989	共青团经济的创建	经济试验者从权贵阶层分立	高利润的部门被垄断
1989~1992	权贵阶层对国有财产的侵吞	形成授权者阶层	金融及监管领域被瓜分，金融资本开始集中
1992~1994	公开的工业私有化	形成经济精英	莫斯科的银行家们开始争夺企业
1994~1998	公有财产拍卖形成寡头	大型企业被莫斯科的银行家们所掌握，形成了金融工业集团的纵向联合体	

资料来源：О. В. Крыштановская, Трансформация бизнес - элиты России: 1998 - 2002。

作伙伴与代言人丘拜斯出任政府第一副总理兼财政部部长，执掌全俄的经济命脉；寡头波塔宁出任政府副总理，别列佐夫斯基则出任国家安全委员会副秘书。但这种相安无事的局面并没有维持多长时间，寡头们对利润的无限追求很快就引起寡头之间激烈的利益冲突，俄罗斯民间把这次冲突称为"银行家的战争"。冲突打破了寡头内部的团结，大大损耗了"交战"各方的利益，也迅速破坏了刚刚有些起色的经济秩序，甚至政局的稳定也因寡头之间的冲突而受到影响。随着1998年金融危机的到来，俄罗斯的政治经济形势更是雪上加霜。寡头集团内部进行了一次大的洗牌，一些寡头逐渐淡出了这个圈子，寡头们的整体实力受到了严重的挫折，这也为日后寡头遭到清算埋下了伏笔。

(1)"银行家的战争"

引爆"银行家的战争"的导火线是一家名为通信投资公司的公开私有化。两位寡头——古辛斯基与波塔宁围绕这家公司的归属展开了激烈的角逐。通信投资公司是一家拥有88家地方电信公司和作为长途及国际电信营运商的通信公司，通信投资公司在这些子公司中各拥有38%的股份与51%的投票权，这使它在理论上几乎可以控制整个俄罗斯的电信行业，这样的获利机会自然谁也不想放弃。古辛斯基的旗下媒体在总统大选中摇旗呐喊，贡献良多，此时想要以此作为待分的一杯羹，并为此在前期投入了大量的精力；而几乎同时，波塔宁集团也决心不放过这个获得巨额利润的机会。双方进行了激烈的对峙，并找到丘拜斯为此仲裁。丘拜斯作为青年改革派的领军人物，本身就与寡头是一种相互利用的关系，此刻大权在握，正急于摆脱"贷换股"的污点，他需要树立一个公开、公正的竞拍典型，因此丘拜斯力主拍卖将对所有人开放的原则。

1997年7月25日竞拍的结果是，波塔宁集团以18.7504亿美元打败了古辛斯基集团17.1亿美元的竞标价格，赢得了通信投资公司的控股权，这同时也使得"达沃斯同盟"就此瓦解。古辛斯基旗下的媒体随即展开了对波塔宁与拍卖委员会的攻击。之后，更多的寡头与利益集团卷入其中，"银行家的战争"爆发了。

古辛斯基一方的攻势从质疑竞拍开始，逐步引申到了对联邦资产局局长阿尔弗雷德·科赫的攻击。1997年7月28日，古辛斯基旗下的《今日报》发表社论，认为波塔宁与科赫交往过密，其中隐藏了许多不为人知的私下交易。科赫是青年改革派的重要成员，科赫遭到攻击也同时把青年改革派引入了争斗。

这时，寡头们之间的气氛变得空前紧张。有知情者描述道："说起来真可笑，人们都说七个银行家统治国家，但他们又互相憎恨，相互之间有利益冲突。当他们围着一张桌子坐在一起时，你从空气里都能感到紧张的气氛。"①

8月18日，《今日报》抛出了重磅炸弹，指出科赫曾经从一家神秘的瑞士公司领取过10万美元的稿费，名义是为了写一本关于俄罗斯私有化的书。这一指控极具杀伤力，青年改革派成为众矢之的，此后的批评不断升级。作为反击措施，青年改革派则设法使别列佐夫斯基丢掉了在国家安全委员会的官职。及至11月12日，古辛斯基的电台又披露了第二桩稿费丑闻：五位青年改革派人士，包括丘拜斯本人、科赫在内，只是撰写了某一本书的部分章节，就各自获得了9万美元的稿酬，总计稿酬达到45万美元之巨，而该书的出版商——斯格德尼亚出版社由波塔宁的欧姆斯科银行持有51%的股份。青年改革派遭到了致命的打击，稿费风波涉及的团队随即被解职，丘拜斯也被叶利钦解除了财政部部长的职务。

从7月开始的斗争到11月告一段落，虽历时仅四个月，但其破坏性却相

---

① 〔美〕戴维·霍夫曼：《寡头》，冯乃祥译，中国社会科学出版社，2004，第373页。

当巨大。首先，争斗使寡头同盟分崩离析，寡头们所拥有的巨大经济实体间的冲突严重扰乱了市场秩序；其次，争斗使叶利钦的新政府濒临垮台，经济改革进程受到很大挫折；最后，利用媒体相互中伤和争斗的做法，也引起了民众对政府和各类精英的不信任，使社会陷入了无所适从的境地，直接危及人们对国家政治经济生活的信心。

（2）金融危机的冲击

对寡头造成真正大规模冲击的还是1998年爆发的金融危机。这次危机的发生应该是内外条件共同作用的结果，外部因素体现在席卷全球的金融风暴，内在因素则是俄罗斯国内脆弱的财经环境。经历了政局动荡与"休克疗法"的冲击后，俄罗斯经济一直处在勉强维持的局面（见表6-4），国民收入捉襟见肘，中央财政债台高筑。在1992~1994年间俄罗斯政府的全部收入下降了相当于国内生产总值3.7个百分点；1994~1996年间又下降了32.5个百分点。在1997年中，联邦政府的收入不足国内生产总值的12%，比预算目标低了约30%。收入中的20%靠的是冲销相互税务、支付债务和其他非资金性交易，而不是向预算上缴的资金。尤其是1998年，头五个月国家预算收入为1250亿卢布，而实际收入仅为800亿卢布。据时任中央银行行长杜比宁说，1998年度用于偿付外债的支出已接近预算的8.4%[1]。

表6-4 1992~1997年俄罗斯政府资金运行情况（占GDP百分比）

单位：%

年份	1992	1993	1994	1995	1996	1997
联邦政府							
收入	15.6	13.7	11.8	12.2	13.0	11.6
支出	26.0	20.2	23.2	17.6	22.1	18.4
余额	-10.4	-6.5	-11.4	-5.4	-9.1	-6.8
备注项目							
GDP（万亿旧卢布）	19	172	611	1630	2256	2675

资料来源：根据俄罗斯财政部、俄罗斯中央银行和国际货币基金组织的统计数据综合而成。

---

[1] 黄保林：《俄罗斯经济形势回顾与展望》，《经济观察》1999年第5期。

第六章 当代俄罗斯的经济精英

尽管面对重重经济阴霾,民众对 1996 年大选后的经济走势仍抱有很大的期待:政府保持了连续性,避免了剧烈的政策转向的可能;金融工业大集团形成了合力,有利于国家经济的稳定;经济发展的惯性要求触底反弹,等等,所有这些都展现出了经济短期向好的迹象。但随即出现的"银行家的战争"打乱了这一趋势,理顺国民经济的工作又陷入停滞。这次事件充分表明了寡头的贪婪本性与国家的整体利益有着不可调和的矛盾,寡头们不会为大局而做出妥协,也不具有克服短视的能力。盖达尔对此评价道:"坦率地说,我没有预计到这场冲突会发展得这样迅速和激烈。我们没有估计到,这些所谓的寡头们是多么缺乏战略眼光,他们在很大程度上根本搞不清楚自身的利益是什么。他们是国家中最富裕的人,如果俄罗斯市场因此衰落了,他们将是最大的受害者。我们并不奢望他们能有多么高的道德水准,但我们的确曾以为他们要比实际的表现更加明智。"①

寡头们的急功近利还表现在经营的操作手法上,他们过度专注于投机。在 1997 年上半年,俄罗斯的实际经济增长率为零,反映俄罗斯 50 种主要股票的"莫斯科时报指数"却上升了 140%,一些股票市价上涨了 5~10 倍②。金融泡沫危害极大,很容易形成金融市场的剧烈动荡,但此刻在俄罗斯自恃可以呼风唤雨的寡头们却有恃无恐,其结果是遭到了市场的严厉惩罚。1998 年 5 月受各种不利消息影响,俄罗斯金融市场开始出现剧烈波动,再贴现率由 30% 提至 50%,后再提至 150%,一天期银行间拆借利率涨至 100%~120%。随后再贴现率回落至 60%,但 6 月 25 日又提高到 80%。7 月初,国债收益率高达 90%,后又突破 110% 大关,经济形势岌岌可危。

直到 1998 年 7 月中旬,国际货币基金组织推出紧急援助方案,允诺为俄罗斯提供总价值达 226 亿美元的贷款,并表示要马上提供第一笔 48 亿美元贷款以支持俄罗斯中央银行的货币储备,俄罗斯市场才稍稍松了一口气。

但好景不长,到 8 月初,反映 100 种工业股票的"俄罗斯交易系统-国际文传电讯"综合指数下跌了 55%,跌破俄交易指数三年前开业的起点。各种

---

① 〔英〕克里斯蒂亚·弗里兰:《世纪大拍卖》,刘卫、张春霖译,中信出版社,2005,第 246~247 页。
② 黄保林:《俄罗斯经济形势回顾与展望》,《经济观察》1999 年第 5 期。

传闻、谣言、消息漫天飞舞，不利消息接踵而至。穆迪投资服务公司与标准普尔先后降低了对俄罗斯及其主要银行的信用指数，各种资金都在陆续撤出俄罗斯市场。8月13日，国际金融投资巨头索罗斯在《金融时报》上发表了一篇著名的文章，认为："俄罗斯金融市场已经进入到了终结阶段。"该文产生了巨大反响，引发了俄罗斯金融市场的挤兑狂潮，政府的最后努力也就此宣告失败。8月17日，卢布被宣布汇率变更，从1美元兑换6.18卢布贬值为1美元兑换9.5卢布。到9月2日，政府彻底放开外汇兑换牌价，卢布突破了1美元兑换20卢布的大关。这一年，在全年国民生产总值下降4.6%的同时，经济界和民众一度丧失了对卢布的信心，导致卢布大幅贬值，由最初的1美元兑换6.188卢布到1999年1月6日的1美元兑换20.65卢布，及至1999年5~6月又下跌至1美元兑换24~25卢布。

在金融危机的狂潮下，俄罗斯寡头们遭受到了追逐财富道路上空前严重的挫折，其中斯莫棱斯基的损失尤为惨重。不同于其他寡头，斯莫棱斯基涉猎诸多经济领域，而他的支柱产业——首都储蓄银行-农工银行在金融危机中因资不抵债，并拒绝偿付贷款，被政府托管，使他几乎蒙受灭顶之灾。"这个拥有1200家分支机构，570万存款者，无数的自动取款机、信用卡的银行业巨人，成为一个全盘皆输的象征。"① 不久，俄内务部调查局开始调查斯莫棱斯基非法经营的案件，斯莫棱斯基不得不跑到维也纳避难。随着案件调查的深入，1999年春天，俄总检察院冻结了斯莫棱斯基的股票，并对其发出了国际通缉令。由于种种原因，俄检察机关不久又撤销了对他的起诉。此后，斯莫棱斯基的生意越来越差，已经很难再复当年之勇了。

另一个寡头——维诺格拉多夫，即国际商业银行的老板，在1998年金融危机中也遭到了致命的打击，他的国际商业银行欠了23万储户的存款而无力偿还。在俄中央银行没收了国际商业银行的营业执照后，1999年维诺格拉多夫申请破产。2001年，俄罗斯审计院指控他非法转移资产，但司法机关并没有追究其刑事责任。在寡头群体中，维诺格拉多夫输得最惨，有人揶揄说，正如维诺格拉多夫的姓氏（俄语意为葡萄）一样，他已是一串烂掉的葡萄。

---

① 〔美〕戴维·霍夫曼：《寡头》，冯乃祥译，中国社会科学出版社，2004，第441页。

其他几位寡头，霍多尔科夫斯基、波塔宁和古辛斯基的银行产业，包括梅纳捷普银行、俄罗斯联合进出口银行在内也都受到了严重冲击，几乎处于破产的边缘。

经济实力的下滑也导致寡头们在社会生活中影响力的下降。寡头们把危机的爆发归咎于政府，认为没有独立意志而又控制能力低下的政府是造成危机的主要根源，政权应该由更专业、更有水准的寡头或其代言人来掌握。政府方面则认为，寡头的肆意妄为才是社会经济环境遭到破坏的主要原因。1999年岁末，随着叶利钦宣布辞去总统职务，政权与寡头之间的较量也即将在21世纪拉开帷幕。

三　普京时期俄罗斯寡头政体的终结

俄罗斯寡头体制盛衰的分水岭是2000年普京的上台。刚刚登上权力之巅的普京即在国情咨文中指出："权力真空导致私人公司和机构攫取国家职能，它们控制着自己的影子集团、势力集团以及通过非法手段获取信息的非法安全机构。"他强调，这种情况必须要改变："国家职能和国家机构之所以有别于商业机构，是因为国家职能和国家权力机关不能被收买或出卖，不能被私有化或转让。"[1] 普京的讲话表达了其政府要整顿国家权力格局、改变混乱局面的决心。

此时横亘在普京施政路上的最大障碍无疑就是寡头势力的干政。一方面，依照惯例，寡头在普京参与总统选举时投入的资金，自然应当在新政府执政后得以兑现，寡头们应当无争议地获得更多的政治资源。另一方面，刚刚执政的普京政府面临着实现国家治理正常化的繁重任务，与寡头之间存在着理念与利益上的冲突和矛盾，双方的对决将不可避免。

这一时期出现了一个关键性的因素，即强力集团的崛起，这也是普京上任后俄罗斯政权结构发生的一个非常重要的变化。有克格勃背景的普京，在短时

---

[1] 〔俄〕弗拉基米尔·普京：《俄罗斯国家：强国之路》（2000年7月8日对联邦会议所做的国情咨文）。http://www.pravda.ru/archive/days/2000/july/08/17-13-08-06-2000.html.

间内整合了强力集团的政治资源,取得了对国内其他势力,包括寡头集团的力量优势,从而拥有了贯彻其政治意图的执行力。而此时的寡头集团在经历了内耗与重新洗牌之后,能量已经受到削弱,且伸张渠道日趋集中,处于一种不利于形成合力而易受攻击的境地。双方此消彼长的态势,在对决之初就已经决定了寡头集团的颓势,也间接地印证了俄罗斯社会转型中政权建设与寡头势力的反比关系。

普京政府确定了重塑权力体系的执政理念以后,打击寡头势力就成为迫在眉睫的任务。在打击寡头的手法运用上,普京采取了定缓急、分步骤、分化孤立与各个击破的战略,即首先划定规则,掌握主动。普京约寡头们谈话,表明了新政府的新规矩,告诫寡头们要么保住财富而远离政治,要么染指政治而失去财富;对守规矩者可以一定程度上既往不咎,玩火者将受到惩罚。其后,普京又选择冒尖者进行重点打击,在重创寡头势力的同时,也震慑其他寡头不得过界。通过这些治理手段,普京理顺了权力结构,控制了经济走势,实现了对寡头势力的打击和治理。

1. 制定规则与惩治违规者

(1) 设定游戏规则

2000年上任伊始,普京就召集了20余位最有影响的寡头进行了一次"准施政演讲",在座谈中,普京清楚地表达了施政理念中对大资本的态度:可以发财,但不可以干政;既往可以不咎,但新恶必将严惩。普京谈道:"在我们国家,人们将那些躲在暗地里、从背后对政治决策施加影响的大生意人理解为寡头。而这一寡头集团根本不应当出现。不过,大生意及俄罗斯资本家的代表们不仅有权利存在,而且还有权获得国家的支持。"[①] 普京在此次座谈中明确地划定了寡头们各自活动的界限,对逾界者传达了警戒线,获得了道义上的主动权。

(2) 从传媒入手,惩戒违规者

在社会转型过程中,媒体的作用非常重要。普京需要断绝寡头与媒体的联系,因而掌握着媒体资源且对当局指手画脚的古辛斯基与别列佐夫斯基,就成

[①] 参见俄罗斯《独立报》2000年12月26日。

为普京政府第一批打击的对象。①

古辛斯基早在 1993 年就盯上了传媒业，出资在俄罗斯独立电视台开辟新频道，后来又购买了该电视台 77% 的股份。随后，他又控制了《今日报》和《七日》周刊，收购了著名的"莫斯科之声"电台，并与美国人合办了《总结》周刊。到了 20 世纪 90 年代中期，古辛斯基成为俄罗斯著名的传媒大亨，个人财产高达四亿美元。同样，别列佐夫斯基为向政府施加影响，收购了俄公共电视台 16% 的股份、电视六台 29% 的股份，并操纵着《独立报》和《星火》周刊的部分股份。

在 2000 年的总统选举中，古辛斯基的政治倾向更接近于中左联盟，而对代总统普京则缺乏配合。大选之后，古辛斯基的媒体王国依旧没有表现出对政权的驯服，反而对政府的各种社会政策提出严厉批评。2000 年 5 月 9 日，普京就任总统后举行了第一次阅兵仪式，《今日报》发文恶意攻击阅兵方队的排序，指责普京是别有用心。在之后的库尔斯克事件中，更是对普京政府大加攻击，使新政府极其被动，双方的矛盾开始激化。

2000 年 5 月 11 日，俄执法部门强行搜查了古辛斯基旗下的"梅地亚—桥"集团。同年 6 月 12 日，俄总检察院指控古辛斯基侵吞国有资产并下令将其逮捕。6 月 16 日，蹲了三天大牢的古辛斯基被取保候审，之后就神秘失踪了。2001 年 11 月，俄罗斯向国际刑警组织发出了对古辛斯基的国际通缉令。同年 12 月 12 日，古辛斯基在西班牙落网，但西班牙警方拒绝了俄方的引渡请求并将其释放。2003 年 8 月 23 日，古辛斯基在希腊再次被捕，不久后又被释放。目前，古辛斯基躲藏在以色列，其风光一时的势力已烟消云散。

（3）打击冒尖者

所谓擒贼先擒王，政治斗争中最有效的打击手段也在于先破首脑。作为寡头干政的代表人物，尽管别列佐夫斯基在普京登台之初给过他重大帮助，但根本立场上的冲突使得两人之间的裂痕很快就出现了。

别列佐夫斯基可以说是叶利钦时期最具有政治影响力的寡头，在经受了寡

---

① 关于普京控制媒体的战略安排，请参见 Политический ежегодник：《Политическая элита》, 2000. C. 139~140。

头内讧与金融危机的冲击后,别列佐夫斯基的经济实力与政治资本得到了进一步壮大,俨然成为寡头群体在政界的代言人。同时,随着叶利钦后期在民众中威信的降低,别列佐夫斯基的影响力逐步达到了顶点,成为幕后的"国王的缔造者"。"在切尔诺梅尔金被正式解职之前,别列佐夫斯基在接受媒体采访时向公众预言将有重大的职务变动,同时他还声称正在积极准备2000年的总统选举以保证权力的连续性,此外他还对将参加2000年总统选举的每一个候选人进行了一番点评,称没有一个人适合,暗示2000年应该由新人来领导国家。言词间干预政治、操纵政治的霸气十足。"①

在选择叶利钦继承人的问题上,别列佐夫斯基也体现出了巨大的能量,他先后参与扳倒了基里延科与普里马科夫政府,并在辅佐普京上台的过程中起到了关键的作用。别列佐夫斯基这样做的目的,是希望可以继续操控政府。因此在普京执政后,别列佐夫斯基以一种想当然的心态,继续干涉着国家的政治生活。正因如此,别列佐夫斯基遭到了普京的重点打击。

2000年3月,在一次记者会上,别列佐夫斯基表达了继续干政的意愿,他强调,他与普京有着良好的关系,每天进行一次电话交谈,但他又警告说,没有寡头们的支持,普京将不复存在。他说道:"对我来说,一切都不会改变。寡头的作用还将会上升。"②

显然,别列佐夫斯基的这番言论对新政权起了不利的作用,普京开始对别列佐夫斯基流露出不满和敌意。不久,俄税务总局就对伏尔加汽车公司逃税案展开了调查。该公司1999年年产"拉达"轿车65万辆,却虚报产量为20万辆,从而大量逃税。该公司的后台老板就是别列佐夫斯基。

此后,对车臣政策与联邦关系的不同见解也使普京和别列佐夫斯基之间的矛盾进一步升级。2000年5月30日,别列佐夫斯基公开指责普京政府实行的行政改革将毁掉地方行政精英、摧毁俄罗斯的民主制度。2000年7月19日,在国家杜马的一次会议上,别列佐夫斯基对普京推行改革政权结构和打击寡头的政策表示不满,当场表示辞去杜马议员职务,将其与普京的矛盾公开化,且

---

① 谢林:《对垒》,新华出版社,2004,第142~143页。
② 〔英〕卡瑟琳·丹克斯:《转型中的俄罗斯政治与社会》,欧阳景根译,华夏出版社,2003,第300页。

扬言要创办反对党。他表示："我不想参与这样的闹剧，我也不想在我的手中亲自将俄罗斯变成一个集权的国家。"①

2000年11月，俄总检察院开始传讯别列佐夫斯基，指控他的罪名是：由他控制的两家在瑞士注册的公司内外勾结，把俄罗斯航空公司在境外的几亿美元的票款清洗掉并据为己有。当年5月，别列佐夫斯基逃到英国。2003年3月26日，别列佐夫斯基在伦敦被捕。俄总检察院准备将其引渡回国，但别列佐夫斯基说服英国政府接受了他的政治避难要求。于是，这个昔日寡头们在政治上的代表，有着"克里姆林宫灰衣主教"之称的风云人物，就此远离了人们的视线。

在此期间，普京还敲山震虎，对其他跃跃欲试的寡头进行了震慑。2000年6月27日，阿尔法集团下属的秋明石油公司被警方搜查；7月11日，俄总检察院强行调阅了俄石油天然气公司的文件。这些行动有效地遏制了寡头们重新联合的企图。

（4）控制战略资源与"尤科斯事件"

普京政府随后的步骤更具有根本意义，即由国家重新控制核心工业，尤其是要拿回对自然资源的控制权，使政权牢牢把握住经济发展的命脉。这次站到普京政府面前的是已成为俄罗斯首富的霍多尔科夫斯基。

继别列佐夫斯基之后，霍多尔科夫斯基也在政界日趋活跃，他不仅积极参加议会选举，而且在所辖企业的经营手法上日趋明显地表现出"国际化"，即以国际资本的介入来换取自身的资本安定，以经济影响换取政治上的更大发言权。在2003年卡内基基金会的演讲中，霍多尔科夫斯基说道："俄罗斯社会将要适应这样一个事实：人们可以拿钱做他们想做的任何事。"②霍多尔科夫斯基的言论与普京要树立政府权威的观念发生了冲突，普京毫不犹豫地对其选择了坚决打击。

2003年10月25日，俄联邦安全局拘捕了俄国第二大石油公司——尤科斯石油公司老板霍多尔科夫斯基。霍多尔科夫斯基当时是俄国首富，拥有83亿美元的资产，他是在乘坐的私人飞机于新西伯利亚机场降落加油时被捕的。

---

① 〔英〕卡瑟琳·丹克斯：《转型中的俄罗斯政治与社会》，欧阳景根译，华夏出版社，2003，第193页。

② 谢林：《对垒》，新华出版社，2004，第154页。

这是自普京打击"寡头"以来最为激烈的一次行动。

早在2003年7月2日,尤科斯石油公司的股东、有"钱柜"称号的梅纳捷普集团总裁列别捷夫以经济罪名被正式拘捕。直到10月25日,警方又以突然行动拘捕了霍多尔科夫斯基,指控他犯有严重的欺诈、侵占和逃税罪。检察机关指控霍多尔科夫斯基和列别捷夫"利用俄罗斯进行私有化之机,在俄罗斯境外建立了一个巨大的欺诈网络,通过欺诈手段获得俄罗斯企业的所有权",如,他们以极低的价格收购了国有化肥公司"阿帕帝特"20%的股份,当法院裁定收购为非法行为后,他们又将这笔资产成功地转移到海外;他们还利用建立空壳公司和设立空头账户等手段,通过转让定价的方式交易产品,逃漏税款,在1998~2003年间,共逃税、漏税1500亿卢布。

2005年5月13日,俄罗斯莫斯科仲裁法院裁定,尤科斯石油公司应支付拖欠尤甘斯克公司的售油款624亿卢布(约22.3亿美元)。5月31日,俄罗斯莫斯科地方法院分别判处霍多尔科夫斯基和列别捷夫九年监禁。8月1日,莫斯科一家法院宣布尤科斯石油公司破产。

按照法院计划,在随后一年的破产清算期间,尤科斯石油公司剩余的资产,包括几处石油储备、1302家加油站、5个原油加工厂以及2个石油开采企业,将经过清算后偿还给债权人。舆论普遍认为,这些资产将很可能被俄罗斯最大的两家能源公司——国有的俄罗斯石油公司和俄罗斯天然气工业股份公司获得,这也意味着,霍多尔科夫斯基近20年累积的财富成为南柯一梦,重又被政权夺回。

2. 掌握经济命脉与不"干政"的寡头

在分析普京对待寡头的思路时我们需要认清一点,即普京并不想,也不能铲除掉大资本,普京所要对付的只是那些破坏规则、对政权构成威胁的大资本。普京本人对此曾表示:"当然,我们今后仍将致力于提高国家机关的威望,仍将支持俄罗斯实业界。不过,家财亿万的商人和各级官员都应该知道,如果他们利用特殊的相互关系获取非法利益,国家不会对他们的行为视而不见。"[①]

在与寡头的斗争中,普京充分认识到了掌握经济命脉的重要性,这是国家

---

① 参见普京2006年国情咨文,新华网,news.xinhuanet.com/world/2006 - 05/11/conte ... 48K 2006 - 5 - 11。

避免被寡头要挟的基本条件。为此，普京政府先后采取了诸多手段来重新掌握控制国家经济的大权。

第一种方式是直接剥夺不驯服的寡头的资产，先后利用司法手段整治了古辛斯基、别列佐夫斯基、霍多尔科夫斯基，其核心资产西伯利亚石油公司、尤科斯石油公司等都陆续被国家所控制。

第二种方式是加强国有企业的规模与实力。2004年8月初，普京签署了一项命令，限制对549家具有战略意义的企业进行私有化。9月14日，在召开政府扩大会议的第二天，普京同意了总理弗拉德科夫的提议，决定让俄罗斯天然气垄断企业——俄罗斯天然气工业股份公司和100%国家控股的俄罗斯石油公司合并，组建俄能源领域的"航空母舰"。2012年，这两家公司正式互换股票，俄罗斯石油公司成为俄罗斯天然气工业股份公司下属的子公司。

第三种方式是委派亲信直接管理战略行业。梅德韦杰夫从2002年起就担任俄罗斯天然气工业股份公司的董事会主席。2002年6月，时任总统顾问的伊万诺夫出任重要的军工集团阿尔马斯-安泰防空武器康采恩董事会主席。2003年4月，普京的外事顾问普里霍季科当选为战术导弹武器集团董事长。别斯兰事件后，普京的另一名顾问维·伊万诺夫开始担任俄国家民航公司董事会主席。2012年5月，担任政府副总理的谢钦出任俄罗斯石油公司的总裁。另一副总理舒瓦洛夫曾担任俄罗斯铁路公司董事。

第四种方式是逐渐施加压力，各个击破，使寡头们让出在战略行业的控制权。2005年9月，俄罗斯最大的国有天然气公司——俄罗斯天然气工业股份公司宣布将以130.01亿美元收购阿布拉莫维奇的西伯利亚石油公司。

2002年，在普京进一步镇压寡头和促进国有化之际，罗曼·阿布拉莫维奇开始了自己的"洗白"计划。同年，他卖掉了在俄罗斯铝业公司、俄罗斯航空公司和汽车控股公司的全部股份，随后，阿布拉莫维奇携妻小六人移居伦敦。2005年10月，阿布拉莫维奇又将所持西伯利亚石油公司的全部股份售给俄罗斯天然气工业股份总公司，彻底洗白了自己在俄罗斯的资产。至此，阿布拉莫维奇不再控制任何一家实体，除了他自己的 MILLHOUSE 投资基金之外。[1]

---

[1] 〔俄〕《每日经济新闻》2005年9月29日。

2007年1月31日,位列俄罗斯富翁排行榜前十位的两大著名寡头、"因杰尔罗斯"控股公司合伙人波塔宁和普罗霍罗夫宣布战略分手,各自重组自己完全控股的公司,价值300多亿美元的共同资产也在年内被分割完毕:"因杰尔罗斯"公司由波塔宁一人所有,普罗霍罗夫把其持有的诺里尔斯克镍业公司(简称"诺镍")股份转售给对方,自己得到联合企业内所有能源资产,而其余资产,主要是"极点"黄金开采公司、俄罗斯银行、"普罗夫媒体"集团、"动力机车"集团、"开放投资"房地产公司,两人对等平分,各自独立管理。"诺镍"当时市值约313亿美元,2007年底前又增至400亿美元,两人分别持有25.5%的股份。① 随后,波塔宁在接受媒体采访时表示,不排除其控制的诺里尔斯克镍业公司也将被国有化的可能。同时,他还表示:"希望私有财产的法律制度能被遵循,确信国家应解决那些社会自身无法解决的问题,而不是插手那些市场能成功处理的问题。"他在回答关于"政府回购诺里尔斯克镍业公司股份的可能性"的提问时称,若诺里尔斯克真的被国有化,他将不会把这视为个人的悲剧,而将此看成俄罗斯商业环境的改变。他还向媒体表示:"若没有政府的支持,大的项目很难得以实施,但不能将此与国有化问题混淆。诺里尔斯克应是个私营企业,而政府应支持我们。"②

第五种方式是对于不干政、表示效忠的寡头,普京政府正视他们的经济影响力,对其经营依然给予支持,并视其为政权的支撑力量之一。如普加乔夫、科甘、杰里帕斯卡等人即属此类。③

---

① 新浪财经,http://www.sina.com.cn,2007年2月1日。
② 世华财讯,2007年2月5日。
③ 弗拉基米尔·科甘,圣彼得堡工业建设银行总裁,他同当时担任圣彼得堡市第一副市长的普京的关系非同一般,普京的个人存款就存在了科甘的银行里。对科甘来说,普京办公室的门对他是敞开的。此外,普京的许多助手都来自圣彼得堡,因此很多事情不用找普京,科甘就可以达到自己的目的。科甘同时任政府副总理兼财政部部长的库德林、政府负责国防工业事务的副总理克列巴诺夫关系都很好。俄罗斯国际工业银行总裁谢尔盖·普加乔夫与普京的关系也十分密切,是同普京交往最为亲密的俄罗斯商界巨头之一。关于普京同普加乔夫的交往有许多传说,并被蒙上了一层神秘的色彩。《莫斯科共青团员报》说,许多消息来源均证实,普加乔夫可以自由进入克里姆林宫面见总统,普加乔夫"有时候"还要向普京就一些政治问题提出建议。奥列格·杰里帕斯卡,俄罗斯铝业公司总裁。据2007年2月12日《莫斯科共青团真理报》的报道,由于当年国际铝价居高不下,杰里帕斯卡的个人资产已达212亿美元,一跃超过了前首富阿布拉莫维奇,成为俄罗斯的新首富。

因此在今天的俄罗斯仍然有着规模巨大的大资本存在，寡头依然有着对政府施加影响的实力，只不过是运作的方式变得更加委婉，也更加巧妙。为沿袭既往的称谓，我们可以把他们定义为"新兴寡头"或"隐形寡头"。

俄罗斯卡内基基金会的分析人士利普曼曾说过："我们再也看不到那种公开的、四处炫耀的影响力。就像我们以前说的那样，他们能用脚踢开克里姆林宫的大门。"① 但据一份世界银行发布的报告显示，23位寡头或者他们的金融集团目前仍然继续控制着俄罗斯经济的重要行业。而且有分析人士称，即使是在联邦政府层面上，寡头也没有消失或者被政府完全摈弃。弗里德曼的工商集团——阿尔法集团，仍从政府手里获得了经营俄罗斯谢里米特沃机场的合同，经营汽车工厂的杰里帕斯卡集团也成功地说服了政府暂时对进口车税率保持不变。

但是，与以往不同的是，目前寡头们正在千方百计地寻找与政府双赢的局面。有资料显示，为了继续控制俄罗斯经济，许多寡头在减税、投资贷款和补贴等方面越来越求助于地方政府，这使他们的商业行为既可以继续具有竞争力，又可以非常隐蔽而不引人注意。世界银行将他们的这种商业运行模式称之为"占领地区"，而这种模式也会有效地排挤外资企业进入这些地区，形成隐蔽的贸易壁垒。据世界银行对俄数百个企业的研究数据表明，目前在俄罗斯联邦主体中已有七个地区被这些大型商业集团所"占领"。②

四　俄罗斯经济精英的现状与发展前景

在经历了普京政府的强势打压之后，以别列佐夫斯基、霍多尔科夫斯基为代表的第一批寡头已基本上退出了俄罗斯的政治生活，但老寡头依然拥有雄厚的经济实力，新的大亨也在迅速崛起。那么，寡头现象是否还会卷土重来？未来的俄罗斯是否还会陷入寡头控制的境地？本节我们将对这些问题进行分析。

---

① 《中国青年报》2004年6月17日。
② 中国新闻网，2004年6月15日。

首先，我们以前面的分析和结论为依托，对俄罗斯寡头的发展趋势进行一下展望，即目前俄罗斯促使寡头产生的最重要因素是否还存在？为此我们将结合前文对普京政府的权力支撑点进行剖析，考察政治再次催生寡头的可能性，并从宏观的角度探讨寡头重新登台的必备要素，并对后普京时代的寡头发展趋势进行简要的分析。

1. 对权力结构的分析

通过前文对普京政府权力支撑点的分析可以看出，在目前的形势下，普京政府的权力体系是稳固的，而且还有持续稳固的趋势。因派系政治斗争而使寡头势力崛起的旧模式已基本不可能在普京任期内再次出现，而寡头势力的再次伸张也只能冀望于现有条件的突变。

2. 寡头重新登台的必备要素

俄罗斯寡头的沉浮说明了这样一个道理，寡头作为一种政治势力并不具有与其华丽外观相称的实力，与正常状况下的国家政权相比，几乎是不堪一击的。寡头现象只可能在一个病态的政体中出现，即只有国家再次陷入混乱，寡头登场才有可能。这种混乱表现为以下两种情形。

（1）政权争斗重燃

以目前的局势来看，除非普京的影响力突然消失，否则重新出现激烈争夺政权的可能性不大。普京执政以来，通过一系列行政和法律手段，有计划、有步骤地打击各种有碍国家稳定和发展的势力，在俄罗斯形成了一种新型权力结构，即普京大权在握，高高在上，其权力已很少甚至基本不受制约；军队、国家安全部门和内务部等强力部门的支持是其权力基础，广大民意的支持是其社会基础；通过联邦政府和政权党，普京政权确保了对官僚系统的控制，这一权力结构的核心就是总统集权。普京不仅是这个权力结构的领袖，一定程度上也是这个结构的精神教父。这样的组织结构在拥有强势领导人的情况下是最稳定的。

从另一个角度来看，这种强势人物带来的稳定也有其弊端，如果这个强势人物不发挥作用了，这一结构就很有可能变得异常脆弱。当前俄罗斯社会转型尚未完全完成，权力结构也尚未完全理顺，在这种情况下，一旦权威突然消失，不排除政权有陷入混乱的可能。

(2) 财政再现危机

经济危机的出现也是给俄罗斯转型进程带来逆转性危险的因素之一。诸如石油价格暴跌、分裂势力引发战争等导致的财政困难，严重时甚至有可能使国家陷入经济困难，而这也会给大资本提供与政府讨价还价的筹码。

3. 寡头的发展趋势

(1) 权力体系建设的成效至关重要

对于俄罗斯这样的转型国家而言，权力体系建设至少要达到三项指标：一是要强有力；二是内部要有制衡；三是要最终形成中立的行政体系。

这三项指标中包含着这样三个命题。第一个命题就是要避免政权再度被挟持。寡头们呼风唤雨的年代给俄罗斯人留下的最深刻的教训之一，就是必须要保证权力体系的团结和有力量，这样才能够摆脱诸如寡头集团的乘虚而入。强有力的权力体系应该不仅包括政府系统，也包括议会系统。这就要求有着政治共识的群体能够聚合在一起，协同作战。要达到这一目的需要拥有一个成熟的政党，并依托政党的平台选拔人才，分配任务，赢得选举，从而实现政治抱负。

第二个命题是指要防范"强力寡头"的出现。强力集团的做大已经引起了很多学者的重视，甚至"强力寡头"这样的术语也越来越多地出现在媒体与分析文章中。这种担心不无道理，没有制衡的权力就有可能发展为专权，金融工业寡头如此，"军警寡头"的出现也并非没有可能，而且后者的危害性将远远大于前者。因此，通过不同背景的人员分掌核心权力，形成权力制衡将是普京政府为未来布局的关键步骤。

有人分析认为，普京对权力制衡有一定认识。早在"西罗维基"① 拿掉霍多尔科夫斯基并顺势逼走了克里姆林宫办公厅主任沃洛申之后，克里姆林宫一度处于谢钦和伊万诺夫的控制之下。但是当时普京并没有任命"西罗维基"的人担任办公厅主任这一要职，而是任命了时年38岁、律师出身的梅德韦杰夫为办公厅主任。这说明，普京非常注意制衡"西罗维基"的势力。俄罗斯政治分析家帕洛夫基斯对此评价道："普京是一个下棋高手，他能同时下几盘

---

① 此词是俄文"силовик"的音译，意为"强力集团"。

棋，统观全局、平衡力量。"①

第三个命题是要建立一套独立完善的文官制度。建立一套中立高效的文官制度不仅可以大大提高政府的执政效能，还可以明显增强国家政治的稳定性，把派系争斗仅限定在对高层领导人人选的竞争上，而不会对政府的日常运转产生太大的影响。

文官制度的建立必须要注意避免官僚体系的异化。在 2005 年的国情咨文中，普京就曾对行政体系中的低效与腐化现象进行了批评，他说："我们的官僚集团在很大程度上还是一个封闭的和傲慢的集团，把国家公务看作一种生意。因此对于我们来说，头号任务仍是提高国家管理的有效性、官员严格守法、向居民提供高质量的公共服务。"②

然而，在缺乏民主管理传统的俄罗斯，构建中立、敬业的文官制度是一个任重道远的过程。官本位意识与滥用权力不会在短时间内消除，甚至行政系统中最高层官员都难以做到以身作则，近年来，俄罗斯政府高官的子女进入政府部门、国有大型企业或国家控制的大型企业的例子更是屡见不鲜。

例如，俄罗斯政府副总理、前国防部部长谢尔盖·伊万诺夫的儿子，27 岁时即担任了俄罗斯天然气工业银行的副总裁。俄罗斯天然气工业银行是俄罗斯天然气工业股份公司的子公司，号称俄罗斯银行业三巨头之一，为石油天然气、石油化工、核能及其他能源行业提供综合性服务。

俄罗斯前总理米哈伊尔·弗拉德科夫的大儿子彼得·弗拉德科夫，现任职于直接由俄罗斯总理负责管理的俄罗斯发展银行。他的另一个儿子巴维尔·弗拉德科夫，毕业于隶属于俄罗斯联邦安全局的科学院，前途也是不可限量。

2010 年 5 月，前联邦安全局局长尼科莱·帕特鲁谢夫时年 32 岁的长子迪德米特里·帕特鲁谢夫，被任命为俄罗斯农业银行总裁。俄罗斯农业银行是俄罗斯第四大银行。而他的小儿子安德烈·帕特鲁谢夫，25 岁时就担任了俄罗斯石油公司主要领导人、前总统办公厅第一副主任谢钦的顾问。

圣彼得堡前市长、俄罗斯联邦委员会主席瓦伦蒂娜·马特维延科的儿子萨

---

① 新华网，news.xinhuanet.com/world/2003-11/11/conte。
② 参见中国社会科学院网站，www.cass.net.cn/file/2005051943238.html 17K 2005-5-19。

格理·马特文科,现担任国有俄罗斯外贸银行不动产部主席一职,同时他也是目前俄罗斯最年轻的亿万富翁之一。①

当然,俄罗斯的"太子党"并不仅仅局限于中央领导层的子女,地方大员的子女也被算在其中。与此相对,俄罗斯目前面临的另外一个问题是人才的大量流失。据统计,俄罗斯每年大约有4万~4.5万名极富才华和潜力的年轻专业人士移居国外。目前,在欧盟生活的俄罗斯人大约有300万人。②

对官僚的约束是一个比消除寡头威胁更为棘手的课题,这对于转型国家来说尤其如此,因为"政治改革所面临的最大挑战往往是,现行政治体制既是改革的对象,又是推行改革所依赖的组织手段"③。而这些享有既得利益的官员对现行体制是绝对忠诚的,他们并不希望有太大的改变。缓急与次序成为社会变革的关键因素,在当时的情况下,消除寡头威胁就是俄罗斯政府必须要优先解决的问题。

(2)经济结构的良性调整是正本清源

寡头的危害在经济领域主要有两个方面:一是规模与影响过于庞大,大到动辄就可造成国民经济的动荡,因而使政权投鼠忌器,不敢轻易触犯;二是产业垄断度高,严重破坏了中小企业的生存基础,使微观经济环境迟迟得不到改善。鉴于寡头与政权叫板的最重要筹码是其经济影响力,因此调整经济结构,改变寡头独大的局面,将是正本清源的最好办法。

有这样一个数据可以作为佐证。霍多尔科夫斯基事件之后,2004年俄罗斯资本外逃的数量增加了两倍,达到了79亿美元。在这种情况下,2005年3月27日,普京在克里姆林宫会见了24名俄罗斯最富有的商人,表示政府将会提出一项法案,把私有化交易的诉讼时效从十年缩短至三年,也就是说,法律上将禁止对20世纪90年代出售国有资产的行为提出诉讼,目的就是保护所谓的寡头企业。同时,普京还向商界做出承诺,将对企业的产权予以保护;将对

---

① 材料综合整理于搜狐网络,news.sohu.com/20060222/n241949851.shtml 76K 2007 - 5 - 8。
② 〔俄〕弗拉蒂斯拉夫·伊诺泽姆采夫:《俄国新封建主义解析》,吴万伟译,http://www.the - american - interest.com/article.cfm?piece=939。
③ 徐湘林:《政治改革政策的目标设定和策略选择》,中国社会科学院网站,www.ccrs.org.cn/article_view.asp?ID=5133 44K 2006 - 9 - 29。

被控骚扰企业的政府税务机构实行严格管理。普京的主动妥协得到了资本大佬们的认可,第二天俄罗斯的股市就上涨了近4%。正如邢广程先生所言:俄罗斯的"'寡头政体'终结了,但是'寡头资本主义'依然存在"①。

还有一项统计数据是:目前中国的中小企业数量大约为2400万家,而俄罗斯的中小企业只有80万家,两者相差30倍,两国经济活跃的程度可谓一目了然。

所幸的是,石油等原材料产品价格的大幅上涨给了俄罗斯缓解经济压力的绝好机会,趁此机会调整经济结构,减少经济发展对大资本的依存度,应该是俄罗斯政府经济工作的中心。

综上所述,根据俄罗斯寡头的成长历程剖析其成因,笔者认为,俄罗斯寡头的出现有着政治、经济两方面的原因。首先,不当的经济改革政策很大程度上成就了寡头的飞速崛起。激进的"休克疗法"和不成熟的私有化等经济政策在政府缺位、监管孱弱的情况下出现了很多弊病,这在一定程度上刺激了寡头现象的发生。

其次,导致俄罗斯出现寡头现象的政治因素更为关键。这一方面是因为在寡头成长的过程中,出于政治理念的原因,政府有意识地对资本家阶层进行扶植,对寡头诸多的违规获利行为表现为听之任之,其结果起到了培育寡头的作用;另一方面,在政权力量虚弱,政局不稳的情况下,政府为了"制造"出一个强有力的政治盟友,以挽救自己的政治危机,在寡头成长的关键时期给予了他们一定的支持和推动,直接促成了寡头的形成。

正是这种政治、经济双驱动的模式造成了俄罗斯寡头政治、经济皆活跃的特性,使俄罗斯寡头成为在其他转型国家难得一见的"利维坦"。同时也正是这种模式,导致俄罗斯寡头具有很强的不稳定性。因为政府政治驱动的因素很难持久,一旦条件成熟,政权的排他性会自然中断对寡头的政治驱动力,摆脱与他们相互利用的关系;而寡头们在经济领域所具有的原罪与他们所处的敏感位置,也难以保证他们的地位稳固,于是变动甚至倾覆就很难避

---

① 邢广程:《普京与寡头的关系——影响俄罗斯社会发展进程的问题》,《国际经济评论》2004年第1期。

免了。因此可以认为，俄罗斯寡头的形成模式也决定了他们与政治有着休戚相关的联系。

由于这个原因，俄罗斯寡头干预政治的现象就不足为奇了，这是他们获得利益与保持利益的需要。从另一个角度看，寡头干政的必然性与政权的利益难免冲突，一旦政权恢复元气，寡头势力也必然会遭到打压而迅速衰减。

俄罗斯的寡头现象为我们充分展示出转型社会中被放纵的资本与定位不清的政权之间的互动过程，通过对这一过程的观察与研究，可以得出一个基本结论，即政府和寡头之间具有很强的关联度。

如果把叶利钦时期与普京时期的政权建设与寡头的发展轨迹联系起来看，首先可以清晰地看出两者之间力量的此消彼长与相互抵触。当然，在受到共同的外力压迫时，不排除两者可以形成合力来抵御外力，但毕竟两者完全不具有同质性，而只是一种相互竞争的关系。其次，双方之间存在着一种不对等的量级关系，寡头的反向中，政权是主要力量；而政权的反向中，寡头只是其中的一种力量。换句话说，大资本的力量不足或形成不了对政府的牵制，有可能会被认为是造成政府权力泛滥的原因之一；而政权软弱、制约乏力，则会被认为是引起大资本失控的主要原因。

这一点在前文的论述中已有所阐述。俄罗斯寡头之所以能够操纵社会，把一己私利凌驾于社会公益之上，其主要原因就在于俄罗斯社会转型中政权建设不力。那么，在社会转型过程中，俄罗斯政府为什么会出现政权建设不力的局面？这种局面导致出现寡头现象的根源何在？如何避免这种局面的再次出现？如果将这些问题再引申一下，还可以提出两个更具广泛意义的问题，即社会转型中政府的作用是什么？社会转型中政府应该如何起作用？

具体而言，第一个引申问题是指，在社会转型的过程中，政府是应该起主导作用，负责督导转型的进程呢，还是起辅导作用，由市场的自发力量来主导社会转型？显然，俄罗斯选择了后者。早在转型之初，无论是"休克疗法"，还是私有化进程，都是政府这种经济思路的结果，但其效果却令人失望。在总结了很多转型国家的实际经验后，很多学者更倾向于在转型中应由政府发挥主导作用的观点。如波兰前副总理兼财政部部长、著名转型经济专家科勒德克提出："波兰转轨最重要的一条经验就是：我们往往忽视了促进发展的经济政策，而只寄希望于'看不见的手'，即由市场自发地调节。可问题在于，市场自发调节往往缺乏动力。"①

通过对俄罗斯社会转型历程，尤其是寡头现象的描述和探讨，笔者认为，在社会转型中政府应该发挥主导作用，其理由如下。

第一，发挥政府主导可以防止政权力量的迅速衰弱，这既可以保障政令的顺畅贯彻，维护必要的社会稳定与经济环境，又可以有效遏制诸如寡头等势力的做大。俄罗斯寡头现象给我们的最深刻教训之一就在于此。

第二，保持政府主导作用可以控制转型节奏，使转型过程能够循序渐进、按部就班地进行，不会因行动过激而造成政局失控。在这方面，俄罗斯在私有化方面的教训值得吸取，政府冒进的结果使社会付出了惨重的代价。斯蒂格利茨对此曾有过评价，他指出："一些主张快速转型的人认为，制定规则比反复推敲制定什么样的规则更为重要，因为游戏规则不确定会阻碍经济发展。我认为这一结论有其合理性，但同时也应该注意到制定规则是有沉淀成本的，规则一旦确立就很难改变。要想改变，不但要付出大量的交易成本，而且会带来很多分配上的不良后果。"②

第三，政府主导可以在宏观上优化产业结构，从而更快速有效地提升民族经济的整体竞争力。格申克龙对欧洲近现代工业化的经典性研究说明，实现工业化和现代化对那些后来者来说要更加困难，而且更加需要政府的干预和支持。例如，单从资本的积累来看，当英国开始工业化的时候，工业化进程仅处于以纺织业为主的轻工业阶段，其对原始资本积累的资金数目要求不高，因而相对容易实现。当德国开始工业化的时候，正处于以化工为主的重工业阶段，其对资本积累的资金数目要求要高得多而非单个和少数投资人所能承担，因此政府的干预和支持就显得更为需要。③

第四，政府主导下的社会转型对政府职能的转型也是一个促进过程。政府

---

① 〔波〕科勒德克：《波兰市场化与民主化艰难历程对中国的启示》，引自其在北京大学中国经济研究中心的演讲摘要（2004年3月13日）。
② 〔美〕约瑟夫·斯蒂格利茨：《社会主义向何处去》，周立群等译，吉林人民出版社，1998，第293页。
③ Alexander Gerschenkron, Economic Backwardness in Historical Perspective: A Book of Essays, (Harvard University Press, 1962).

主导并不意味着政府大包大揽，而恰恰是相反的趋势，政府将在此过程中逐渐退出可以放手的领域，其活动将会专注到提高社会发展的能力与效能上。有学者对此理想状态进行过总结："最能实行有效的私有化的，是那种相对强大、有能力执行一种连贯政策的国家。对大量私有化和国家重构的研究结果表明，有效的私有化需要的是国家活动范围（scope）的缩小和活动能力（capacity）的增强。在一种后共产主义、后指令经济的背景中，如果国家的能力迅速衰减，显然无法成功地实现私有化进程。"①

第二个引申问题，即转型社会中政府如何起作用，则是一个相对技术型的问题。笔者认为，行政体系的加强与完善对于转型社会有着更为突出的意义。这是因为，首先社会转型初期往往伴随着政党的更迭与经济体制的彻底改变，此时发挥作用的只能是行政系统。毫无疑问，在这种情况下，一个稳定而富有效率的行政系统对一个转型国家更加重要。

其次，在转型过程中，政令畅达将更加依赖行政系统。合理的发展战略和大量的政府决策都需要有效率的行政部门去执行。任何大规模的经济方案在实施中都会面临大量的难题。发展战略的政策具体化，政策执行中对政策的调整，都离不开行政系统的工作能力。所以，政府的行政能力是关系到转型国家发展战略能否实现的一个重要因素。

再次，构建中立、高效与强有力的行政系统是转型国家抵御政治风险、实现社会稳定的有效途径。一般而言，一个国家行政能力的强弱主要取决于三个方面。第一，要拥有高素质、高技术水平的行政人员和技术官僚层；第二，技术官僚层的工作应相对地不受社会与政治的压力；第三，技术官僚层在技术层面的决定权应该有制度上的保证或受到国家领导人的支持与保护。在具有完备行政系统的情况下，社会还必须构筑起各种完善的运行机制与保障制度，形成让所有社会成员相互依赖的巨大网络，把人们日常的衣食住行都囊括其中，这样既可以保障社会的基本运转不受干扰，也可以把因政局变化而带来的风险和损失降到最低。近年来，普京总统多次在国情咨文中提到医疗保险、住房改革、失业保障等社会问题，这也从一个侧面反映出普京政府对于建立社会保障

---

① 〔日〕猪口孝：《变动中的民主》，林猛等译，吉林人民出版社，1999，第228页。

制度重要性的认识。

最后，政府推动的经济改革，因其更专业、更了解实际情况，也可以收到更良好的效果。以东亚地区为例，包括日本和中国台湾地区等在内，它们的社会转型有一个共同特点，就是其经济政策的制定权都集中在执行权力机关手里。这样，政府内的经济部门主要负责制定相关的经济政策，政府的经济技术官员也可以免受社会和政治的影响。在日本，这种行政独立性是由一套文官制度来保证的，除了少数部长是由政治领导人直接任命外，大多数行政官员都属于文官。只要不犯大的错误，一般文官都有可能被逐步提升到高级职位。行政官员的稳定地位，在很大程度上可以促使行政体系更加专注于经济发展。而这也是东亚国家经济取得成功的主要经验之一。

第七章　当代俄罗斯的"精英政治"

——从"梅普组合"到"普梅组合"

20世纪90年代初苏联的解体以及随之而来的社会大转型，在推动俄罗斯政治精英转型的同时，也为其发挥主导作用提供了广阔的舞台。经过20多年的社会变革，与苏联时期的"党－国精英"相比，当代俄罗斯政治精英的生成方式、流动渠道以及功能模式都已经发生巨大变化。但是，由于受俄罗斯传统政治文化的影响，以及社会监督机制的匮乏，目前俄罗斯政治精英内部的流动依然过于封闭，甚至不乏精英之间的潜规则和幕后交易。2008～2012年，俄罗斯政治中出现的从"梅普组合"到"普梅组合"的模式转换，就是这一现象的典型反映。本章试图以这一政治现象作为观察视角，对"梅普组合"与"普梅组合"的形成过程和具体内容进行梳理与回顾，了解和分析当今俄罗斯"精英政治"的内涵和政治精英内部关系的特点。

一　"梅普组合"：一种过渡性的国家权力配置

1. "2008年难题"与普京的政治选择

俄罗斯是一个以总统权力为核心的总统制国家，国家杜马在国家政治体制中的作用相对弱小，历届国家杜马选举除了反映社会政治力量对比的变化外，并没有对俄罗斯的政治运行产生多少实质性影响，而总统选举却始终备受关注，它不仅关系着国家政权能否正常更迭，而且还直接影响到俄罗斯的未来发展方向。根据俄罗斯宪法，俄罗斯总统的任期不得超过两届，因而从叶利钦执政后期开始，总统接班人问题就被正式提上了总统的议事日程。1999年岁末，为了保证卸任后自己及其家人的人身安全，以及俄罗斯的未来发展不会发生大的逆转，经过反复考察，叶利钦推举忠诚、干练而名不见经传的普京为自己的接班人，并以提前辞职的方式，帮助普京赢得了2000年的总统大选。

在任八年，普京在治理国家方面取得了显著业绩，俄罗斯的国力和国际地位大大增强，普京在俄罗斯民众中也获得了长期居高不下的支持率，这使他拥有了比当年的叶利钦总统更多的政治资本与左右俄罗斯政局的手段。2008年5月，普京即将结束他的第二个总统任期。随着2008年的日益临近，俄罗斯国内希望普京继续留任的呼声越来越高。普京曾多次在公开场合声明他不会违背宪法而谋求第三次连任总统职务，但同时又明确表示，他还年富力强，还想"继续为俄罗斯政治服务"。因而，"2008年以后普京将以何种方式继续执掌政权"这道"2008年难题"，摆在了俄罗斯人面前。

早在2005年6月，普京就曾对外表示过："（俄罗斯）宪法并不禁止（现任总统）非连续性地第三次参选。"① 这是普京第一次公开谈论自己2008年以后的政治考虑，尽管这种表述并没有任何确切的含义，但实际上普京已经向人们传达了一种信息，即原则上普京并不否认自己在2008年卸任后，再次参加2012年总统选举的可能性。

到2007年议会选举前夕，普京的去留问题已经成为一个公开谈论的话题。2007年8月，"列瓦达"俄罗斯社会舆论信息研究中心曾在选民中做过一次社会调查，其中有半数以上的受访者表示，如果普京决定参加2012年总统选举，他们会投票支持他。② 从各方面看，2012年普京重返总统职位的可能性都是存在的。而与此同时，普京也会经常在各种场合不失时机地向外界表达自己的这种意愿。

2007年9月14日，在每年一次的"瓦代尔俱乐部"论坛见面会上，一位西方学者直截了当地问普京："2012年您是否会重返克里姆林宫？"普京对此不置可否，只含混地答道："2012年……那实在太遥远，我现在还没有考虑。"

---

① http://cblog.chinadaily.com.cn/port/andrew/10163724766.shtml.
② Путин - 2012, http://www.gazeta.ru/2007/08/07/oa_246356.shtml.

接着，普京又做了如下一番表白，他说："无论是说我要走的人，还是说我会留下的人，都是正确的。任期结束后我会离开总统职位，但我不会离开俄罗斯，也不会离开俄罗斯政治。我不准备过隐居生活，也不准备长期移居国外。我是俄罗斯人，我热爱我的国家，我时刻牵挂着我的国家和人民，我对俄罗斯的现状尤其感到不安，因此我不准备退休回家。我相信人民需要我，但我不会滥用人民对我的信任。至于将来我会干什么，暂时我还没有决定，我只希望俄罗斯政权稳定。"① 然而，正是普京这番"发自肺腑"的表白，让这位西方记者大胆断言：2012年普京将重新执掌俄罗斯总统大权。媒体也普遍认为：卸任后的普京不会如当年的叶利钦一样，远离俄罗斯政坛，普京的精力充沛，2008年以后他仍将在俄罗斯政坛发挥巨大的作用。

在执政集团内部，希望修改俄罗斯宪法，以挽留普京继续留任的呼声更是此伏彼起。为此，普京的政治智囊和各路精英设计出了各种方案，供普京选择。② 这些方案可谓是五花八门，有人主张直接修改宪法，"延长总统任期"，以使普京继续执政。有人建议"改俄罗斯总统制为议会制"，因为支持总统的"统一俄罗斯党"在国家杜马中正占据着多数席位，如果俄罗斯改行议会制，普京就可以直接以执政党领袖的身份出任政府总理，执掌国家大权，而无须考虑总统第三任期问题，如果普京愿意，他还可以依靠"统一俄罗斯党"在议会中第一大党的地位，无限期地执政下去。还有一个被称为"过渡性"的方案，是由普京的盟友、时任俄罗斯联邦委员会（上院）主席米罗诺夫提出的。按照他的建议，普京在2008年总统任职期满后，可以担任政府总理一职作为过渡，然后再于2012年重新竞选总统，这样既可以使普京卸任后不远离政治舞台，还可以让他凭借民意的支持，在不违反宪法与不修改宪法的情况下，重新回到总统宝座。

这期间，据俄媒体报道，2006年4月17日和7月29日，俄联邦的北奥塞

---

① Стенограмма встречи Президента Российской Федерации В. В. Путина с членами международного дискуссионного клуба Валдай, состоявшейся 14 сентября 2007 года в Сочи. http://www.kremlin.ru/sdocs

② 王正泉：《俄罗斯国内要求普京"三连任"详情》，http://www.qianlong.com/2006-10-09。Алексей Левченко, Лучше честно сказать: давайте менять Конституцию, http://www.gazeta.ru/2006/06/15/oa_203864.shtml。

梯共和国和车臣共和国的议会相继通过了"有关修改宪法、允许普京连续第三次竞选总统"的提案，并提交国家杜马讨论。2006年4月初，北奥塞梯共和国成立了一个有2000多人参加的社会组织——"和谐与稳定"运动，该组织就允许普京第三次连任总统职位问题向俄联邦议会两院提出举行全民公决的倡议，并准备为此征集200万公民的签名。这一倡议甚至还得到了"统一俄罗斯党"议会党团部分议员和俄罗斯56个联邦主体领导人的支持。

但普京最终还是选择了避免修宪的做法。对普京来说，做出这种选择的理由大致有这些：普京自信有足够强大的控制国家局势的能力和影响选举进程的其他手段，无须使用修宪的方式；保持宪法的权威性可以起到稳定社会和民众的作用；不想效仿中亚国家或白俄罗斯等国家的修宪方式，不在民主化方面给西方国家以口实，避免给俄罗斯造成不必要的外部压力；希望保持俄罗斯的民主国家形象，吸取乌克兰和中亚等国家的教训，在政权更迭的合法性问题上不给反对派在俄罗斯挑起"颜色革命"的任何借口；普京执政以来推行的所有制度化改革，如政党法、议会选举法等，都是在宪法范围内正常进行的，为连任总统职位而修改宪法，会削弱普京在民众中的威信。

既然普京选择了不修改宪法，不管他做出这种选择的理由是什么，有一点可以肯定，2008年普京将失去第三次连任总统的可能性。接下来的问题就是谁将成为普京接班人？当时很多俄罗斯政治分析家都认为，如果普京无意参加2012年的总统选举，他应该选择一位对自己忠诚且能力超强的接班人，以保持国家的稳定与普京政策的延续性，即所谓的"强势总统"方案；但如果普京打算2012年再次当选俄罗斯总统，那么，他挑选的接班人则应该同时具备两个条件：第一，他必须是普京最信任的人，对普京本人和普京制定的方针政策绝对忠诚；第二，他必须保证普京四年后回到总统职位时能及时让出自己的权力。为此，普京应该选择一位对自己绝对忠诚且能力和性格相对较弱的接班人，即所谓的"弱势总统"方案。

随着普京将不再第三次连任总统的事态日趋明朗，俄罗斯社会对普京接班人的关注度也越来越高。这期间普京每一次对媒体的讲话和表态，都会被媒体解读和猜测一番，而普京对政府部门的每一项人事变动，也会被看作在为自己挑选接班人。普京甚至有意做出一些举动，或故意释放一些信号。如在2007

第七章 当代俄罗斯的"精英政治"

年议会选举前夕,普京突然解散弗拉德科夫政府,并于当日提名现年66岁的金融监管局局长祖布科夫为新一届政府总理候选人,令舆论一片哗然,一时间祖布科夫被媒体认为是普京接班人的热门人选。事后人们分析,那不过是普京向外界放出的一个烟幕弹,目的是要显示一下自己控制俄罗斯局势的能力,以此来打击政治集团内部的不同派别。

普京在自己的政治团队中挑选接班人的工作早就开始了。2004年3月,普京在竞选第二任总统职位前就对支持他的选民表示,他当选总统后将会挑选一位接班人,以保持国家政策的延续性。2005年11月,作为未来总统接班人人选之一的梅德韦杰夫得到了普京的信任与器重,被从总统办公厅主任的职位上提拔为政府第一副总理。梅德韦杰夫年轻、办事低调、来自圣彼得堡,并与普京共事多年,完全符合普京提出的总统候选人的四个必备条件——能力出众,精力充沛,品行端正和具有现代化思维。

"2008年问题"的谜底最终于2007年10月1日正式揭晓了。这一天,普京亲自参加了"统一俄罗斯党"第八次代表大会,公开宣布将领导该党参加新一届国家杜马选举,并明确表示在"统一俄罗斯党"取得议会选举胜利和自己支持的总统候选人当选新一任总统的前提下,愿意出任政府总理。

不难看出,这是普京为自己2008年以后"继续影响俄罗斯政治"而精心设计的一整套行动方案,领导"统一俄罗斯党"参加议会选举并取得议会选举的绝对胜利,是这一方案的第一步,也是最为关键的一步,它直接关系到普京整个计划能否最终实现。但是人们对普京选择离任总统职务后担任政府总理的动机仍表示怀疑。此前,俄罗斯媒体对普京离任后的去向曾有过各种各样的猜测,其中提到最多的是担任俄白联盟的领导人、俄罗斯能源公司的总经理、"统一俄罗斯党"的领袖、联邦委员会主席,甚至还有传闻说:总统办公厅正考虑2008年以后为普京创建一个新的职位——总统国家安全顾问。在这些猜测中,唯有"政府总理"一职被谈论得最少。虽然在米罗诺夫提出的"过渡性方案"中,曾建议普京担任"过渡性总理",但很多政治观察家却对此表示反对。他们认为,离任后的普京最好在"过渡期"内担任一项"名义"上的职务,这样既可以超脱于政权之外,不受任何人的支配,又可以依靠自己的绝对影响力随时回到国家权力的中心。而"政府总理"一职却属实职,且位居总统权力之下。如果普京选择担任政府总理,他不仅在职权上要受制于未来新总统,还要随时为政府工作中出现的各种失误负责,其结果势必有损普京的个人威望,不利于普京四年后重新回到总统职位。① 但从普京提出担任总理的两个先决条件来看,显然普京对此早已经深思熟虑并胸有成竹。第一,如果"统一俄罗斯党"获得了议会绝对多数席位,普京就可以借助对"统一俄罗斯党"的影响来平衡未来新总统的权力,以使自己不受新总统的制约;第二,如果挑选一位自己信任的人担任新总统,普京的个人权威不仅不会丧失,还会得到最大限度的保障。从俄罗斯目前的政权结构来看,普京选择担任政府总理,也许是在不修改宪法的条件下,保证他四年后重返总统职位的一种最有效的手段。但与此同时,俄罗斯学者也注意到了普京的这一政治决定对俄罗斯未来国家权力结构可能产生的实际影响。俄罗斯政治分析家康斯坦丁·西蒙诺夫认为:"如果普京出任总理,国家权力中心将不可避免地从总统手中转移到联邦政府手中。"② 另一位政治学家德米特里·阿列什金指出:"担任总理后,利用'统一俄罗斯党'在议会中的多数席位,普京随时可以通过修改宪法,变总统制为议会制或议会-总统制,将权力集中到自己手中。"③

普京的这一政治决定给俄罗斯国内的反对派也带来了很大震动。"右翼力量联盟"领导人向俄最高法院提出诉讼,认为普京领导"统一俄罗斯党"参加议会选举违反了宪法三权分立的原则,要求最高法院取消普京参加杜马选举的资格。但这一起诉很快被俄罗斯最高法院驳回,理由是"根据现行宪法,总统有权作为候选人参加一切选举,其中也包括国家杜马选举"。④

"统一俄罗斯党"成了 2007 年议会选举的最大赢家。议会竞选期间,普京亲自为"统一俄罗斯党"进行竞选宣传,在选民大会上发表演说,呼吁选

---

① 根据俄罗斯宪法,联邦政府应向总统负责,总统拥有随时解除政府总理职务、任命新总理等一系列权力。

② Василий Сергеев, Эра Путина вошла во вторую фазу, http://www.gazeta.ru/politics/elections2007/articles/2210520.shtml.

③ Элина Билевская, Федор Румянцев, Пути Путина, http://www.gazeta.ru/politics/elections 2007, page 25.

④ Алексей Левченко, Жалоба № 1, http://www.gazeta.ru/politics/elections2007/articles/2311759.shtml.

民通过支持"统一俄罗斯党"来支持他本人，直接促成了"统一俄罗斯党"在议会选举中大获全胜。选举结果，在国家杜马的450个议席中，"统一俄罗斯党"获得了315席，占议席总数的2/3以上。2007年议会选举后，俄罗斯议会中形成了"统一俄罗斯党"一党独大，"俄罗斯共产党""公正俄罗斯党"和"自由民主党"三党陪衬的新的政党格局。

议会选举后，各党派开始为三个月后的总统选举做准备。2007年12月10日，由四个亲政府的议会政党——"统一俄罗斯党""公正俄罗斯党""俄罗斯农业党"和"俄罗斯公民力量党"，以联合提名的方式，推举梅德韦杰夫为总统候选人，普京随即表示赞成。由于普京和"统一俄罗斯党"等政党的全力支持，在2008年3月2日举行的总统选举中，梅德韦杰夫获得70.2%的选票，以绝对优势轻松战胜"俄共"领导人久加诺夫等其他总统候选人，顺利当选俄罗斯新一届总统。

2008年4月15日，在"统一俄罗斯党"第九次代表大会上，普京接受"统一俄罗斯党"党员的推举，同意以非党员身份出任该党主席一职。在2008年总统选举结束后，普京此举无疑可以达到两个目的：一是通过进一步掌控议会中的政权党，切实保证国家政权的稳定性；二是通过对立法机关的实际影响力，有效制约未来新总统的权威。

随后的一切都在按照人们所预想的按部就班地进行着：2008年5月7日，梅德韦杰夫正式宣誓就任俄罗斯总统；5月8日，梅德韦杰夫提名普京为政府总理；当日，俄罗斯国家杜马即以392票赞成、56票反对和零票弃权的表决结果，批准了梅德韦杰夫对普京的总理提名；5月12日，普京向梅德韦杰夫总统提交了新政府成员名单，该名单很快就获得总统批准，新政府正式成立。

至此，俄罗斯国家最高权力最终完成了在宪法基础上的"王车易位"，俄罗斯权力结构中也出现了一种新的权力配置——"梅普组合"。

2. "梅普组合"形成的条件与特点

"梅普组合"是在俄罗斯特殊的历史条件下形成的一种独特的国家权力配置，它是俄罗斯现有法律秩序与政治领袖人物个人权威相结合的产物。作为一种特殊的社会政治现象，"梅普组合"的出现符合了当时俄罗斯政治发展的现实需要，在俄罗斯现有的政治民主条件下，在俄罗斯宪法和法律允许的范围内，依靠领袖人物的个人权威和影响力，保证了俄罗斯的发展道路不因国家最高权力的更迭而发生改变。

为尊重宪法和法律，普京选择放弃连续第三次竞选总统，但又不希望远离俄罗斯政治。经过一系列的精心安排，普京决定以国家二号人物的身份继续执政，这种情况在俄罗斯政治生活中尚无先例。普京的这一政治选择在维护宪法权威方面有一定积极意义，保证了国家最高权力在法律范围内的正常更迭，消除了因"非民主式"政权更迭而可能给俄罗斯社会带来的负面影响。但普京选择这一政治策略的初衷还是为了使自己不致远离俄罗斯政坛，并在必要时，通过再次参加选举，重掌总统大权。正如俄罗斯学者叶·纳达罗夫所分析的，考虑到普京的个人威望和俄罗斯当时的政治状况，"如果普京在总统任期结束后离开俄罗斯政坛，至少会出现两种不确定性：一是普京执政时期确定的国家权力体制难以保证普京的战略方针始终不变；二是普京亲自选定的接班人在担任总统职位后不会保证对普京的一贯忠诚。这两种不确定性直接关系到普京强国战略能否得以延续。在这种情况下，普京同意担任政府总理职务的决定，就成了规避这种风险的最好选择"。[1]

"梅普组合"的形成，除了普京的个人政治意志和判断力，还有赖于以下三个条件。第一，执政八年间，普京的社会支持率始终保持在70%左右，这为他在议会选举和总统选举中借助民意最大限度地施展个人权力创造了前提。两次选举的结果也完全达到了普京所预设的政治目标，为他继续留在俄罗斯国家权力的中心提供了各种现实可能性。据俄罗斯相关民意调查机构的数据显示，普京在卸任总统前的民众支持率为84.7%，达到了他八年任期内的最高点，而在2008年总统选举中，得到普京信任的梅德韦杰夫获得了70.2%的选票，同样创下了俄罗斯历届总统选举得票率的最高纪录。从这种意义上来说，"梅普组合"的形成既是普京个人政治选择的结果，也反映了当时俄罗斯大多数民众的普遍政治取向，即希望社会稳定，渴望强人治国。普京极高的个人威望与俄罗斯民众对他执政业绩的认可，是"梅普组合"形成的权力基础与社

---

[1] 邢广程、张建国：《梅德韦杰夫和普京——最高权力的组合》，长春出版社，2008，第9页

会基础。

第二，梅德韦杰夫与俄罗斯政治集团对普京的忠诚及其个人权威的维护，是"梅普组合"存在的先决条件。按照俄罗斯宪法，俄罗斯总统在国家政权体系中享有绝对权力。可以试想，在俄罗斯现有政权体系下，如果没有梅德韦杰夫及政治集团成员对普京本人的绝对忠诚与支持，让出总统权力并担任政府总理的普京，将难以继续保持自己的个人权威，更无法有效实施自己对国家最高权力的实际影响力。普京选择梅德韦杰夫为自己的接班人，首先看中的自然是他对自己的忠诚，而梅德韦杰夫的最终当选也得益于普京的个人威望与全力支持。所以说，梅普二人之间能否"相互信任与精诚合作"，既是"梅普组合"存在的基本前提，也是它能否正常运行的关键。

第三，坚决支持普京路线的"统一俄罗斯党"及其在议会中占有的绝对多数席位，为"梅普组合"的正常运行增添了重要砝码。在2007年议会选举中，"统一俄罗斯党"凭借普京的公开支持及其在民众中的个人威望，获得了2/3以上的宪法多数席位。作为议会第一大党，"统一俄罗斯党"不仅是"梅普组合"形成的政治保障，也是其正常运行的主要平衡力量。这样，在"梅普组合"实际运行期间，身兼"统一俄罗斯党"主席与政府总理双重职位的普京，随时可以借助他对"统一俄罗斯党"的实际影响力，促使议会通过有利于"梅普组合"正常运行的各项法律，消除可能出现的"双重政权"的危险。

总的来说，普京第二任期结束后形成的"梅普组合"这一新的国家权力配置，是在俄罗斯现行宪法和法律基础上，为满足俄罗斯大多数民众及执政集团内部希望普京继续执政、以延续普京确立的路线方针的愿望，依靠普京极高的个人威望和民众支持率，以及执政集团对普京个人的忠诚与信任而建立起来的一种特殊的执政方式。在某种程度上，"梅普组合"的形成既符合了当时俄罗斯政治现实的需要，也反映了俄罗斯历史上崇尚强人治国的大众心理与民族文化特点，它的出现具有一定的必然性。

3. "梅普组合"的权力分配

"梅普组合"形成之中和梅德韦杰夫执政初期，梅普二人一唱一和，各司其职，可谓是"配合默契"。这段时间人们注意到，梅普二人总是一同出现在公众面前，二人并肩而行，甚至连走路的姿势和步伐都是一模一样的。梅德韦杰夫对普京在不同场合的表态和行动也都给予积极的配合和回应，在很多国家战略方面，对普京更是亦步亦趋。例如，2008年2月8日，在即将结束自己的总统任期之时，普京在国务委员会扩大会议上发表了题为《俄罗斯2020年前发展战略》的重要讲话，确定了俄罗斯未来12年的发展目标。一个星期后，2月15日，梅德韦杰夫即以普京的这篇讲话为基础，公布了自己的竞选纲领，"对2020年前俄罗斯发展战略的具体内容进行了细化与补充"。

"梅普组合"正式运行后，梅德韦杰夫主要负责外交和国防等领域的事务，而普京则侧重经济和社会领域的工作。2008年下半年，面对突如其来的"俄格冲突"与"金融危机"，两人共商对策，协调行动，表现出了很强的解决国家重大问题的能力。面对外界对二人权力关系时常出现的质疑，梅德韦杰夫和普京在公开场合都尽量避免谈及"双重权力"问题，而是以"目标一致、协商共事"来表示彼此的关系。出任政府总理后，普京曾多次强调："俄罗斯是总统制国家，这一点没有变化，我本人只是一名主管经济和社会事务的公务员。"梅德韦杰夫也高度评价了上任以来与普京的合作关系。2008年12月24日，在接受俄罗斯电视台记者的年终专访时，梅德韦杰夫认为他与普京之间的合作是"高效、有序的"。他说："我们定期会面，讨论各种相关的政治、经济问题。从这种意义上来说，我们做出一起工作的决定是完全正确的。"[1]

与此相呼应，俄罗斯主流媒体在对"梅普组合"进行评论时也有意识地将总统选举期间经常使用的"Дуэт"（意为二重唱，引申为各司其职、分工合作）一词，改为了"Тандем"（意为串联式装置，引申为相融共处、休戚与共）一词。这一修辞上的改变说明，媒体普遍认为"梅普组合"的政治含义远远大于它的实际内容，唯有梅德韦杰夫与普京之间的"团结一致"，才能保证"梅普组合"权力机制的正常运行。

但不久人们就发现，在梅普二人分工合作方面，普京的总理职权的权重在不断加大，普京已经拥有了历任政府总理都无可比拟的实际权力。这些权力包

---

[1] Прямое общение в записи, http://www.ng.ru/editorial/2008-12-26/2_red.html.

括以下几点。第一,普京获得了独立行使任命政府成员、召集政府会议等在内的实际权力。早在正式出任政府总理之前,普京就已经为自己确定了未来新政府的主要成员名单,普京智囊团中的重要成员——原总统助理舍瓦洛夫、原总统办公厅主任索比亚宁和副主任谢钦等均在新政府名单中,而外交部长、财政部长等原政府各部部长人选基本未变。按照俄罗斯宪法,政府总理有权提出政府组成人员名单,但无论是叶利钦时期,还是普京的两个总统任期内,政府主要成员往往都是由总统负责提出,再由总理出面提交议会批准。担任总统期间,普京几乎每周都要召集由总理、总统办公厅主任及各主要部长参加的政府工作会议,直接听取政府总理的工作汇报。但自普京出任总理以来,梅德韦杰夫除了与普京单独举行不定期会晤、共同商讨有关国家重大事务外,并未亲自主持召开过政府会议,政府内的一切工作也均由普京一人负责。第二,普京改组政府组成,并设立了政府主席团机制,对政府实施全面监督管理。上任不久,普京就宣布将政府副总理由上届的五人增加到七人,并任命了部分原总统班底人员出任政府副总理职务,责成他们负责各部门的政策执行情况;为提高政府工作效率,2008年5月15日,普京宣布在政府工作会议基础上成立一个新的政府机制——政府主席团。政府主席团成员由总理、副总理以及外交部、内务部、国防部、地区发展部、经济发展部、农业部、卫生与社会发展部的部长组成。按照普京的命令,政府主席团每周召开一次例行会议,重点讨论当前发生的所有社会问题,而一些重大事务则要放到每月召开一次的由全体政府成员参加的政府工作会议上进行讨论。适当增加政府副总理的人数与成立政府主席团的措施,不仅有利于普京加强对政府各主要部门及其主要负责人的监管,提高政府工作的效率,同时也可以使普京从繁杂的政府日常工作中脱离出来,以协调全局,对政府实施宏观规划和政策性指导,在必要时还可以就具体政策的实施情况直接向政府副总理和各部部长问责,以避免自己为政府部门工作的失误承担所有责任。值得注意的是,普京改组政府的以上措施,正在使总理的角色逐渐从俄罗斯过去传统的"技术型总理"向"实权型总理"转变,这有可能将根本改变俄罗斯的权力结构,使它朝着总统议会制方向发展。第三,普京掌握了部分任免地方行政长官和管理地方事务的实际权力。2008年4月28日,卸任总统职务前,普京就签署了一项总统令,规定俄罗斯地方行政长官每年提交联邦总统的述职报告,须先呈交政府总理进行测评,再转交总统本人,总统根据这一测评结果决定各地方长官的去留。而此前这一职权则是由总统及总统办公厅所属,普京的这份总统令显然是为自己以后的总理权力考虑的。为了直接管理地方事务,2008年11月19日,俄罗斯政府还通过了一项决议,宣布在政府内成立"地区发展问题政府委员会"。该委员会主要负责解决与联邦主体和市级地方机构社会经济发展相关的问题、协调联邦执行权力和联邦主体执行权力机关之间的关系。该委员会主席是联邦政府总理。决议规定,该委员会每半年至少要召开一次会议,其通过的决议各联邦执行权力机关必须执行。第四,普京政府被赋予"实施国家对外政策措施"的职权,这项权力也是普京在卸任总统前就提出来的。2008年2月8日,普京在国务委员会扩大会议上发表的《俄罗斯2020年前发展战略》讲话中明确提出:"政府应该成为确定国家意识形态和战略发展计划的中心。"任总理后,普京又多次强调,今后政府应该成为制定国家发展战略的中心之一。2008年7月,梅德韦杰夫总统批准了新的《俄罗斯对外政策构想》,其中也明确提出:"国家对外政策的措施将由俄罗斯政府负责组织实施。"为此,普京还专门在总理办公厅增设了一位负责外交事务的副主任。值得注意的是,叶利钦和普京当政时期,国家的外交事务都是由俄罗斯总统负责组织实施的,政府总理主要负责国内事务,且在此之前的俄罗斯外交政策文献中也从来没有正式提出过相关内容的规定。

不仅如此,担任总统后不久,梅德韦杰夫即向议会提出了两项涉及国家权力的法案——《有关延长总统和杜马任期法案》与《有关国家杜马对政府实施监督职权的宪法修正法案》。2008年11月21日,两项法案分别经议会审议获得通过。根据这两项法案,俄罗斯总统和国家杜马代表的任期将由原来的四年分别延长到六年和五年;国家杜马被赋予监督政府部门的职能;政府须每年定期向杜马汇报工作并回答杜马议员的质询。从内容上不难看出,这两项法案的内容与俄罗斯未来国家权力结构的变化有直接关系,同时也适度增加了未来总统权力的稳定性。首先,总统任期由四年延长到六年,使当选总统能够在相对较长的任期内更加从容地制定和组织实施国家长期发展规划,而将议会代表任期由四年延长到五年,使总统选举的日期与议会选举的日期适当分开,从而也避免了总统选举的结果常常受到议会选举结果影响的现象。适当延长总统任期的设想早在普京当政时期就已经提出来，梅德韦杰夫将其最终付诸实施。但由于延长总统和杜马代表任期的法律并不适用于现任总统和议会，因而可以肯定的是，这一制度改革只会对"梅普组合"之后的权力结构产生影响。其次，赋予国家杜马对政府部门的监督职能，以及设立政府定期向国家杜马汇报工作的制度，一方面强化了议会在国家权力体系中的地位和作用；另一方面也使俄罗斯政府由只对总统负责，转为对总统与议会负责，这在一定程度上也调整了总统—议会—政府之间的三者关系。如果考虑到普京同时兼任政府总理与议会第一大党——"统一俄罗斯党"的主席这一事实，在俄罗斯现有权力结构下，梅德韦杰夫提出的"赋予国家杜马对政府实施监督职权"的法案，不仅不会削弱普京政府的作用，相反，在政府与议会的关系上，身兼"双重职位"的普京由于议会权力的扩大而加大了自己的个人影响力。

然而，与拥有以上众多"总理实权"的普京相比，身为总统的梅德韦杰夫，其手中却只有宪法赋予的一些"名义上"的总统权力：宪法的捍卫者；国家军事最高统帅；国家元首；对国家外交和内政的大政方针具备决策权；在获得上下两院许可后，有权任命政府总理、军方首脑、法官、总检察长、中央银行行长；有权选派驻各联邦区全权代表，任命和撤换总统办公厅人员，批准政府成员组成；有权颁布总统令，解除所有官员的职务；决定选举日期；解散议会；进行奖惩；提出法案与中止法律执行，等等。但这些宪法赋予总统的权力，对于梅德韦杰夫来说，有很多只不过是摆设而已，因为在"梅普组合"的框架下，他既不敢解除普京的职务，也不能下令免去普京任职期间提拔的强力部门官员的职务，更无法解散议会。

梅德韦杰夫上任后，主要任命了三类人出任新职，一类是他本人的朋友兼战友。如，他的大学同窗亚历山大·科诺瓦洛夫出任了司法部部长一职，康斯坦丁·崔琴科担任了他的总统助理，尼古拉·温尼琴科被任命为驻乌拉尔联邦区总统代表；另一类是总理普京的朋友兼战友，如苏尔科夫、德沃尔科维奇和季马科娃这些曾为普京出谋划策的"得力干将"，成了总统办公厅的主要成员；第三类是身份中立的各种专家。在这些任命中，主要以后两类人居多，属于他自己"派系"的人则屈指可数，且在政府中担任的也基本都是二线职务。

在普京的政府成员中，直接听命于梅德韦杰夫的政府成员仅为七人，包括强力部门在内的政府关键部门仍由普京团队的亲信和下属担任,而军事及国防政策的某些部门则由副总理谢尔盖·伊万诺夫和伊戈尔·谢钦直接负责管理(如武器计划,国防订货,国防、核能工业、导弹航天工业的发展,国防能源供应等),这在普京任总统时是从未有过的现象。

俄罗斯精英研究专家奥莉加·克雷什塔诺夫斯卡娅2009年10月26日曾在《独立报》上发表了一篇题为《普京与梅德韦杰夫的权力秋千——谁是俄罗斯的实际掌权者》的文章,对梅普二人之间的这种权力关系做了一番深入分析。她在文章中写道:"任何政治家,一旦他决定进行根本性变革,就需要取得统治阶层的支持。单凭发号施令是不够的,还需要具体执行。因此,登上权力之巅者要做的第一件事便是打造自己的班子。让自己人占据要职大概需要两年时间。普京就是用了两年多的时间来打造自己的班子,直到2003年初,他才将忠于他的人聚拢在自己周围。梅德韦杰夫又是如何呢?就任总统已一年半有余,他的人所占据的政府关键职位却还不足10%。梅德韦杰夫若想让自己人上位,就必须将普京的人解职。如果普京已经离职、赋闲在家,一切都会迎刃而解,问题是置身'梅普组合'之中,梅德韦杰夫若这样做,难免会被视为对普京地位的挑战。(所以)梅德韦杰夫不想(或是还没有能力)这样做。众多民调表明,(如今)俄罗斯民众仍然把普京视为国家的头号人物。……(梅德韦杰夫)要想行使权力,仅拥有名义上的权力是不够的,还要具备能力、手段、权力杠杆、资源和支持者。"[1] 克雷什塔诺夫斯卡娅的分析可谓切中要害。在"梅普组合"的权力框架内,梅德韦杰夫显然不具备这样的资源和手段。

二 "普梅组合":开启"长普京时代"

如上所述,"梅普组合"是在俄罗斯特殊的历史条件下形成的,因而其自身的矛盾性也显而易见。首先,"梅普组合"中隐含着的"强总理、弱总统"

---

[1] Ольга Викторовна Крыштановская, Качели власти: Путин/Медведев, http://www.ng.ru/ideas/2009-10-26/8_putin_medvedev.html.

趋势与"以总统权力为核心"的俄罗斯宪法原则之间存在着矛盾性。俄罗斯总统在国家权力结构中的中心地位被打破了，俄罗斯总理一职却开始由技术型向决策型转变。从俄罗斯未来发展来看，这种现象会对俄罗斯政治产生两种不利的后果：第一，有助于俄罗斯国内各利益集团利用这种矛盾性，有意在梅德韦杰夫和普京之间制造隔阂，以达到他们各自的政治目的；第二，易使俄罗斯现行宪法失去权威性，造成国家各权力之间分工的不明确，进而影响国家政权的稳定。实践证明，这两种情况在"梅普组合"期间都表现得非常明显。

其次，"梅普组合"这种特殊的政权结构是介于民主制和人治之间的一种权力配置，它的执政基础随时都可能受到来自国内外各种反对势力的挑战。这种挑战很可能首先会来自普京执政集团的内部。因为"梅普组合"的形成，一方面显示了普京极高的个人威望与俄罗斯精英集团内部的团结；另一方面也表现出现代俄罗斯政权体制的脆弱性。在这种政权体制下，社会缺乏正常的竞争机制，国家权力的正常运转只能依靠普京的个人权威。"梅普组合"的形成正是俄罗斯政治生活中这种"宪法表象下的人治现象"的典型表现。应该说，这种体制在一定时期内有利于政权集中社会资源、实现社会稳定与社会发展，但同时也会因官僚集团的膨胀和社会腐败现象的泛滥而引起新的社会矛盾。

最后，"梅普组合"的执政模式不符合俄罗斯传统文化的内涵。俄罗斯传统文化的核心是崇尚权威和强人政治，信奉救世哲学，保守而讲求公平，而"梅普组合"的形成却打破了俄罗斯传统文化对绝对权力的看法，出现了"双重政权"的趋势。因而，自"梅普组合"形成后，俄罗斯国内针对二人之间的权力分配，以及有关"梅普失和"的种种猜测和传闻就未曾中断过。

可见，"梅普组合"的形成虽然存在一定的社会基础与现实合理性，但由于其自身运转完全依靠领导者的个人意志，而缺乏必要的机制制约，一旦外部条件发生变化，就会造成其权力基础的破坏与坍塌，俄罗斯的最高权力也会迅速地重新回到传统的"单一权力体制"。

1. 拉开普京回归的序幕

由于"梅普组合"这种特殊的权力配置自身存在着不确定性，在实际运行中围绕着总统梅德韦杰夫和总理普京也出现了两个权力中心。① "梅普组合"后期,利用两位领导人在理念上的分歧,梅普二人的两个团队之间时常会出现一些摩擦和矛盾,俄罗斯政治精英的派系斗争进一步公开化。

进入2011年,俄罗斯又迎来了一个新的选举周期:2011年12月举行国家杜马选举,2012年3月举行总统大选。"统一俄罗斯党"寄希望于继续打"普京牌",依靠普京的高民意支持率,再次赢得国家杜马选举的绝对胜利。早在2010年底,普京就不失时机地表示,他不排除在2011年国家杜马选举中再次领导"统一俄罗斯党"参加竞选。

然而,国家杜马选举还刚刚处于准备阶段,俄罗斯民众的注意力却被转移到了另外一个话题:"梅德韦杰夫和普京,究竟谁会参加下一届总统选举?"与当年的"2008年猜想"不同,这次民众希望得到的答案从"2008年以后普京将以何种方式继续执掌政权",变为"普京是否决定参选下届总统"。令人疑惑的是,此时的梅普两人均在不同场合表示自己不排除参加总统选举的可能性,同时又都声明:到底由谁来参选,将会由两人协商解决。可以说,从2011年4月梅德韦杰夫公开承认"有可能参加下届总统选举"起,到9月24日"统一俄罗斯党"召开代表大会正式确定"普京将参加下一届总统选举"为止,围绕着梅普二人在这一问题上的各种表态与行为的分析和猜测,几乎成了这一阶段俄罗斯国内政治生活中的主要议题,相关报道和评论也占据了俄罗斯国内各大媒体的主要版面。

2011年4月12日,梅德韦杰夫在回答中国记者"您是否会参加下一届总统选举?"的问题时,毫不隐讳地说道:"……我不排除参加新一届总统选举这种可能。我会做出决定,而且会在相当短的时间里做出决定。"然而,仅仅过了一天,4月13日,普京就对梅德韦杰夫的这一表态予以回应:"现在距离大选还有将近一年的时间,这种毫无意义的纠结不利于正常的组织工作。"他

---

① 克雷什塔诺夫斯卡娅曾这样形容"梅普组合"时期梅普二人之间的微妙关系:"2008年以前,召开安全会议的大厅中摆着一张长条桌,总统坐在桌子中央,总理坐在总统的右侧。2008年以后,长条桌换成了椭圆桌,有两个人坐在正中,这便是普京和梅德韦杰夫。政府官员们的办公室里也同时悬挂着两位领导人的画像。"Ольга Викторовна Крыштановская, Качели власти: Путин/Медведев, http://www.ng.ru/ideas/2009-10-26/8_putin_medvedev.html.

接着说:"如果我们现在发出某些不正确的信号,那么总统办公厅一半的人员和政府中超过一半以上的人员都会放下手头的工作,转而等待某些变化。"可以看出,普京的此番讲话既表达了对梅德韦杰夫"擅自"表态的不满,也表明他并不希望过早地确定"梅普之间到底由谁参选下届总统"的问题。

2011年5月6日,"统一俄罗斯党"在伏尔加格勒举行了有关俄南部社会经济发展问题的地区间会议。在这次会议上,普京提议在全国范围内建立一个广泛的"人民阵线"。他表示:"所有加入人民阵线的政治组织——'统一俄罗斯党'、工会和青年组织,应当绝对平等,不分大小。所有人都有机会和权利就俄罗斯的最佳发展道路提出自己的意见和建议,并推举自己的候选人。这些候选人可以保留无党派身份,并在'统一俄罗斯党'的名单里进入议会。"事后,普京的新闻秘书佩斯科夫这样解释道:"这是一个超政党机制,它不以政党为基础,而更像是围绕这个倡议的发起人——普京建立的。"一般舆论认为,普京倡议建立"人民阵线"的意图是希望在大选之年,借助自己在民众中的影响,通过全民动员的方式,再次确保"统一俄罗斯党"在国家杜马选举中取胜。然而,俄罗斯国际政治鉴定研究所所长明琴科却得出了另外一个结论,他认为:"普京建立该组织的目的,可能就是要参加2012年总统大选。"

5月18日,在"俄罗斯硅谷"斯科尔科沃高科技园区举行的大型记者招待会上,梅德韦杰夫再次谈及2012年总统大选一事,他表示:"作为总统,做出任何政治决定都必须慎重,因为这种决定关系到很多人的命运。"但他承诺,会在不久的将来宣布自己是否参加2012年总统竞选。同时,他还表示,如果他决定参加下届总统竞选,则"希望获得一定的政治力量的支持,包括那些提名他竞选第一任总统的党派"。显然,此时梅德韦杰夫的表态已经不像两个月前那样直接了,而且从他的讲话里也隐约透露出:在参加总统选举的问题上,目前他还缺少政治力量的支持。

6月17日,在圣彼得堡经济论坛开幕式上,梅德韦杰夫发表了涉及国家发展战略的长篇讲话,全面阐述了国家发展的五大要点,承诺要用市场机制取代"手动管理"的经济模式,实行权力下放,打击官员和法官中的腐败行为,等等。有人发现,与以往的讲话不同,在阐述这些国家发展要点前,梅德韦杰夫都加上了"我的选择"这一词组。对此有媒体甚至评论道:"梅德韦杰夫的此番讲话就像是一次竞选演讲。"①

这期间，无论是梅普的各自言论，还是媒体的各种分析和猜测，对于俄罗斯民众来说，只能让"2012年猜想"变得更加扑朔迷离。

9月23~24日，"统一俄罗斯党"召开代表大会，讨论参加国家杜马选举的竞选方针并确定竞选名单。24日，在大会即将结束之前，普京和梅德韦杰夫同时出席了代表大会。普京在会上首先发言，他提议由梅德韦杰夫领衔"统一俄罗斯党"竞选名单，带领该党参加新一届国家杜马选举。梅德韦杰夫欣然接受了普京的提议，然后向全体代表建议，由现任总理普京作为候选人，参加将于2012年3月举行的总统选举。普京当即表示，如果他当选总统，梅德韦杰夫将出任总理。随后，梅德韦杰夫表示，他确信"统一俄罗斯党"将在国家杜马选举中获胜，他愿意在由"统一俄罗斯党"组建的新一届政府中任职。至此，"梅普二人谁将参选2012年总统选举"的谜底终于揭晓了，"梅普组合"也宣告结束。针对自己的这一政治选择，普京自我评价道："重新竞选总统是为了保证俄罗斯的稳定发展。"②

需要注意的是，普京和梅德韦杰夫在各自的发言中，都谈到了这一决定是两人经过"深思熟虑"而做出的。按照梅德韦杰夫的说法，早在他与普京的"同志式联盟关系"形成阶段，双方就讨论了这一设想。而之所以一直未宣布由谁参选新一任总统，则是出于俄国内政治规则与合理性的考虑。普京在发言中则更加直截了当地表示，他与梅德韦杰夫"在数年前就已经对二人的合作模式达成共识，由谁来做什么并不是最重要的，最重要的是整个'统一俄罗斯党'如何开展工作，取得怎样的成果以及普通俄罗斯公民对此如何看待"③。

在国家杜马选举之前，"梅普组合"公开在"统一俄罗斯党"的代表大会上宣布"王车易位"，再一次将民众的视线从即将举行的国家杜马选举转移到了半年以后的总统大选，同时也给人们造成了这样一种印象：2011年国家杜

---

① Ирина Граник, "Дмитрий Медведев громко намекнул——Прежней модели власти для него не существует", http://www.kommersant.ru/doc/1662731.
② 《普京称再任总统是为了俄罗斯的稳定》，财新网，http://msn.finance.sina.com.cn 2011-10-18.
③ 《普京同意参加2012年总统竞选》，http://rusnews.cn/eguoxinwen/eluosi_neizheng/20110924/43157746.html。

马选举的结果对俄罗斯政治发展已经影响不大；俄罗斯今后很长一段时期的政治格局已经确定下来。正如俄罗斯政治学家维·尼科诺夫所说："实际上我们已经成为（俄罗斯）相当长时期内政治格局的见证人。很明显，在这种情况下，如果不发生任何意外的话，普京将有可能在未来12年内领导俄罗斯。"

就在"普京将回归国家最高权力"的谜底揭开不久，"梅普组合"团队内部却首先出现了不和谐音。9月25日，"统一俄罗斯党"代表大会刚刚结束，梅德韦杰夫的助手阿·德沃尔科维奇就在互联网上发表评论，认为梅普之间互换角色，"没有什么值得高兴的"。由于德沃尔科维奇的身份特殊，在此时发表这种"不合时宜"的言论，自然引起了社会舆论的关注。紧接着，9月26日，政府副总理、担任财政部部长长达11年的库德林在华盛顿接受记者采访时公开表示，由于同总统梅德韦杰夫在有关增加军费开支等一系列政策上存在分歧，自己无法在2012年大选后组建的梅氏政府中任职。库德林的言论激怒了梅德韦杰夫。几天后，他在一次政府工作会议上斥责道："我们不是议会制共和国，而是总统制国家。我们有总统组建的政府，政府要执行总统的方针。谁不同意就请靠边站，只能这样。"受到总统如此严厉的批评后，库德林随即向总理普京提出了辞呈。库德林在政府中的工作交由第一副总理伊戈尔·舒瓦洛夫负责，财政部部长一职由西卢阿诺夫接替。辞职后的库德林表示，他仍会继续从事政治活动，并为此准备参与组建新的政党。

在新一届国家杜马选举中，"统一俄罗斯党"获得了49.32%的选票。虽然保住了自己议会第一大党的地位，但与上届国家杜马选举相比，获得议席的总数减少了77席，失去了一直令其领导人引以为豪的占议会2/3以上多数席位的地位。

议会选举前，梅普之间在"谁将参加未来总统选举"问题上的模棱两可和各自表态，不仅挑战了"梅普组合"的底线，也给社会情绪造成了一定的负面影响。[①] 很多俄罗斯民众表示对梅普之间的"私相授受"难以接受，它们

---

① Премьер в безвыигрышном положении, Независимая газета, http://www.ng.ru/editorial/2012-11-20/2_red.html.

认为自己的民主权利被剥夺了，投不投票都没有任何意义，普京的长期执政已经无人可以改变。

议会选举后，因指责"统一俄罗斯党"在选举中有舞弊行为，俄罗斯国内相继爆发了数次大规模的以争取政治参与和政治权利为目的、主要由城市中产阶级为主体、依靠自下而上的方式组织起来的民众抗议行动。抗议活动从2011年年底一直延续到了2012年总统选举之后，给俄罗斯执政当局带来了不小的震动。

2. 普京第三次当选总统后对政治精英的调整

在2012年3月4日的总统选举中，普京赢得63.6%的选票，当选新一任俄罗斯总统。由此，从2007年为遵守有关总统不得连任两届以上的宪法规定而设置的"梅普组合"，到2012年普京重新回到总统职位的"普梅组合"，俄罗斯政治经历了一次以普京为主导的最高权力的轮回。按照修改后的俄罗斯宪法，总统任期将为六年，如果普京在2018年总统选举中获得连任，那他将成为继斯大林之后执政时间最长的俄罗斯领导人，这也意味着俄罗斯已经进入一个有可能持续到2024年的"长普京时代"。

然而，与普京的前两个任期相比，俄罗斯的社会结构和民意倾向已经发生了变化，普京第三任期的执政基础正面临着前所未有的冲击和挑战。据俄罗斯一项民调结果显示，至2010年左右，表示将会参加以及肯定会参加抗议活动的民众比例已经接近50%。[①] 总统选举后，普京的支持率一度由2012年5月的60%，下降至9月的44%。[②] 为应对这种局面，普京上任后一方面重新恢复了总统权力的中心地位，另一方面也对国家权力结构进行了部分改革。其中主要包括以下几点。

（1）进一步扩大总统办公厅的规模和职能，以巩固总统权力

普京下令在总统办公厅内新增设了一名第一副主任、两名总统助理和一名总统顾问，将办公厅下属的局由15个增至22个，总统办公厅的总人数相应增

---

① 杨成：《"普京主义"的社会基础与2012年总统选举之后的俄罗斯政治生态发展趋势》，《俄罗斯研究》2012年第2期。

② Рейтинг Путина упал "ниже плинтуса"，http://online47.ru/a/2012/08/17/Rejting_Putina_upal_nizhe.

加到3100人。赋予总统办公厅负责参与国家政策的讨论和制定、向政府传达总统指令并监督其落实等重要权力。①

（2）增设总统直属委员会，亲自掌控能源、军工等经济管理权

普京上任后不久，将总统直属委员会由26个增加到30个，并亲自出任经济现代化与创新发展、民族关系、经济、能源与生态安全委员会主席，将政府职权范围内的经济管辖权也收归总统，目的是掌控能源、军工等关键经济领域的主导权。

（3）重新变政府为"技术型"内阁，削弱政府的决策作用

梅普"王车易位"后，普京重新调整了政府的权力结构，取消了"梅普组合"时期赋予总理的一些决策权，将推动创新经济、改善民生和发展远东地区等实际工作作为新政府的首要任务，但这也使总统办公厅和政府内的一些机构出现了职能重叠的问题。

（4）提出新的政治体制改革措施

为了迎合选民的政治诉求、缓和与反对派的紧张关系，总统大选前后普京政府向议会提出了几项政治体制改革措施。其一，恢复了地方行政长官的直选，但又附加了一些补充规定，如总统拥有对参选候选人的质询权、参选者须得到该地方议会一定数量代表的"信任签名"等，以此来控制地方行政长官候选人的人选，避免因恢复地方行政长官直选而出现对地方权力失控的局面。其二，再次修改了《俄罗斯政党法》，大幅度降低了政党组成的人数，注册政党的最低人数由原来的40000人降为500人；将政党进入杜马的最低门槛线由7%降为了5%；简化了政党登记的手续。但同时新法还规定，对有违社会稳定的政党，俄司法部有权不予登记；不允许政党组建政党联盟参加选举。新政党法出台后，在短短的一年多内，俄罗斯出现了大量新党。截至2013年9月，在俄罗斯司法部获得登记的政党已经达到73个。其三，实施了新的反腐败政策。2013年4月，俄国家杜马通过了政府提出的有关"禁止政府公职人员和议会议员拥有海外账户和资产"的法案，规定国家公职人员不得拥有国外账户和外国有价证券、公职人员在国外拥有的不动产必须进行申报等。

与此同时，从2012年下半年起，普京政府提出了一系列整顿社会秩序和

---

① Об Администрации Президента，http：//state.kremlin.ru/administration/about.

打击反对派的政策和法律,其中包括:设立诽谤罪、出台《非营利组织法》,对网络和社会组织(尤其是接受国外资金资助的社会组织)进行严格的监管,并威胁关闭"YouTube"等网站。2013年莫斯科市市长选举前对反对派领导人纳瓦尔内的审判,以及在2013年年底提前释放霍多尔科夫斯基,也被人们看作普京对政府反对派采取的一种软硬兼施、分化瓦解的策略。

总的来看,重回克里姆林宫后的普京,通过对"梅普组合"时期政治精英的重新整合,形成了一个新的"一元权力"体制。在这一体制中,普京是唯一的决策者,其他政治精英则处于从属和被动服从的地位。

正如我们前面所论述的,俄罗斯的社会转型选择的是一种自上而下的变革模式,政治精英是国家治理的主体。无论是叶利钦时期,还是普京时期,政治精英都深受俄罗斯精英传统中"动员型"特点的影响,一切以服务于国家为最高目的,对最高权力保持绝对的忠诚。国家的最高权力则希望整个政治精英集团能够铁板一块,达到最大的均质化,并通过他们尽可能地攫取社会资源,将一切社会政治力量纳入自己的管理之下。2008~2012年从"梅普组合"到"普梅组合"的权力转化,为我们观察和了解俄罗斯"精英政治"的这种特殊性提供了条件。

"梅普组合"的四年间,俄国内外很多政治观察家和学者,根据梅普二人的言行举止和亲疏远近,围绕梅普之间的角色定位,在"实然"与"应然"中不断转换,揣测着"梅普组合"未来走向的各种可能性。这期间,尽管所有人几乎都确信普京仍处于国家权力的中心,梅德韦杰夫不过是他的"影子",但梅德韦杰夫与普京之间出现的种种政治分歧,以及俄罗斯有可能出现"偏离普京路线"的各种迹象,仍引起了人们的广泛关注。例如,人们发现,在看待苏联历史,尤其是在对斯大林的评价问题上,与普京相比,梅德韦杰夫基本上是持否定和批判态度;在有关"主权民主"的概念上,梅德韦杰夫多次提出了与普京不太一样的解释,他认为,民主的标准不能是双重的和可变的,"民主的标准应当包括公民自己感受民主,并且确信自己生活在民主国家里。民主的标准应该得到国际承认。"① 2009年9月,梅德韦杰夫在他的《前

---

① 张盛发:《试析普京与梅德韦杰夫的分歧》,《俄罗斯东欧中亚国家发展报告(2011)》,社会科学文献出版社,2011,第320、321、326页。

进！俄罗斯》一文中，首次提出了"全面现代化"的思想，他主张，要在俄罗斯"实现基于民主价值和民主机制的全面现代化"[①]。在此后的一段时间，"全面现代化"被很多人看作梅德韦杰夫有别于普京的新的治国理念。西方国家对梅德韦杰夫有关加强民主和自由、发展公民社会与强调新闻自由的讲话非常感兴趣，认为梅德韦杰夫若能真正掌权，势必将推动俄罗斯民主化的发展。

随着普京顺利回归最高权力，此前外界有关俄罗斯政治未来的种种猜测，以及对2012年梅普之间权力竞争的期许，都已不再可能发生。俄罗斯政治中的"普京单级"权力格局也将随着"梅普组合"的终结而愈加稳固。

2011年底杜马选举结果公布后，莫斯科等地爆发了持续不断的要求"公平选举"的大规模民众抗议活动，体制外反对派更是趁势打出了"没有普京的俄罗斯"的口号，试图将部分民众的不满情绪引导到与普京权力体系的对抗上，普京及其建立的以总统为核心的权力结构的正当性越来越受到反对派的挑战。2012年，普京政府通过修改政党法与选举法，有条件地扩大了民众的政治参与度，将体制外政党正式纳入了政党政治体制的轨道，部分地缓解了社会紧张情绪，也相对分散了议会选举后社会抗议运动给普京政府带来的政治压力。

然而，由于目前俄罗斯政执政集团的影响力过分强大，力量过于分散的反对派政治力量还很难与之相抗衡。所以，在普京新时期，能否真正实现梅德韦杰夫曾经提出的"发展公民社会"和"全面现代化"的目标，能否真正适应民众"平等政治参与"的社会要求，在未来很长一段时期内，还取决于俄罗斯上层政治精英能否彼此妥协与良性互动的结果。

---

① Дмитрий Медведев, Россия, вперед!, http://www.kremlin.ru/news/5413.

参考文献

中文部分

黄立茀：《苏联社会阶层与苏联剧变研究》，北京：社会科学文献出版社，2006。

张建华：《俄国知识分子思想史导论》，北京：商务印书馆，2008。

许志新主编《重新崛起之路：俄罗斯发展的机遇与挑战》，北京：世界知识出版社，2005。

潘德礼、许志新主编《俄罗斯十年：政治、经济、外交》（上、下册），北京：世界知识出版社，2003。

邢广程、张建国主编《梅德韦杰夫和普京——最高权力的组合》，长春：长春出版社，2008。

邢广程、潘德礼、李雅君：《俄罗斯议会》，北京：华夏出版社，2002。

海运、李静杰主编《叶利钦时代的俄罗斯》（政治卷），北京：人民出版社，2001。

孙成木、刘祖熙、李建：《俄国通史简编》（上册），北京：人民出版社，1986。

林精华：《民族主义的意义与悖论——20~21世纪之交俄罗斯文化转型问题研究》，北京：人民出版社，2002。

燕继荣主编《发展政治学》（第2版），北京：北京大学出版社，2010。

包刚升：《民主崩溃的政治学》，北京：商务印书馆，2014。

应克复等：《西方民主史》，北京：中国社会科学出版社，2003。

张千帆：《西方宪政体系》，北京：中国政法大学出版社，2005。

周尚文、叶书宗、王斯德：《苏联兴亡史》，上海：上海人民出版社，1993。

刘向文、宋雅芳：《俄罗斯联邦宪政制度》，北京：法律出版社，1999。

李方仲：《苏联解体的悲剧会不会重演——普京政权面临的问题》，北京：新华出版社，2000。

郭春生：《社会政治阶层与苏联剧变——20世纪60~90年代苏联各社会政治阶层研究》，北京：当代世界出版社，2006。

郑羽等主编《普京八年：俄罗斯复兴之路（2000~2008）》（政治卷），北京：经济管理出版社，2008。

董晓阳：《俄罗斯利益集团》，北京：当代世界出版社，1999。

黄宏、纪玉祥：《原苏联七年"改革"纪实》，北京：红旗出版社，1992。

陈效卫、王春水：《浅析俄政治中的利益集团》，《今日东欧中亚》1999年第5期。

李建民：《俄罗斯金融寡头暨官僚资本主义探源》，《东欧中亚研究》1997年第5期。

杨成：《"普京主义"的社会基础与2012年总统选举之后的俄罗斯政治生态发展趋势》，《俄罗斯研究》2012年第2期。

郎友兴：《精英与民主：西方精英主义民主理论述评》，《浙江学刊》2003年第6期。

金贻顺：《当代精英民主理论对经典民主理论的挑战》，《政治学研究》1999年第2期。

〔英〕卡瑟琳·丹克斯：《转型中的俄罗斯政治与社会》，欧阳景根译，北京：华夏出版社，2003。

〔俄〕戈连科娃：《俄罗斯社会结构变化和社会分层》，宋竹音、王育民译，北京：中国财政经济出版社，2004。

〔俄〕鲍·尼·米罗诺夫：《俄国社会史》，张广翔等译，济南：山东大学出版社，2006。

〔美〕大卫·科兹、弗雷德·威尔:《来自上层的革命:苏联体制的终结》,曹荣湘、孟鸣岐等译,北京:中国人民大学出版社,2002。

〔美〕迈克尔·麦克福尔:《俄罗斯未竟的革命:从戈尔巴乔夫到普京的政治变迁》,唐先兴等译,上海:上海人民出版社,2010。

〔俄〕安德烈·索尔达托夫、伊琳娜·博罗甘:《谁在掌控俄罗斯?——普京与俄罗斯安全局的权贵之路》,北京:中信出版社,2011。

〔美〕戈登·塔洛克:《官僚体制的政治》,柏克、郑景胜译,北京:商务印书馆,2012。

〔俄〕罗伊·麦德维杰夫:《普京时代——世纪之交的俄罗斯》,王桂香等译,北京:世界知识出版社,2001。

〔俄〕罗伊·麦德维杰夫:《普京——克里姆林宫四年时光》,王晓玉等译,北京:社会科学文献出版社,2005。

〔俄〕谢·格拉济耶夫:《俄罗斯改革的悲剧与出路——俄罗斯与世界秩序》,佟宪国等译,北京:经济管理出版社,2003。

〔俄〕米哈伊尔·杰里亚金:《后普京时代——俄罗斯能避免橙绿色革命吗?》,金禹辰等译,北京:社会科学文献出版社,2006。

〔俄〕鲍里斯·叶利钦:《午夜日记——叶利钦自传》,曹缦西等译,北京:译林出版社,2001。

〔俄〕叶夫根尼·普里马科夫:《大政治年代》,焦广田等译,北京:东方出版社,2001。

〔俄〕鲍里斯·叶利钦:《总统笔记》,李垂发等译,北京:东方出版社,1995。

〔俄〕罗伊·麦德维杰夫:《俄罗斯往何处去——俄罗斯能搞资本主义吗?》,徐葵等译,北京:新华出版社,2000。

〔俄〕安德兰尼克·米格拉尼扬:《俄罗斯现代化之路——为何如此曲折》,徐葵等译,北京:新华出版社,2002。

〔美〕安德鲁·库钦斯主编《俄罗斯会崛起吗?》,沈建译,北京:新华出版社,2004。

〔英〕马丁·西克史密斯:《普京 VS. 尤科斯——俄罗斯的石油战争》,周亚莉、董晓华译，北京：华夏出版社，2011。

〔美〕西摩·马丁·李普塞特：《政治人：政治的社会基础》，张绍宗译，上海：上海人民出版社，2011。

〔美〕阿伦·利普哈特：《民主的模式——36个国家的政府形式和政府绩效》，陈崎译，北京：北京大学出版社，2006。

〔美〕尼考劳斯·扎哈里亚迪斯主编《比较政治学：理论、案例与方法》，北京：北京大学出版社，2008。

〔美〕罗伯特·康奎斯特主编《最后的帝国——民族问题与苏联的前途》，刘靖兆等译，上海：华东师范大学出版社，1993。

〔俄〕罗伊·麦德维杰夫：《苏联的最后一年》，王晓玉、姚强译，北京：社会科学文献出版社，2013。

〔俄〕安德兰尼克·米格拉尼扬：《俄罗斯现代化与公民社会》，徐葵等译，北京：新华出版社，2003。

〔美〕弗·索洛维夫、叶·克列皮科娃：《叶利钦传》，张达楠等译，长春：吉林人民出版社，1994。

〔俄〕格·萨塔罗夫：《叶利钦时代》，高增训等译，北京：东方出版社，2002。

〔英〕卡瑟琳·丹克斯：《转型中的俄罗斯政治与社会》，欧阳景根译，北京：华夏出版社，2003。

〔俄〕亚·布兹加林等：《俄罗斯过渡时期经济学》，佟刚译，北京：中国经济出版社，1999。

〔俄〕列·伊·阿巴尔金主编《俄罗斯发展前景预测：2015年最佳方案》，周绍珩等译，北京：社会科学文献出版社，2001。

〔俄〕戈连科娃主编《俄罗斯社会结构变化和社会分层》，宋竹音、王育民译，北京：中国财政经济出版社，2004。

〔日〕池田大作、〔俄〕戈尔巴乔夫：《20世纪的精神教训》，孙立川译，北京：社会科学文献出版社，2005。

〔美〕胡安·J. 林茨、阿尔弗莱德·斯泰潘：《民主转型与巩固的问题：南欧、南美和后共产主义欧洲》，孙龙等译，杭州：浙江人民出版社，

2008。

〔英〕巴特摩尔:《平等还是精英》,尤卫军译,沈阳:辽宁教育出版社,1998。

〔意〕加塔诺·莫斯卡:《统治阶级》,贾鹤鹏译,北京:译丛出版社,2012。

〔德〕罗伯特·米歇尔斯:《寡头统治铁律》,任军锋等译,天津:天津人民出版社,2002。

〔意〕维弗雷多·帕累托:《精英的兴衰》,上海:上海人民出版社,2003。

〔美〕乔万尼·萨托利:《民主新论》,冯克利等译,上海:上海人民出版社,2009。

〔美〕约瑟夫·熊彼特:《资本主义、社会主义与民主》,吴良健译,北京:商务印书馆,1999。

〔美〕西摩·马丁·李普塞特:《政治人》,郭为桂等译,南京:江苏人民出版社,2013。

〔美〕迈克尔·帕伦蒂:《少数人的民主》(第8版),张萌译,北京:北京大学出版社,2009。

〔美〕美尔斯·赖特·米尔斯:《权力精英》,许荣等译,南京:南京大学出版社,2004。

〔美〕塞缪尔·亨廷顿:《第三波——20世纪后期民主化浪潮》,刘军宁译,上海:上海三联书店,1998。

〔俄〕瓦·奥·克柳切夫斯基:《俄国史教程》(第1卷),张草纫等译,北京:商务印书馆,1992。

〔俄〕瓦·奥·克柳切夫斯基:《俄国史教程》(第3卷),左少兴等译,北京:商务印书馆,1996。

〔美〕尼古拉·梁赞诺夫斯基、马克·斯坦伯格:《俄罗斯史》(第7版),杨烨等译,上海:上海人民出版社,2007。

〔俄〕鲍·尼·米罗诺夫:《俄国社会史》上册,张广翔等译,济南:山东大学出版社,2006。

〔日〕大串敦：《支配型政党的统制界限？——统一俄罗斯党与地方领导人》，《俄罗斯研究》2012年第2期。

〔俄〕米·谢·戈尔巴乔夫：《"真相"与自白》，述弢等译，北京：社会科学文献出版社，2002。

〔俄〕列昂尼德·姆列钦：《权力的公式——从叶利钦到普京》，徐葵等译，北京：新华出版社、中国财政经济出版社，2001。

〔苏〕米·谢·戈尔巴乔夫：《改革与新思维》，苏群译，北京：新华出版社，1987。

〔俄〕亚·尼·雅科夫列夫：《一杯苦酒——俄罗斯的布尔什维主义和改革运动》，徐葵等译，北京：新华出版社，1994。

〔英〕克里斯蒂亚·弗里兰：《世纪大拍卖》，刘卫、张春霖译，北京：中信出版社，2005。

〔美〕戴维·霍夫曼：《寡头》，冯乃祥译，北京：中国社会科学出版社，2004。

〔俄〕切尔尼科夫：《谁主宰了俄罗斯》，李建民等译，北京：经济科学出版社，2000。

〔美〕约瑟夫·斯蒂格利茨：《社会主义向何处去》，周立群等译，长春：吉林人民出版社，1998。

俄文部分

Гаман – Голутвина О. В., Российские политические элиты: факторы эволюции //Элитизм в России: за и против. Пермь, 2002.

Гаман – Голутвина О. В., Стратегия развития в ценностном поле российской элиты. // Полития. 2000, № 1.

Гаман – Голутвина О. В., "Элиты центральные" "Элиты местные" "Чиновничество". / Энциклопедия "Российская цивилизация". М., 2000.

Гаман – Голутвина О. В., Бюрократия и олигархия как альтернативы политического будущего России. Куда идет Россия? / Материалы международного симпозиума. М. : АНХ, 2000.

Гаман – Голутвина О. В. , Группы интересов в российской исторической ретроспективе. // Полития. 2000, № 4.

Гаман – Голутвина О. В. , Политическая элита: определение основных понятий. // Полис. 2000, № 3.

Гаман – Голутвина О. В. , Российская интеллигенция и власть // Человеческий потенциал России: интеллектуальное, социальное, культурное измерения. М. , 2002.

Глебова И. И. , Политическая культура России: образы прошлого и современность. / отв. ред. Ю. С. Пивоваров; Ин-т науч. информ. по обществ. наукам. М. : Наука, 2006.

Гаман – Голутвина О. В. , Политическая элита современной России: кто даст денег на Отчизну? // Век. 24. 11. 2000.

Крыштановская О. , Анатомия российской элиты. М. : Захаров, 2005.

Крыштановская О. , Люди Путина // Ведомости. 2003.

Гаман – Голутвина О. В. , 140 дней Президента В. Путина. / Альманах "Свободное слово". М. : Горбачев – Фонд, 2000.

Пивоваров Ю. С. , Русская политика в ее историческом и культурном отношениях. М. : РОССПЭН, 2006.

Мохов В. П. , Элитизм в России "за" и "против". Пермь, 2002.

Грищенко Б. С. , Посторонний в Кремле : репортажи из "особой зоны". М. : Вагриус, 2004 .

Мухин А. А. , Самураи президента : проект – 2008. М. : Центр полит. информации, 2005.

Старцев А. В. , Деловая элита старой Сибири : ист. очерки. Новосибирск : Сова, 2005.

Галкин А. , У развилки. Ко второй годовщине президентства В. Путина// Общественные науки и современность. 2002. № 3.

Коргунюк Ю. Г. , Политическая элита современной россии с точки зрения социального представительства. // Полис, 2001, № 1.

Иванова Л. , Политическая элита по-российски // Российские вести, 28 октября 1998. , № 79.

Березовский Е. В. , Проблема своеобразия формирования постсоветской политической элиты. – Интернет-журнал "Ломоносов", 2003.

Полторак С. Н. , Интеллектуальная элита России: история, современность, перспективы // материалы 38-й Всерос. заоч. науч. конф. / СПб. : Нестор, 2005.

Головачев В. , 600 тысяч лимузинов, или почему нищий чиновник опасен для государства // Труд. 2004. 17 февр. .

Кузьмин В. А. , Социологические основания преобразующего лидерства : диссертация кандидата социологических наук, Саратов, 2004.

Латынина Ю. , Приличные государства этим не болеют: обзор рынка действующих олигархов // Новая газета. 2001. 23 – 25 апр.

Ашин Г. К. , Современные теории элиты: критический очерк. М. : Междунар. отношения, 1985.

Новопрудский С. , Сверхновые русские // Известия. 2002. 2 марта.

Панарин А. , Народ без элиты. М. : Алгоритм: Эксмо, 2006.

Хоффман Д. Олигархи, Богатство и власть в новой России. М. : Колибри, 2007.

Тарасов В. К. , Управленческая элита: как мы ее отбираем и готовим. СПб. : Политехника, 2006.

Бжезинский З. , Хантингтон С. , Политическая власть: США/СССР. В 2 ч. М. , 1984.

Белковский С. , Олигархам нужен человек "смотрящий" / Записала О. Вандышева // Комсом. правда. 2003. 30 окт.

Панарин А. С. , Народ без элиты. М. : Изд-во Алгоритм, Изд-во Эксмо, 2006.

Гаман – Голутвина О. В. , Ценностные ориентации политических элит и населения. / Актуальные проблемы политики и политологии в России. М.: РАГС, 2000.

Львов Д., Олигархи по отдельности милые люди, а вместе-стая волков! / Интервью брал А. Седов // Комс. правда. 2003. 25 нояб.

Чижов М., Путь в олигархи // Аргументы и факты. 2004. Янв.

Понеделков А. В., Старостин А. М., Элиты и будущее России: взгляд из регионов. Ростов н/Д, 2007.

Понеделков А. В., Старостин А. М., Региональные элиты юга России и проблемы формирования гражданского общества / Современное общество на Юге России: основные тенденции развития. Ростов – н /Д., 2001.

Шубин А. В., От застоя к реформам СССР в 1917 – 1985 гг. М., 2001.

Миллс Р., Властвующая элита. М., 1959.

Лапина Н., Чирикова А., Региональные элиты в РФ: модели поведения и политические ориентации. М., 1999.

Климанов В. В., Региональные системы и региональное развитие в России, Москва, 2003.

Малиновой О. Ю., Политическая наука в России: 1990 – 2007 гг. М.: Росспэн, 2008.

Дай Т., Зиглер Х., Демократия для элиты. Введение в американскую политику. М.: Политическая литература, 1984.

Ашин Г. К., Современные теории элиты: критический анализ. М., 1985.

Зудин А. Ю., "Советское наследство" и особенности первичной дифференциации //Россия: вчера, сегодня, завтра. С точки зрения экспертов. М.: ЦПТ, 2008.

Афанасьев М. Н., Правящие элиты и государственность посттоталитарной России. М.; Воронеж: Изд. ИПК, 1996.

Старостин А. М., Эффективность деятельности административно-политических элит: критерии оценки и анализ состояния в современной

России. Ростов н/Д: СКАГС, 2003.

Лапина Н. Ю., Чирикова А. Е., Стратегии региональных элит: экономика, модели власти, политические выбор. М.: ИНИОН РАН, 2000.

Лапина Н. Ю., Бизнес и политика в современной России. М.: ИНИОН РАН, 1998.

Тарусина И. Г., Динамика политических установок региональных элит России: (На примере Саратовской области) // Полис. 2002. №1.

Шубкин В., Властвующие элиты Сибири// СоцИс. М., 1995. №1;

Солоневич И. Л., Народная монархия. М., 1991.

Паршев А. П., Почему Россия не Америка. М.: Крымский мост 9Д; Форум.

Куприянычева Э. Б., Особенности политической элиты Самарской области // Полис. 1999. №3.

Добрынина Е. Чужие здесь не ходят (мифы и правда о российской региональной элите) // Рос. газета. 2004. 17 марта.

Чирикова А. Е., Лидеры российского предпринимательства: менталитет, смыслы, ценности. М.: ИС РАН, 1997.

Лапина Н. Ю., Региональные элиты России. М.: ИНИОН РАН, 1997.

Латынина Ю., Приличные государства этим не болеют: Обзор рынка действующих олигархов // Новая газета. 2001. 23 – 25 апр.

Чернышов А. Г., Провинциальная Россия. М., 2005.

Новопрудский С., С верхновые русские // Известия. 2002. 2 марта.

Панарин А., Народ без элиты. М.: Алгоритм: Эксмо, 2006.

Афанасьев М. Н., Клиентелизм и российская государственность. М.: МОНФ, 1997.

Тарасов В. К., Управленческая элита: как мы ее отбираем и готовим. СПб.: Политехника, 2006.

Нарта М., Теория элит и политика. К критике элитаризма. М., 1978.

Паренти М., Демократия для немногих. М.: Прогресс, 1990.

Миллс Р. , Властвующая элита. М. , 1959.

Лейн Д. , Роль политической элиты в трансформации России: взгляд из Кембриджа//Бизнес и политика. М. , 1996, №3.

Зудин А. , Истоки перемен: культурная трансформация "позднесоветского" общества // Мировая экономика и междунар. Отношения. 1999. № 5.

Петухов В. В. , Общество и власть: новый характер взаимоотношений // Свободная мысль. М, 2001. № 4.

Панарин А. С. , Искушение глобализмом. М. , 2000.

Афанасьев Ю. Н. , Опасная Россия: Традиции самовластья сегодня. М. , 2001.

Гаман – Голутвина О. В. , Современная политическая элита России: факторы неэффективности. // Элитологические исследования. 2000, № 4.

Гаман – Голутвина О. В. , Политические элиты России: Вехи исторической эволюции. М. : РОССПЭН, 2006.

Гаман – Голутвина О. В. , Бюрократия Российской империи. М: РАГС, 1997.

Гаман – Голутвина О. В. , Взаимодействие политических и экономических элит России: историческая ретроспектива и современное состояние Россия в условиях трансформаций. М. , 2001, Ban, 10.

Меркель В. , Круассан А. , Формальные и неформальные институты в дефектных демократиях (I) // Полис. 2002, № 1.

Гаман – Голутвина О. В. , Бюрократия и олигархия в историко-политической перспективе // Россия – XXI. 2000. № 6.

Дука А. , "Элита" и элита: понятие и социальная реальность // Общество и экономика. 2008. № 6.

Койчуев Т. , Элита постсоциалистического общества. Кого к ней относить? // Общество и экономика. 2007. № 5 – 6.

Куренной В. , Современному обществу не нужна элита, но она нужна государству // Знание -сила. 2003. № 11.

Лукашевский Д. , Процесс смены моделей элитообразования Российской Федерации начала 1990 – х годов // Вестн. Моск. ун-та. Сер. 12. Полит. науки. 2007. № 5.

Понеделков А. В. , Современные российские элиты: особенности генезиса. Взаимодействия и позиционирование во власти // Полит. наука. 2004. № 1.

Согрин В. В. , Российская политическая элита и американский опыт // Обществ. науки и современность. 2008. № 1.

Федотова В. , "Новые русские". Что в них нового? Что в них русского? // Рос. Федерация сегодня. 1994. № 18.

Ашин Г. , К истории российской элитологии // Власть. 2003. № 2.

Беленький В. Х. , Российский высший класс: проблема идентификации// Социол. исслед. 2007. № 5.

Дука А. , "Элита" и элита: понятие и социальная реальность // Общество и экономика. 2008. – № 6.

Дука А. В. "Элиты" и элита: понятие и социальная реальность // Россия и совр. мир. 2009. № 1.

Койчуев Т. , Элита постсоциалистического общества. Кого к ней относить? // Общество и экономика. 2007. № 5 – 6.

Куренной В. , Современному обществу не нужна элита, но она нужна государству // Знание-сила. 2003. № 11.

Лапина Н. , Трансформация российской региональной элиты: вперед в номенклатурное будущее? // Мировая экономика и междунар. отношения. 2005. № 6.

Лукашевский Д. , Процесс смены моделей элитообразования Российской Федерации начала 1990хх годов // Вестн. Моск. ун – та. Сер. 12. Полит. науки. 2007. № 5.

Поляков Ю. А. , О социальной природе коррумпированности и перерождении элиты // Новая и новейшая история. 2009. № 2.

Симонян Р. Х., Элита или все-таки номенклатура? // Обществ. науки и современность. 2009. № 2.

Согрин В. В., Российская политическая элита и американский опыт // Обществ. науки и современность. 2008. № 1.

Тощенко Ж. Т., Элита? Кланы? Касты? Клики? Как назвать тех, кто правит нами? // Социол. исслед. 1999. № 11.

Федотова В., "Новые русские". Что в них нового? Что в них русского? // Рос. Федерация сегодня. 1994. № 18.

Тапилина В. С., Богатые в постсоциалистической России // Обществ. науки и современность. 1996. № 6.

Мохов В., Об определении понятия "элита" // Общество и экономика. 2008. № 3 - 4.

Левада Ю. А., Элитарные структуры в советской и постсоветской ситуации // Обществ. науки и современность. 2007. № 6.

Васильева Л. Н. Элита и эрзац-элита: социальные фантомы в политике и экономике // Соц. гуман. знания. 2009. № 1.

Афанасьев М., Правящие элиты России: образ деятельности // Мировая экономика и междунар. отношения. 1996. № 3.

Чирикова А., О теориях элит // Общество и экономика. 2008. № 3 - 4.

Старостин А. М., Современные российские элиты: на пути к новой конфигурации // Власть. 2003. № 7.

Богомолова Т. Ю., "Олигархизм"-специфический феномен постсоветской трансформации российской экономики // Рос. экон. журнал. 2004. № 2.

Евстигнеева Л. П., Зачем нам "олигархи"? / Л. П. Евстигнеева, Р. Н. Евстигнеев // Россия и совр. мир. 2002. № 4.

Колчин С., Нефтеолигархи и власть: нанайская борьба // Власть. 2003. № 11.

Мельниченко Н. Я., Формирование олигархии как социальнополитического явления в контексте российского законодательства // "Черные дыры" в рос. законодательстве. 2007. № 1.

Понеделков А. В., Современные российские элиты: особенности генезиса. Взаимодействия и позиционирование во власти // Полит. наука. 2004. № 1.

Уткин А., От Рузвельта до Рузвельта // Рос. Федерация сегодня. 2003. N 22. Понеделков А. В., Элита (политико-административная элита: проблемы методологии, социологии, культуры). Ростов на/Д., 1995.

Нетреба Т., Олигархи на все времена // Аргументы и факты. 2003. Сент. (N 39).

Кива А. В., Российская олигархия: общее и особенное // Обществ. науки современность. 2000. № 2.

Школенко Ю., "Новые русские" // Деловая жизнь. 1994. № 10.

Тапилина В. С., Богатые в постсоциалистической России // Обществ. науки и современность. 1996. № 6.

Мохов В., Об определении понятия "элита" // Общество и экономика. 2008. № 3 – 4.

Левада Ю. А., Элитарные структуры в советской и постсоветской ситуации // Обществ. науки и современность. 2007. № 6.

Крыштановская О., Из истории бизнес-элиты // Знание - сила. 2003. № 11.

Афанасьев М., Правящие элиты России: образ деятельности // Мировая экономика и междунар. отношения. 1996. № 3.

Ашин Г., К истории российской элитологии // Власть. 2003. № 2.

Беленький В. Х., Российский высший класс: проблема идентификации// Социол. исслед. 2007. № 5.

Бутрин Д., Кто управляет финансами России // Коммерсантъ – Деньги. 2001. № 16.

Головачев Б. В., Высокостатусные группы: штрихи к социальному портрету // Социол. исслед. 1996. № 1.

Крыштановская О. В. , Бизнес-элита и олигархи: итоги десятилетия // Мир России. 2002. № 4.

Крыштановская О. В. , Современные концепции политической элиты и российская практика // Мир России. 2004. № 4.

Крыштановская О. В. , Бывшие Тенденции нисходящей мобильности российской элиты // Обществ. науки и современность. 2003. № 5.

Гаман - Голутвина О. В. , Региональные элиты России: профессиональный состав и тенденции эволюции // Полит. исслед. 2004. № 3.

Гаман - Голутвина О. В. , Российские элиты как предмет научного анализа // Общество и экономика. 2008. № 3 - 4.

Гаман - Голутвина О. В. , Российская политическая элита: закономерности формирования и тенденции развития. / Брошюра-доклад на XVIII Всемирном конгрессе политических наук (г. Квебек, Канада, август 2000 г.). М. : РАГС, 2000.

Кургинян С. , Российская элита и вызовы времени // Россия XXI. 2008. № 4.

Кургинян С. , Российская элита и вызовы времени // Россия XXI. 2008. № 4.

英文部分

Clark W. A. Crime and punishment in Soviet officialdom: Combating corruption in the political elite, 1965 - 1990. Armonk (N. Y.); L. : Sharpe, 1993.

Dankwart A. Rustow, "Transitions to democracy: Toward a dynamic model", Comparative Politics, 1970, №2.

Donnell O. and Philippe C. Schmitter, Transitions from Authoritarian Rule: Tentative Conclusions about Uncertain Democracies. The Johns Hopkins University Press, 1986.

Gaman – Golutvina O. Yeltsin and Putin Elites Compared // Soziologische Zeitgeschihte. Berlin: Edition Sigma, 2007.

Gerardo L. Munck and Carol Skalnik Leff: "Modes of Transition and Democratization: South America and Eastern Europe in Comparative Perspective", Comparative Politics, Vol. 29, No. 3, 1997.

Lane D, Ross C. The CPSU ruling elite 1981 – 1991: Commonalities and divisions // Commun. a. postcommunist studies. Los Angeles, 1995. Vol. 28, N 3.

Lane D. The transformation of Russia: the role of the political elite // Europe – Asia studies. Glasgow, 1996. Vol. 48, N 4.

Relly D. Interesse groups in the USSR // The Journal of politics. 1972. V. 34. № 3.

Rigby T. H. Communist Party Membership in the USSR 1917 – 1967. Princeton, 1968.

Tofler Z. Stalinism and bureaucracy. London, 1971.

Tucker R. Political culture and leadershir in the USSR. From Lenin to Gorbachev. N. Y., 1987.

后　记

屈指算来，从最早提出研究俄罗斯精英问题的设想，到最终完成这部书稿，其间反反复复大约经历了五六年的时间。尽管这一过程有些漫长，但毕竟我们多年的研究和努力终于有了结果，作为这项研究课题的主持人，我甚感欣慰。

应该说，对于这样一个延展性极其宽泛的研究课题，最初我并没有十分明确的概念，不知道应该以何种角度和方法去研究与把握它，而现实中俄罗斯"精英政治"的隐秘性与难以预测性，也容易使这项研究因缺乏相关资料而流于"泛泛而谈"。经过与课题组成员的反复讨论和论证，最终我们确定了现在的这种研究思路和视角。2012年，利用赴俄罗斯进行学术交流的机会，我专门走访了俄罗斯科学院社会研究所精英研究中心和社会政治研究所，就本课题中遇到的一些疑难问题与俄罗斯学者进行了交流和探讨，并收集和购买了有关俄罗斯精英问题的部分最新研究资料和书籍，充实了本课题的研究基础。在课题研究和写作过程中，结合俄罗斯政治发展中出现的一些新问题，如"梅普组合"时期和普京第三任期俄罗斯精英阶层的变化等，我们也相应调整了部分研究内容并及时进行了跟踪研究。应该说，这一研究课题的最终完成是课题组全体成员相互协作、共同努力的结果。在此，我要对参加本书研究和写作的所有课题组同仁表示诚挚的感谢。

在这里，我特别想说的是，本书的主编之一张昊琦博士是专门从事俄罗斯政治思想史研究的青年学者，他对俄罗斯当代政治有着自己独到的见解和思考。身为课题主持人，我很感谢他能接受我的请求参加本课题的研究，而他从政治思想史的角度对俄罗斯精英传统的深入研究和阐述，也增强了本课题研究的思想深度与理论思考，为本书增色不少。

另外，在本课题的前期研究中，俄罗斯东欧中亚研究所的潘德礼研究员、薛福岐研究员在研究角度和研究方法上都给我们提供过很多有益的指点和帮助；在课题结项时，许志新研究员、张盛发研究员和中央党校的左凤荣教授也为我们提出了很多非常具体而中肯的意见和建议，所有这些都令我们受益匪浅。在本书的研究和写作过程中，我们还得到了俄罗斯东欧中亚研究所李永全所长、科研处冯育民处长的大力支持和鼓励。在此，我们一并对他们表示深深的感谢。

最后，我还要特别感谢本书的责任编辑张苏琴老师。她为本书的顺利出版付出了极大的心血，而她的专业素养和对工作一丝不苟的精神更是令我感动和敬佩。

本书的出版只是我们为拓展俄罗斯问题研究所做的一次初步尝试，也算是我们在俄罗斯精英研究方面的一个初级成果。在此基础上，我们还希望能够继续这项研究，并争取拿出更多、更好的研究成果来。

李雅君

2014 年 11 月 17 日于北京紫成嘉园

图书在版编目(CIP)数据

当代俄罗斯精英与社会转型/李雅君,张昊琦主编.—北京:社会科学文献出版社,2014.12
(当代俄罗斯东欧中亚研究丛书)
ISBN 978-7-5097-6804-4

Ⅰ.①当… Ⅱ.①李… ②张… Ⅲ.①政治人物-人物研究-俄罗斯-现代 Ⅳ.①K835.127=5

中国版本图书馆 CIP 数据核字(2014)第 273137 号

·当代俄罗斯东欧中亚研究丛书·
当代俄罗斯精英与社会转型

主　　编 / 李雅君　张昊琦

出 版 人 / 谢寿光
项目统筹 / 祝得彬
责任编辑 / 张苏琴

出　　版 / 社会科学文献出版社·全球与地区问题出版中心(010)59367004
　　　　　　地址:北京市北三环中路甲29号院华龙大厦　邮编:100029
　　　　　　网址:www.ssap.com.cn
发　　行 / 市场营销中心(010)59367081　59367090
　　　　　　读者服务中心(010)59367028
印　　装 / 北京季蜂印刷有限公司
规　　格 / 开　本:787mm×1092mm　1/16
　　　　　　印　张:14.25　字　数:230千字
版　　次 / 2014年12月第1版　2014年12月第1次印刷
书　　号 / ISBN 978-7-5097-6804-4
定　　价 / 59.00元

本书如有破损、缺页、装订错误,请与本社读者服务中心联系更换

▲ 版权所有 翻印必究